1 MONTH OF
FREE
READING

at
www.ForgottenBooks.com

By purchasing this book you are eligible for one month membership to ForgottenBooks.com, giving you unlimited access to our entire collection of over 1,000,000 titles via our web site and mobile apps.

To claim your free month visit:
www.forgottenbooks.com/free663729

ISBN 978-0-666-73248-4
PIBN 10663729

This book is a reproduction of an important historical work. Forgotten Books uses
state-of-the-art technology to digitally reconstruct the work, preserving the original format
whilst repairing imperfections present in the aged copy. In rare cases, an imperfection in
the original, such as a blemish or missing page, may be replicated in our edition. We do,
however, repair the vast majority of imperfections successfully; any imperfections that
remain are intentionally left to preserve the state of such historical works.

Goethes Werke

Herausgegeben

im

Auftrage der Großherzogin Sophie von Sachsen

IV. Abtheilung
7. Band

Weimar

Hermann Böhlau

1891.

Goethes Briefe

7. Band

Weimar

1. Januar 1785 — 24. Juli 1786.

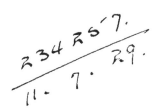

Inhalt.

Inhalt.

Inhalt.

Aus der Zeit vor der italienischen Reise
Weimar 1775 — 1786.

Anhang.

2040.

An C. v. Knebel.

Nochmals Glück zum neuen Jahr, das ich mit
guten Vorbedeutungen angetreten habe, mögen sie auch
meine Freunde gelten.

Die schöne Schlittenbahn hätte uns zu dir hinüber=
5 gelockt, wenn nicht Frau von Stein Gäste von Rudol=
stadt gehabt hätte die hiehergekommen waren Frau
v. Reck zu treffen. Diese sonderbare Frau ist auch
wieder weg. Sie war hier nicht in ihrem Elemente,
sie mag gern alle und iede geniesen und sich überall
10 so gut aufgenommen sehn wie sie ieden aufnimmt.
Man war ihr höflich mehr als herzlich. Mir ist's
wenigstens nicht gegeben gegen die Menge und mit
der Menge herzlich zu sehn.

Hier schicke ich deine Übersetzung zurück, sie ist
15 sehr lesbar und schön, fahre ia fort daß du wenigstens
den Catilina vollendest. Gegen das Original konnt'
ich sie nicht halten.

Wie geht es sonst? du hast einige Besuche gehabt.

Schreibe mir doch manchmal und verzeihe wenn
20 ich nicht antworte, wenigstens nicht gleich. Diese
Tage war es mir unmöglich.

Rückst du in der Mineralogie vor? ich habe in diesem edlen Studio seit meinem letzten Ilmenauer Aufenthalt nichts gethan, desto frischer soll es gehn wenn ich wieder dran komme.

In den andern Theilen der Naturlehre treibe ich mich mit Herdern durch disputiren immer weiter. Er ist fleisig an seinem zweyten Theile.

Der alte Semmler hat sich auch in dieses Fach gewendet, es hat mich auserordentlich gefreut. Bey der offenbaren Nichtigkeit sovieler andrer Dinge und der Wahrheit und Wichtigkeit der sich ewig immer gleichen Natur giebt mich's nicht wunder. Ich hoffe noch auf mehr Proselyten.

Er hat angefangen eine Nachlese zur Bonnet= schen Insectologie herauszugeben, und ist derselbe wie er sich in seinen ältern Schrifften gezeigt hat.

Lebe wohl. Da mich der Frost nicht zu dir ge= bracht hat bringt mich vielleicht das Thauwetter.

Eine Empfehlung an die Hausgenossen Hofrath Loder und Büttner.

Adieu. Der Herzog macht noch nicht Miene zu kommen.

Weimar, d. 6. Jan. 1785.					G.

Imhofs Brief war mir angenehm zu lesen. Da sind die Fische recht im Wasser, schade daß sie keine Englische Floßfedern haben.

Schicke mir doch Gerhardts Mineralogie zurück.

2041.

An Charlotte v. Stein.

Geſtern Abend da ich nach Hanſe kam wünſchte
ich dich zu mir oder mich wieder zurück. Hier ein
wenig Süſigkeit. Auf heut Abend will ich Herders
laden. Wenn ſie kommen laß ich dir's ſagen du ſiehſt
5 ia wohl wo du dein Fräulein unterbringſt.

d. 6. Jan. 85.

2042.

An Charlotte v. Stein.

[6. Januar.]

Du muſſt ia kommen l. Lotte ſonſt iſt unſre
Freude nichts. Hier iſt der Brief. Schade daß ſie
nicht Engliſch Geld haben. Es ſcheint eine Ge=
10 ſellſchafft zu ſehn die ſich mögte wohl werden laſſen.
Adieu. Komm ia!

G.

2043.

An v. Sömmerring.

Herr Kriegsrath Merck wird Jhuen einen kleinen
oſteologiſchen Verſuch zugeſchickt haben, worüber ich
15 Jhr Urtheil zu hören wünſche, wenigſtens werden Sie
es als ein Zeugniß meiner Neigung zu einer Wiſſen=
ſchaft aufnehmen können, deren Reize Sie vor Andern
empfinden. Der Elephantenſchädel iſt, hoffe ich, glück=

lich in Cassel angelangt, obgleich etwas später. Er
mußte durch Fuhrleute gehn, da man die große Kiste
nicht auf der fahrenden Post annahm. Er ist von
vier Seiten für Sie gezeichnet und zwar jede im
Umriß und ausschattirt, ich hoffe, Sie werden damit
zufrieden sein. Ich will nur die Zeichnungen mit
wenig Worten commentiren, und alsdann sollen Sie
solche gleich erhalten, meine Geschäfte erlauben mir
selten einen Blick in dieses Reich. Zugleich nehme ich
mir die Freiheit Sie an die versprochenen Schädel zu
erinnern, ich werde sie mit Dank baldmöglichst zurück=
schicken, meine Mutter in Frankfurt wird gern den
weitern Transport übernehmen, wenn Sie ihr solche
zuschicken wollen. Allenfalls geschähe mir auch nur
mit der Myrmekophaga ein besondrer Gefalle. Herr
Blumenbach spricht ihr das os intermaxillare ab, und
es ist gewiß an ihr zu entdecken. Ich werde meine
Beobachtungen über diesen Knochen fortsetzen, und
wenn meine Bemühungen Beifall finden, auch über
die übrigen Knochen des Kopfes Vergleichungen an=
stellen und mittheilen. Das Feld ist so groß, daß
man bei eingeschränkter Zeit und Kräften wohl thut,
sich ein Winkelchen auszusuchen und es zu bearbeiten.

Wie geht es Ihnen in Ihrer neuen Lage? Lassen
Sie bald etwas von sich hören. Haben Sie Nachricht
von Forster?

Weimar den 7. Jan. 1785.

Goethe.

2044.
An Charlotte v. Stein.

[Jena, 9. Januar.]

Das Wetter ist so schön und die Berge so freund=
lich anzusehn daß ich nur meine Liebste zu mir her=
über wünschte.

Morgen sehn wir uns. Grüße Herders. Heute
5 nur diesen Gruß. Wir sind fleißig und ich bringe
wieder artige Sachen mit. Adieu. Knebel grüßt,
grüße Fritzen. Wenn du ihn in der Kutsche nach
Kötschau nähmst könnte er auf meinem gedultigen
Pferde mit Götzen nach Hanse reiten. Frage Steinen
10 ob es ihm recht ist. Dem Knaben wäre es Bewegung
und große Freude.

G.

2045.
An J. C. Kestner.

Aus beyliegendem Blatte werdet Ihr mein lieber
Kestner sehen, was mich in diesem Augenblicke veran=
15 laßt Euch zu schreiben. Ich bitte mir auf das bal=
digste Nachrichten von der gedachten Person zu ver=
schaffen. Sie sitzt in Mayland und kann Dienste
haben wenn ihre Angaben wahr befunden werden, so
daß man ihr auch wegen des übrigen Glauben bey=
20 messen kann.

Die Capuciner auf dem Gotthart die sich meiner
erinnerten haben auf Bitte ihrer Mayländischen

Freunde an mich geschrieben, und da ich ihnen als
ein berühmter Mann bekannt war; so glaubten sie
ich könne nichts anders als ein Professor in Göttingen
sehn, und müßte Relationen in Hannover haben. So
ist der Brief nach Deutschland gekommen und hat 5
mich endlich hier gefunden.

Dieses Jahr war ich nahe bey Euch und kounte
nicht hinüber. Wann werden wir uns einmal wieder
sehn. Fast Alle meine Freunde haben mich einmal
besucht.   10

Grüſet Frau und Kinder ſchreibt mir einmal
wieder von Euch. Von mir iſt nichts zu ſagen wenn
man nicht von Angeſicht zu Angeſicht ſteht.

Lebet wohl! Antwortet bald und behaltet mich lieb.
Weimar d. 11. Jan. 1785.   G.   15

2046.
An Charlotte v. Stein.

Ich frage nach wie ſich meine Liebe befindet und
ſchicke ihr hier einen Griechen von Stolbergiſchem
Geſchlecht. Ich bin ſo weit verdorben daß ich gar
nicht begreifen kann was dieſem guten Mann und
Freunde Freyheit heiſt. Was es in Griechenland 20
und Rom hies begreif ich eher.

Jeder ſucht ſeinen Himmel auſſerwärts, wie glück=
lich bin ich daß ich meinen ſo nah habe. Ich bin
ganz wohl. d. 11. Jan. 1785.

                                              G.   25

2047.

An F. H. Jacobi.

Den Wein habe ich mir wohl schmecken laſſen und
noch nicht gedanckt. Verzeih ich bin lahm zum Brief=
ſchreiben. Das Gegenwärtige drängt ſo auf mich zu
daß ich nur ſehen muß wie ich durchkomme. Wir
5 haben neulich deine Geſundheit recht herzlich getruncken,
mögte die Würckung unſrer Wünſche recht kräfftig zu
dir gelangt ſeÿn.

Ich übe mich an Spinoza, ich leſe und leſe ihn
wieder, und erwarte mit Verlangen biß der Streit
10 über ſeinen Leichnam losbrechen wird. Ich enthalte
mich alles Urtheils doch bekenne ich, daß ich mit
Herdern in dieſen Materien ſehr einverſtanden bin.
Theile ia alles mit was du von Haman empfängſt.
Gott erhalt ihn noch lange da uns Nathan entronnen
15 iſt. Die Crethi und Plethi ſterben nicht aus, und
der Kinder Zerujah ſind ſoviel mit denen man nichts
zu ſchaffen haben mag.

Dancke der Fürſtinn für die Hemſterhuiſiſchen
Schrifften. Hier kommt Alexis. Eh ich eine Sylbe
20 μετα τα φυσικα ſchreibe muß ich nothwendig die
φυσικα beſſer abſolvirt haben. In dieſen bin ich
fleiſig wie es die Zeit und der Zuſtand meines hin
und her gezerrten Gemüthes leiden.

Mein Oſteologiſcher Verſuch, wodurch ich den be=
25 rüchtigten Zwiſchenknochen auch dem Menſchen zueigne,

ist an Campern fort. Wünsche mir Glück zu dieser
neu betretnen Laufbahn. Ehstens werde ich den Caſſler
Elephanten Schädel kürzlich kommentiren und was
alles darauf folgen wird.

In meiner Stube keimt Arbor Dianae und andre 5
metalliſche Vegetationen. Ein Mikroſcop iſt aufgeſtellt
um die Verſuche des v. Gleichen genannt Rußwurm
mit Frühlings Eintritt nachzubeobachten und zu kon=
trolliren. Ich mag und kann dir nicht vorerzählen
worauf ich in allen Naturreichen ansgehe. Des ſtillen 10
Chaos gar nicht zu gedencken das ſich immer ſchöner
ſondert und im Werden reinigt.

Wenn mir nicht manchmal eine rhthmiſche Schnurre
durch den Kopf führe ich kennte mich ſelbſt nicht mehr.

Daß ich dir noch einmal für die Kobels dancke! 15
ſie ſind ganz fürtrefflich und rechte Stärkung für
den Künſtler Sinn.

Herder ſoll deine Büſte haben. Hätte uns Lehngen
bey der Arbeit beygeſtanden, ſo wäre ſie wohl beſſer.
Es geht nichts über ein friſches liebendes Weiberauge. 20
und hiermit noch einen Grus an die deinigen und
gute Nacht. Weimar d. 12. Jan. 1785.

G.

Frau von Stein grüſſt dich.

2048.

An Charlotte v. Stein.

Eben dacht ich ob ich hier oder bey dir die Zeich=
nung aufziehen wollte. Das schöne Wetter lockt hin=
aus. Die R. Landschafft bring ich mit. Gestern
Abend dachte ich du würdest mir noch durch Fritzen
5 schreiben. Ich habe nicht recht Lust heute in die
Commödie zu gehen. Ich sehe dich bald lebe wohl.
    d. 20. Jan. 85.   G.

2049.

An Charlotte v. Stein.

Sage mir auch etwas freundliches zum freund=
lichen Tage! Ich bitte dich um einen von den kleinen
10 grünen Blumen Äschen, ich will etwas säen. Lebe
wohl. Ich lese Ackten und weis noch nicht welche
Stunde des schönen Tages ich mit dir geniesen werde.
Liebe mich.
    d. 27. Jan. 1785.   G.

2050.

An Charlotte v. Stein.

15 Endlich kann ich meine Geliebte fragen wie sie
sich befindet? Wie sie geschlafen hat. Ich wünsche
daß du mir nicht mit Bleystifft antworten mögest.
Lebe wohl! Gehst du heute Abend mit zum Herzog.

Die kleine Schwägerinn mögte gerne bey der Vor=
lesung seyn. Ginge es wohl an. Könntest du die
Herzoginn darüber fragen.

    d. 1. Febr. 85.   G.

2051.

An Charlotte v. Stein.

Der gestrige Wein hat wieder seine wohlthätigen
Würckungen gezeigt, ich habe sehr gut geschlafen, und
befinde mich wohl. Ich habe ein Mittagessen bey der
Herzoginn ausgeschlagen um fleisig zu seyn, diesen
Abend bin ich bey dir. Auf morgen war ich zu
Tische bey meinem Collegen Schmidt gebeten ich habe
es auch abgelehnt. Adieu liebe vielleicht sehen wir
Herders morgen. Sage mir wie du dich heute befindest.

    d. 2. Febr. 85.   G.

2052.

An Charlotte v. Stein.

Wie befindet sich meine liebe heut? Kann ich
hoffen sie bey mir zu sehen? Ich will es Herders
sagen lassen. Da es so gar bös Wetter ist könnte
ja wohl dein Kutscher sie mitnehmen sie dich als=
denn abhohlen und ihr kämt zusammen. Wo nicht
so seh ich dich voraus im kleinen Stübgen.

    d. 9. Febr. 1785.   G.

2053.

An Charlotte v. Stein.

Ich bin eben wunderlich in der Welt dran L. L. ich dancke dir für dein Andencken, für deine Liebe. Hohle mich heut Abend in die Comödie ab.

Es wird mein bester Augenblick seyn wenn ich dich
5 wieder sehe. Glaube mir ich habe immer den stillen Genuß deiner Liebe.

d. 10. Febr. 85. G.

2054.

An Charlotte v. Stein.

Mit einem guten Morgen und Anfrage nach deiner Gesundheit schicke ich einen Brief mit dem ich Francken=
10 berg für den Figaro dancke.

Wie sieht es mit dem heutigen Abend aus.

d. 13. Febr. 1785. G.

2055.

An Merck.

Das Skelet der Giraffe ist gestern angekommen, ich dancke dir, es ist ein sehr interessantes Stück, recht
15 gut und ausführlich gezeichnet, schicke mir balde ein korrigirtes Exemplar.

Daß dir meine Abhandlung einige Freude gemacht hat, giebt mir wieder Freude ob du gleich von der

Wahrheit meines Afferti nicht durchdrungen zu feyn
scheinest. Deswegen schicke ich dir hier eine gesprengte
obere Kinlade vom Menschen und vom Trichechus da
vergleiche und nimm deine andern Schädel zu Hülfe,
und sieh am Affenschädel nach was denn das für eine 5
Sutur ist die das Os intermaxillare von der Apophy-
sis palatina maxillae superioris trennt, gieb nur auf
die Lage der canalium incisivorum acht und ich brauche
nichts zu sagen.

Von Sömmring habe ich einen sehr leichten Brief. 10
Er will mir's gar ausreden. Ohe!

Schicke mir die Knöchlein ia bald wieder ich brauche
sie nothwendig, und gehe säuberlich mit um sie gehören zu ganzen Köpfen.   NB der Trichechus hat
4 Dentes incisores zwey auf ieder Seite.   15

In der Maxilla die ich dir schicke, sitzt einer noch im
Offe Intermaxillare, vom andern siehst du die Lücke.
Mit drey Backenzähnen machts auf ieder Seite fünfe
den großen Caninum nicht gerechnet.   Der vordere
Schneidezahn ist an einem großen Kopf den ich besitze 20
auf einer Seite sehr klein an der andern fehlt er ganz.
Vielleicht fehlen an deinem die zwey vordern ganz, da
du nur zwey Dentes incisores überhaupt zugestehst.

Auf Campers Wort bin ich neugierig. Die nutre
Maxille vom Cassler Elephanten habe ich leider nicht 25
zeichnen lassen ich hatte mit dem Oberkopfe genug zu
thun, da ich voriges Jahr so zerstreut war und doch
alles recht erklärt haben wollte.

Nun noch eine Bitte.

Wir kommen endlich hier an die Zerschlagung der
Güter, die bey Euch etwas gemeines ist. Könntest
du mir einen Aufsatz verschaffen von den Grundsätzen
5 und der Art die Sachen zu behandlen und was man
nach mehrerer Erfahrung für das beste hält. Wir
haben hier ziemlich vorgearbeitet nun mögt ich auch
noch von erfahrnen etwas hören. Was ist der
Kammerrath Martini für ein Mann? Ist er gefällig
10 und würde er mittheilend seyn wenn ich durch den
Assessor Büttner, der ihn kennen gelernt, an ihn
schreiben liese. Du machtest ihm ia wohl von mir
ein Compliment. Alles nach deiner Weisheit daß
ich meinen Wunsch erlange.

15 Die Sache ist simpel, wir fangen aber mit einem
sehr ansehnlichen Gute an und ich wollte daß der
erste Versuch gleich zum besten ausfiele. Adieu.
Schreibe bald. Verzeih mein Kritzeln.

d. 13. Febr. 1785. G.

20 Daß mir an den ossibus turbinatis des Trichechus
kein Schade geschehe. Packe es wieder wohl ein.

2056.

An Charlotte v. Stein.

Du bist eine liebe Verführerinn. Ich will mit
dir fahren, und das erstemal seit acht Tagen einer

frischen Lufft in deiner Gesellschafft geniesen. Liebe
mich Adieu.

d. 13. Febr. 1785.   G.

2057.
An Charlotte v. Stein.

Der Wind der mich diese Nacht öffters aufweckte
hat mir das Bild meiner Geliebten das Andencken
meiner Freundinn herbey geführt. Wie befindest du
dich? Gehn wir in die Commödie? Hier schickt Fritz
etwas. Liebe mich.

d. 17. Febr. 1785.   G.

2058.
An Charlotte v. Stein.

Ich bin so fleisig und dabey so vergnügt, es geht
mir so gut von statten daß ich meine ich sey gegen
sonst im Himmel. In diesem Paradiese fehlt mir
nichts als daß mein kleines Cabinet dich nicht beher=
bergt, und mein Windöfgen dich nicht wärmt. Hier
sind Knebels Briefe. Lebe wohl. Was treibst du
heute. d. 19. Febr. 1785.

                                                     G.

2059.
An J. G. Herder.

Dein Manuscript habe ich auf heute früh gespaart,
um wenigstens die ersten Stunden des Sabaths zu
feyern, und es mit reinen Augen zu lesen. Es ist

fürtrefflich und wird gar gut aufs Publikum würcken.
Zu dem ganzen Innhalte sage ich ia und Amen
und es läßt sich nichts bessers über den Text: Also
hat Gott die Welt geliebt! sagen.

5 Es ist auch sehr schön geschrieben, und was du
nicht sagen kontest, noch jetzo schon wolltest, ist schön
vorbereitet und in glückliche Hüllen und Formen ge=
bracht. Ich dancke dir! Lebe wohl. Grüße die Frau.
Ich sehe dich bald.

10 Nur zwey Stellen habe ich angestrichen. Lebewohl.
Geben vom Rade Ixions d. 20. Febr. 1785.

G.

2060.

An den Herzog Carl August.

Unterthänigstes Promemoria.

Aus beiliegendem an Endesunterzeichneten gerich=
15 teten Promemoria werden Ew. Hochfürstl. Durchl. in
Gnaden zu ersehen geruhen, was mir der Bergrath
Bucholz von Ew. Hochfürstl. Durchl. Absichten auf
dessen bisherigen Provisor Göttling, die mir schon
zum Theil bekannt gewesen, neuerdings eröfnet hat.
20 Wie ich nun nicht zweifle, daß gedachter Göttling
Ew. Hochfürstl. Durchl. Absichten zu erfüllen, völlig
im Stande seyn werde; so habe ich es für meine
Schuldigkeit erachtet, gegenwärtiges einzureichen und
Ew. Hochfürstl. Durchl. zu überlassen, was Höchst
25 Dieselben etwa vorerst wegen der Summe, die er

während seines Aufenthaltes in Göttingen zu erhalten
hätte, an die Behörde gnädigst zu rescribiren, geruhen
wollen.

Was den zweyten Punckt die Anschaffung der
nötigen Instrumente betrifft, so wird wohl selbiger
am füglichsten bis dahin ausgesetzt werden können,
bis Göttling sich mit den Wissenschaften noch be=
kannter gemacht, sich während seiner akademischen
Laufbahn von dem, was zu einem Apparat am vor=
züglichsten und nothwendigsten gehöret, unterrichtet
und auf seinen Reisen sich umgethan, woher man die
Instrumente am besten und wohlfeilsten erhalten
könne. Es möchte also wohl die Anschaffung der=
selben bis dahin aufgeschoben werden, um so mehr,
als von Jahr zu Jahr neue Entdeckungen gemacht
und solche Instrumente verfeinert und verbessert werden.

Indessen bietet sich doch gegenwärtig eine Gelegen=
heit an, wo man um einen leidlichen Preiß verschie=
denes, was in der Folge sich nothwendig macht an=
schaffen kann.

Es hat nehmlich der Bergrath von Einsiedel wäh=
rend seines Aufenthaltes allhier ein chymisches Labo=
ratorium eingerichtet und solches bei seiner Abreise·
hinterlassen. Es findet sich in demselben sowohl eine
Anzahl guter und brauchbarer Werkzeuge und Geräth=
schaften, als auch solche Präparate, welche zu den
mannigfaltigen Untersuchungen dieser Kunst erforder=
lich und nöthig sind, ingleichen einige gute Schrift=
steller.

Alles ist nach einem mäßigen Anschlage 122 Thlr. gewürdet und Göttling der selbiges in Augenschein genommen glaubt, daß man um den Preiß von 100 Thlr. eine sehr gute Acquisition machen werde.

5 Wollten Ew. Hochfürstl. Durchl. erlauben, daß man dafür die erwehnten Stücke erkaufe; so würde ich mir es zur Pflicht machen, zu sorgen, daß sie in gehörige Verwahrung gebracht, für die Zukunft aufbewahrt und bereinst mit dem kleinen Laborátorio, welches 10 Hofrath Büttner in Jena angelegt an Göttling über= geben und zum weiteren nützlichen Gebrauch über= lassen würden, worüber ich mir unterthänigst Ver= haltungs-Maase erbitte und mich mit lebenswieriger Verehrung und Treue unterzeichne

15   Ew. Hochfürstl. Durchl.
  Weimar   unterthänigster treugehorsamster
 b. 24. Februar 1785. Johann Wolfgang Goethe.

2061.
An C. v. Knebel.

[27. Februar.]

Unsere Freude war von kurzer Dauer, und der Fall jedem unerwartet, es scheint als wenn das 20 Schicksal alle Arten von Unheil mit diesem Hause durchgehen wollte.

Wenn es möglich ist, komme ich balde zu dir, ich habe einige Sachen zurückgelegt, die ich in Jena am

beſten ausarbeiten kann und in einer Art von Ab=
geſchiedenheit durchdencken muß.

Ich käme eines Sonnabends und zöge in ein
Zimmer neben dem Concertſaale, wenn wir vorher
die Geiſter dieſer Luſtbarkeit wieder vertrieben hätten, 5
und ſo wohnten wir in brüderlicher Eintracht und
Nachbarſchaft beyſammen. Ich hätte acht Tage vor
mir, bis die Muſick mich wieder vertriebe.

Es wird ein Mikroſcop hier ausgeſpielt. Ich habe
auch ein Loos für dich genommen, denn das Werck 10
iſt recht artig und wäre für einen Thaler wohl zu
brauchen. Unter Vierzigen wird es Dienſtag verlooſt.

Montags [28. Februar].
Ich habe Hoffnung, Sonnabends zu dir zu kommen.

Der Herzog von Gotha iſt hier und geht wahr= 15
ſcheinlich bis dahin weg. Graf Morelli iſt geſprengt,
er hat ſeine Flucht im tiefen Schnee ergreifen müſſen.

Meine nothwendigſten Geſchäfte rücken zuſammen.

Ich freue mich ſehr, dich wieder zu ſehen. Herder
will uns beſuchen, und wenn wir ſo kalt und eine 20
rechte Schneebahn behalten, wird es uns wohl werden.
Adieu bis dahin. Laſſe ich nichts weiter wiſſen und
ſagen; ſo komme ich.

G.

Grüſe Lodern und gieb ihm einliegendes Blättchen. 25

2062.

An C. v. Knebel.

Der Herzog von Gotha der hier ist geht morgen
weg. Wenn du also kommen wolltest fändest du von
der Seite keine Hinderniß. Doch wollte ich dir fast
rathen diesmal nicht zu kommen. Die Ursachen münd=
5 lich. Du wirst meinen Brief haben, worinn ich mich
auf den Sonnabend anmelde, noch sehe ich nicht daß
mich etwas abhalten könnte als daß die Frau v. Stein
seit einigen Tagen übler ist. Kommst du Donnerstag
oder Freytag so bleibe ich hier und wir gehen nach=
10 her zusammen.

Seckendorf hat das Mikroskop gewonnen, ob er es
bey seinen Negotiationen wird brauchen können weis
ich nicht.

Von Imhofs ist auch Nachricht hier.

15 Lebe wohl ich sehe dich auf eine oder die andre
Weise bald.

d. 2. März 1785. G.

2063.

An Charlotte v. Stein.

Ich habe es offt gesagt und werde es noch offt
wiederholen die Causa finalis der Welt und Menschen=
20 händel ist die dramatische Dichtkunst. Denn das Zeug
ist sonst absolut zu nichts zu brauchen. Die Con=
ferenz von gestern Abend ist mir wieder eine der

2*

besten Scenen werth. Wie befindest du dich Gute?
Ich will meine Sachen wegmachen und diesen Abend
bey dir seyn. Lebe wohl und sag mir ein Wort.

  d. 3. März 1785.   G.

2064.
An C. v. Knebel.

         [4. März.]

 Den Sonntag Nachmittag will ich hier wegfahren
und zur rechten Zeit einlangen. Laß doch Hofrath
Webern innliegendes Zettelgen zuschicken.

 Soulavie bring ich mit. Lebe wohl. Ich würde
dich mit noch froherm Herzen besuchen wenn ich nicht
Frau v. Stein mit ihrem Übel alleine lassen müßte.

              G.

2065.
An Charlotte v. Stein.

 Schicke mir den Gleichen damit ich den Auszug
wegen des Mikroscops machen könne. Wie befindest
du dich? Heute Abend bringt mich die leidige Probe
des Clavigo um ein Paar gute Stunden mit dir.

  d. 4. März 85.   G.

2066.
An v. Sömmerring.

 Wohlgeborner
 Hochgeehrtester Herr Hofgerichtsrath.
 Ew. Wohlgeb. sende ich die verschiedenen Bücher
und Schriften, welche Sie mir nach und nach mit=

getheilt, mit vielem Danke zurück. Aus dem Cam=
perischen habe ich mancherlei Unterricht gezogen, und
freue mich, so oft ich etwas von diesem außerordent=
lichen Manne lese und höre.

5 Ihre Abhandlung über die körperliche Verschieden=
heit des Mohren vom Europäer, habe ich mit Ver=
gnügen gelesen. Es kann nicht fehlen, daß nicht
durch solche Beobachtungen die Naturlehre täglich
mehr zunimmt. Geben Sie uns ja dergleichen mehr
10 aus Ihrem Vorrathe und seien Sie des Dankes eines
jeden Freundes dieser edlen Wissenschaft gewiß.

Des Herrn Professor Blumenbachs Briefe waren
mir sehr willkommen. Sie werden leicht glauben,
daß sie mich in meiner einmal gefaßten Idee noch
15 mehr bestärkt haben. Es wundert mich, daß er sich
von der Spur auf die er gekommen war so leicht
abbringen lassen. Da meine kleine Abhandlung gar
keinen Anspruch an Publicität hat und bloß als ein
Concept anzusehen ist, so würde mir alles was Sie
20 mir über diesen Gegenstand mittheilen wollen, sehr
angenehm sein. Sie haben selbst darüber gearbeitet
und gedacht, wie viel interessantes müssen Sie darüber
unter Ihren Papieren besitzen. Sie sollen nun nicht
lange mehr auf die Zeichnungen des Elephantenschädels
25 warten. Es thut mir leid, daß Sie über diese An=
gelegenheit mit Ihrem Nachfolger einige Verdrießlich=
keit gehabt haben. Ich wünsche nur, daß die Zeich=
nungen Sie völlig schadlos halten mögen, wie ich

denn meinen Dank für Ihre Gefälligkeit nochmals
wiederhole.

Ich lege die Adresse meiner Mutter bei wenn Herr
Merck solche noch nicht übersendet haben sollte, und
bitte um baldige Übersendung der versprochenen Schädel. 5

Weimar
den 6. März 1785.

Ew. Wohlgeb.
ergebenster Diener
Goethe.

2067.

An J. F. v. Fritsch.

Da Serenissimus mir gestern zu eröffnen geruhten
daß Sie eine Promotion vorzunehmen resolvirt hätten; 10
so hielt ich es für Pflicht den Cammerassessor Büttner
in Erinnerung zu bringen welchen es allzusehr nieder=
schlagen würde, wenn er, da ihm die iüngern Assesso=
ren Mandelsloh und Hellfeld vorgezogen worden, auch
hinter Schwaben zurückbleiben sollte.   Ich empfehle 15
ihn deswegen auch meinen Hochgeehrtesten Herrn
Collegen.

Sollte bey dieser Gelegenheit etwas für den Rath
Götze (den ich iedoch Serenissimo nicht genannt habe)
geschehen lönnen; so würden auch die von ihm lange 20
genährten Hoffnungen erfüllt.

Da ich auf einige Tage nach Jena gehe um die
Zerschlagung des Gutes Burgau und einige andre
Angelegenheiten vorzubereiten; so ergreife ich diese

Gelegenheit mich meinen Hochgeehrtesten Herren Col=
legen zu geneigtem Andencken gehorsamst zu empfehlen.
Weimar d. 6. März 1785.

Goethe.

2068.

An Charlotte v. Stein.

[Jena, 7. März.]

5 Ich erblicke einen dienstbaren Geist und muß dich
durch ihn grüßen.

Mir geht es recht wohl, meine Arbeit geräth in
der Stille, und der natürlichen Dinge betrachtung
beschäfftigt uns die übrigen Stunden. Du fehlst
10 allein sonst wäre ein Vorhof des Himmels hier.

Büttner ist gar gut und brauchbar. Knebel
grüsst dich, er ist ein eifriger Schüler und es wird
ihm Licht.

Grüße Fritzen. Schreibe mir wie du dich befindest
15 mit dem Cammerwagen hörst du von mir. Adieu.

G.

2069.

An Charlotte v. Stein.

Bey Knebeln ist recht gut seyn. Ich habe ein
artiges Stübgen das eine freye muntre Aussicht hat.
Ausser meinen Geschäfften erkundige ich mich nach
20 mancherley Verhältnissen der natürlichen Dinge an
denen mir gelegen ist. Das Cabinet, die Bibliotheck,

das alte lebendige Encyklopädische Dicktionair, alles
wird genutzt wie es die Kälte und die Umstände er=
lauben.   Wir haben Cocos Nüsse secirt und die An=
fänge dieses merckwürdigen Baums untersucht.   Ich
freue mich immer so offt mir iede Erfahrung bestärckt 5
daß ich auf dem rechten Weege bin, was ich dir davon
erzählen kann wird dir Vergnügen machen noch mehr
wenn du unsre Reihe von Präparaten sehn könntest.
Du wirst sie im Cabinete finden wenn du einmal
herüberkommst.   10

Die Kälte ist auserordentlich und die Gegend höchst
schön bey dem Schnee und dem hohen Stand der
Sonne.   Knebel hat allerley neues von Journalen
und sonst es ist ganz anmutig hier sehn.   Wenn ich
Hoffnung hätte dich hier zu sehen wäre alles trefflich 15
und gut.   Auch unterbricht meine Rnhe der Gedancke
daß du leidest.   Ich erwarte recht sehnlich das schöne
Wetter das dich in's Carlsbad führen soll.

Lebe wohl.   Schreibe mir bald.   Grüſe Fritzen.
Er soll etwas von ſich hören laſſen.   Grüſe Herders 20
und liebe mich.   d. 8. März 1785.

                                              G.

2070.

An Charlotte v. Stein.

Nur mit wenig Worten kann ich dir für deinen
Brief und dein Zettelgen dancken.   Wie lieb ist mir's
zu hören daß du beſſer wirst.   25

Meiner Arbeit nach könnte ich noch lange hier bleiben, meinem Gefühl nach müßte ich balde wieder zu dir. Kaum sind einige Tage herum; so fehlst du mir schon sehr mercklich. Grüse Fritzen ich werde ihm antworten. Der Cammerwagen hat dir etwas von mir gebracht.

Lebe wohl. Geliebteste, unentbehrliche. Mich freut nichts als was ich mit dir theilen kann.

Jena d. 9ten März. 1785. G.

2071.
An Friedrich Constantin v. Stein.

Wenn ich ein so fertiger Poet wäre, wie du es bist, so antwortete ich dir in Versen, mein ganzes Gemüth ist aber diesmal so prosaisch, daß du mit Prosa vorlieb nehmen mußt. Deine Fabel ist jetzt um Vieles besser, und dein Favorit=Sylbenmaß geht ohne Reim ganz gut. Lebe wohl, ich komme bald wieder.

Jena, d. 10. März 1785. G.

2072.
An Charlotte v. Stein.

Ich kann dich versichern l. L. daß es mit mir hier nicht recht fort will, ich hätte zu Hause mehr gethan. Die Einsamkeit mercke ich wohl ist nicht das ruhigste. Da ich von dir entfernt bin, fühle ich

einen Mangel den ich mit nichts überwinden kann.
Lebe wohl, ich komme bald.

Jena. Donnerst. d. 10. März 1785.   G.

2073.

An Charlotte v. Stein.

Mit Freuden sage ich dir einen guten Morgen in
der Nähe und schicke dir das Buch.

Der beste Theil meines Tags wird seyn den ich
mit dir zubringe.

d. 13. März 1785.   G.

2074.

An Charlotte v. Stein.

Ich bin fleisig und bin es gern weil meine freye
Stunden dein sind. Bey der Schlittenfahrt bin ich
nicht. Der Bereuter wird bey dir gewesen seyn, und
nähere Order verlangt haben.

Lebe wohl wir fahren heute Abend in den Wissen=
schafften fort.

d. 14. März 1785.   G.

2075.

An F. H. Jacobi.

Da ich gegenwärtige Abschrifft anfangen lies glaubte
ich reicher zu seyn als es sich gefunden hat, nimm also
das wenige und verzeih daß es so spät kommt.

Laß doch manchmal von dir hören. Herder ist
fleißig und wird auf Ostern eine vielfache Erscheinung
machen. Es ist unglaublich was er arbeiten kann.

Lebe wohl und grüße die deinigen.

5   d. 15. März 1785.   G.

2076.

An Charlotte v. Stein.

Ich habe nur zwey Götter dich und den Schlaf.
Ihr heilet alles an mir was zu heilen ist und seyd
die wechselsweisen Mittel gegen die böse Geister.

Ich gehe gern in die Commödie, und finde dich
10 drinne.

Diesen Nachmittag geh ich zu Seckendorf. Viel=
leicht zu deinem Bruder. Lebe wohl du einzige. Mich
verlangt recht mit dir zu reden, ich habe vieles.

d. 15. März 1785.   G.

2077.

An den Herzog Carl August.

15   Jemehr ich mir das Geschäft der Zerschlagung des
Gutes Burgau bekannt mache, von desto größerer
Wichtigkeit finde ich es, sowohl an sich, als in Ab=
sicht auf den Einfluß, welchen es in manche andere
Angelegenheiten haben wird. Es kommen dabey ver=
20 schiedene politische, juristische und ökonomische Betrach=
tungen vor, welche wohl zu erwägen sind, damit man,
wenn das Geschäft angefangen oder gar beendigt

worden, nicht alsdann erst Bedenklichkeiten zu heben
und Hindernisse aus dem Wege zu räumen habe.
Deswegen hat man um solches vorzubereiten allerlei
gethan, und unter andern auch nach Darmstadt an
den Kammerrath Martini geschrieben, welcher in dieser 5
Art Geschäften sehr bewandert ist und solche seit
dreyzehn Jahren in der dortigen Landgrafschaft be=
treibt.

Es hat auch derselbige vor einigen Tagen eine
Antwort hierher erlassen, welche nichts weniger als 10
genugthuend ist, vielmehr hat man Noth solche zu
verstehen und muß den Zusammenhang nur errathen
und die eigentliche Meinung herausklauben. Ein Brief
den ich zu gleicher Zeit von einem guten Freund dort=
her erhielte, versichert mir, daß von gedachtem Kammer= 15
rath Martini nur auf der Stelle Nutzen zu ziehen
seyn möchte, indem derselbe als bey der Feder nicht
hergekommen, das Schreiben so viel als möglich ver=
meide und sich nicht glücklich ausdrücke.

Da nun ferner aus obgedachtem Martinischen Brief 20
zu ersehen gewesen, daß dorten die herrschaftlichen
Güter weder erb noch eigenthümlich an einzelne ver=
lassen noch auf einen Erbbestand, das heißt Stamm=
vätern und ihren Familien ausgegeben worden, son=
dern daß man die Art vorgezogen habe, die zu zer= 25
schlagende Güter auf lebenslängliche Lehen für Mann
und Frau auszuthun, welche letztere Art in hiesigen
Gegenden ganz unbekannt ist; so wird man es nur

um deſto nöthiger finden, ſich nach der dortigen
Einrichtung auf das genaueſte zu erkundigen.

Es wäre deswegen zu wünſchen, daß man die
ältere Art wie man dorten zerſchlagen, zuerſt genau
in Erfahrung bringen könnte, alsdann die neuere und
warum man dieſe jener vorgezogen, die Folgen die
beyde gehabt und noch haben und was ſonſt noch bey
dieſem Gegenſtande vorkommen möchte.

Es könnte dieſe Abſicht wohl nicht beſſer erreicht
werden, als wenn man jemand dorthin abſendete, der
ſich die Akten vorlegen laſſe, die nöthigen Extrakte
daraus fertigte, ſich mündlich nach allem befragte
und die Gegenſtände ſelber in der Natur kennen
lernte; es würde dieſes, durch einen geſchickten Mann
gar leicht und in kurzer Zeit vollbracht werden können.

Man weiß iezo niemand beſſer als den Kammer=
konſulent Schwabhäußer vorzuſchlagen. Seine Saga=
cität und Leichtigkeit im Arbeiten ſind bekannt und
er möchte wohl derjenige ſeyn, der in der kürzeſten
Zeit die neueſten und ſicherſten Nachrichten einzu=
ſammeln fähig ſeyn möchte.

Nicht weniger würde er, da es ſeine Pflicht iſt,
in dergleichen Gelegenheiten fürſtlicher Kammer mit
Rath an Handen zu gehen, ſolches in der Folge deſto
ſicherer und ſtandhafter zu thun in den Stand geſetzt
werden.

Da man mit Einleitung des Geſchäftes keine Zeit
zu verlieren hat, ſondern ſobald als möglich die Ab=

sicht öffentlich bekannt zu machen wünscht, so würde
derselbe auf das baldigste abzuschicken seyn.

Wegen seiner übrigen ihm aufliegenden Geschäfte
würde er wohl solche Einrichtungen treffen können,
daß ihn solche nicht hinderten eine kurze Zeit ab=   5
wesend zu seyn. Was die Unkosten betrifft, welche
auf diese Absendung zu verwenden seyn möchten,
diese kommen bey einem so wichtigen und weit aus=
sehenden Geschäft in wenigen Betracht.

Übrigens ist man überzeugt, daß gedachter Kammer=   10
konsulent in mehr als einer Rücksicht dieses Geschäft
mit der besten Sorgfalt auszuführen sich angelegen
sein lassen werde. Ist es vollbracht, so wird man
alsdann davon Gelegenheit nehmen ihn Serenissimo
zu weiteren Gnaden zu empfehlen, indem er für   15
seine viele Arbeit etwas mehreres als er bisher ge=
nossen auf alle Weise verdient und seine fleißigere
Würkung bei fürstlicher Kammer sich immer noth=
wendiger macht.

So überzeugt man übrigens von der Nützlichkeit   20
und Nothwendigkeit oberwähnter Absendung seyn mag;
so hat man doch dazu keine Anstalten machen können,
ohne von den Gesinnungen Serenissimi und Höchst
Ihro geheimen Consilii vorher unterrichtet zu seyn.

Der ich mich in Erwartung gnädigster Befehle   25
in unbegränzter Ehrerbietung unterzeichne

Weimar d. 15. März 　　　Ew. Hochfürstlichen Durchl.
　　　1785.　　　　　　unterthänigster treugehorsamster
　　　　　　　　　　　　J. W. Goethe.

2078.

An Charlotte v. Stein.

Ich dancke dir meine Geliebte für den Beyſtand
den mir deine liebe Seele leiſtet. Es iſt nicht gut
daß der Menſch allein ſey.

Hier das erſte Cahier von Herder. Lebe wohl ich
5 ſehe dich.

d. 16. März 1785.   G.

2079.

An Charlotte v. Stein.

Hier m. l. die Fortſetzung von Herders Sachen.
Gedenck an mich. Heute der Abend iſt für uns ver=
lohren. Ich ſehe dich wenigſtens einen Augenblick,
10 ich bitte um ein Wort.

d. 17. März 1785.   G.

2080.

An Charlotte v. Stein.

Wenn meine Geliebte es will ſo lade ich heute
Herders ein und ſie kommt mich beſuchen. Es iſt
nothwendig daß ich zu Hauſe bleibe, denn mein Übel
15 vermehrt ſich lebe wohl, laß mir ein Wort wiſſen.

d. 20. März 1785.   G.

2081.
An Charlotte v. Stein.

Mein Übel ist eher besser als schlimmer, nur
schlimmer dadurch daß ich es heute nicht in deiner
Gegenwart tragen kann. Ich darf nicht wohl aus=
gehen, ich vermehre und verlängre es sonst. Dencke
an mich. Hier das Mikroscop und ein einzeln Glas ₅
das ziemlich vergrösert und helle macht. Lebe wohl.
          d. 21. März 1785.   G.

2082.
An C. v. Knebel.

[21. März.]

Ich kann dir selbst sagen daß ich wieder auf guten
Weegen bin. Mein Backen ist noch geschwollen, es
wird aber auch sich balde geben. Ich dancke für ₁
deine Liebe, deinen Anteil, und freue mich der Zeit
die uns zusammenbringen wird. Herders büchlein ist
köstlich. Adieu. behalte mich in einem guten Herzen.
                                               G.

2083.
An Charlotte v. Stein.

Was ich ohne dich habe und geniese ist mir alles ₁
nur Verlust, ich hab es am gestrigen Tage gespürt.
Herders will ich einladen lassen, und bitte daß du
mir recht mögest fühlen lassen daß du mich liebst.
Du erhälst Antwort.
          d. 22. März 85.   G.

2084.

An Charlotte v. Stein.

Meine Beyden Verse hab ich für heute gefertigt und bin nun biß Aschermittwochen gekommen. Diese Kinderey hilft mir, und die leeren Tage im Kalender geben mir ein unüberwindlich Verlangen
5 das versäumte nachzuhohlen.

Nun will ich meinen Tag zum unpoetischen Wesen der Nothwendigkeit wiedmen und diesen Abend zeitig bey dir seyn.

d. 27. März als am ersten Osterfeste.   G.

2085.

An C. v. Knebel.

10 Hier schicke ich das Büchlein mit Danck zurück, ich habe es in einigen Tagen, da ein Weh an den Zähnen mich unthätig hielt, ganz durchgelesen und mich an der Willkühr eines Gemüths voll Grazie sehr ergötzt.

15 Auch bin ich wieder fleisig an meinem grosen Ge= dichte gewesen und bin bis zur 40sten Strophe gelangt. Das ist wohl noch sehr im Vorhofe. Das Unter= nehmen ist zu ungeheuer für meine Lage, indeß will ich fortfahren und sehn wieweit ich komme.

20 Der Herzog ist nach Leipzig.
Und wir sind still.

Lebe wohl und ſey ſein fleiſig, damit das Früh=
jahr uns bereit finde.

d. 28. März 1785. G.

2086.

An Charlotte v. Stein.

Dieſen Morgen habe ich müſſen dem Briefſchreiben
geben und ſtehn alſo die Stanzen noch bevor wenn ₅
das Glück will. Dancke für das Mikroſcop. Ich ſehe
dich heute. Hier ein Fläſchgen und das Politiſche
Journal das Stein gehört.

Liebe mich. d. 28. März 1785.

G.

2087.

An Charlotte v. Stein.

[März oder April.]

In die Comödie will ich dir folgen wie überall
hin. Geſtern Abend hab ich noch 3 Stanzen gemacht.

Das Korn erhälſt du wenn du Wenden auf die
Cammer ſchickſt anzeigen läſſeſt wie viel du auf's
Jahr verlangſt und um Abgabe von einem Theil ₁₅
davon einsweilen bitteſt. Liebe mich. Lebe wohl.

Herrn v. Holz will ich wenn der Herzog zurück=
kommt erinnern.

G.

2088.

An Charlotte v. Stein.

[März oder April.]

Zur Noth habe ich gestern noch eine Stanze her=
vorgebracht, und die übrigen gern deiner Liebe auf=
geopfert die mich herzlich freut, und herzlicher iemehr
sie sich zeigen mag. Diesen Abend seh ich dich.
5 Adieu.

G.

2089.

An Charlotte v. Stein.

Ich bin dir noch Danck für dein Billet von gestern
Abend schuldig es hat mich recht sehr gefreut.

Schicke mir doch das Mikroscop ich muß ver=
10 schiednes ansehn. Ich bin fleisig und habe nun ein
Tischgen mit Erde worinn allerley Saamens liegen.
Ich habe recht schöne Offenbaarungen über dies Ge=
schlecht. Lebe wohl. Liebe mich und schreibe wie du
heute Abend bist und bleibst.

15 d. 1. Apr. 1785. G.

2090.

An Charlotte v. Stein.

Hier meine gute schicke ich allerley zum Morgen=
gruß. Sage mir ein freundlich Wort. Hente Abend

3*

schreiben wir vielleicht an der kleinen Botanischen
Abhandlung für Knebeln.

Ich bin wohl und gehe still meines Pfads.
d. 2. Apr. 85. G.

2091.

An C. v. Knebel.

Hier einige Soulavie ich habe sie selbst noch nicht
recht lesen können. Du wirst mir einen Gefallen
erzeigen wenn du einiges notirst worüber wir sprechen
könnten.

Gerne schickt ich dir eine kleine Botanische Lektion
wenn sie nur schon geschrieben wäre. Die Materie
von Saamen habe ich durchgedacht, so weit meine
Erfahrungen reichen wenn du mir nur den Joseph
ab Aromatariis aus Büttners Bibliotheck verschaffen
könntest. Auch mögte ich die Linnäische Disser=
tation de seminibus muscorum haben und was
neueres über diese Materie da wäre.

Ich mag am liebsten meine freyen Augenblicke zu
diesen Betrachtungen anwenden. Die Consequenz der
Natur tröstet schön über die Inconsequenz der Menschen.

Hier das Portrait zurück. Es ist eine gute wackre
Art von Menschen, der wohl in dem armseeligen
Elemente unsrer kleinen Staaten schlecht fortkommen
mögte. Neulich war ein ehemaliger katholischer Geist=
licher bey mir der sich zur Protestantischen Kirche ge=
wendet hatte und der nicht begreifen konnte daß alle

Fürsten des Reichs nicht im Stande seyn sollten ihm
Brodt zu geben. Er war schon an mehreren Höfgen
abgewiesen worden.

Die Kriegsluft die wie eine Art von Krätze unsern
5 Prinzen unter der Haut sizt, fatigirt mich wie ein
böser Traum, in dem man fort will und soll und
einen die Füse versagen. Sie kommen mir wie solche
Träumende vor und mir ists als wenn ich mit ihnen
träumte.

10 Laß ihnen den glücklichen Selbstbetrug. Das
kluge Betragen der Grosen wird hoffentlich den kleinen
die Motion ersparen die sie sich gerne auf andrer Un=
kosten machen mögten.

Ich habe auf dies Capitel weder Barmherzigkeit,
15 Anteil, noch Hoffnung und Schonung mehr. Be=
fleisige dich dies Kreuz auch auf dich zu nehmen und
mir nachzufolgen.

Herder ist ganz vergnügt.

Ich habe 48 Stanzen an meinem Gedichte.

20 Und muß nun schliesen.

Lebe wohl. Gedencke mein. Ich freue mich auf
unsre Frühjahr und Sommer wanderungen.

    d. 2. Apr. 1785.   G.

2092.

An Charlotte v. Stein.

Nachdem ich mich schon ausgezogen und in die
25 beste Bequemlichkeit gesetzt habe, fühle ich erst wieder

recht daß ich zur Einsamkeit verurteilt bin und daß
mir die Nähe des lieben Herzens fehlt dem ich mich
so gern und so alleine mittheilen kann. Wie möcht
ich mit dir über meinen heutigen Tag sprechen, der
so unbedeutend er ist, doch Bedeutung und Lehre für 5
mich genug hat. Gute Nacht meine Beste ich will
sehn vor Schlafen gehn noch einige Stanzen vorzu=
arbeiten. Lebe wohl. Liebe mich und glaube daß
ich immer mit ganzer Herzlichkeit dein gehöre.

    d. 2. Apr. 1785.   G.   10

2093.

An Charlotte v. Stein.

Hier meine Beste ein frühes Wort. Der Schlaf
heilt bey mir vieles ich bin zeitig und wohl erwacht.
Herzlich leid that mir es daß ich dich nicht begleiten
konnt.

    Liebe mich, lebe wohl.   15
    d. 3. Apr. 85.   G.

2094.

An Charlotte v. Stein.

Hier schicke ich wieder Blumen, heute hat uns der
Hof. Ich sehe dich hier oder dort. Liebe mich. ich
habe 3 Stanzen.

    d. 3. Apr. 1785.   G.   20

2095.
An Charlotte v. Stein.

Hier meine gute einen Blumenstock zur Frühe.
Wie ist heute dein Tag eingetheilt? Lebe wohl. Sage
mir daß du mich liebst.

d. 4. Apr. 1785. G.

2096.
An Charlotte v. Stein.

5 Hier schicke ich dir allerley.

Das liebe Zeichen mit dem du mich gestern Abend
erfreut hast.

Den neuen Figaro.

Das Zeitungsblat.

10 Bist du wieder wohl. Wirst du in die Oper gehn
können? Wirst du nach der Oper bey mir seyn.

Frage Steinen ob er auch kommen will.

Adieu geliebte wie verlangt mich zu hören daß
du wieder wohl bist.

15 d. 4. Apr. 1785. G.

2097.
An Charlotte v. Stein.

Ja meine beste; ich habe dich recht lieb und war
sehr froh daß dirs gestern Abend bey mir wohl war.
Daß ich dich heute sehe ist gewiß. Ob im Conzert,
ob nachher weis ich noch nicht. Es wird auf allerley
20 Zufälligkeiten des Tags ankommen. Eins aber muß

ich thun damit ich nicht zu weit von der wahren
Gestalt eines L. H. zurückbleibe. Ich schicke dir noch
etwas vor Tische. Adieu du gute.

Weimar d. 6. Apr. 1785.   G.

2098.
An Charlotte v. Stein.

Eben steh ich erst auf und fürchte der Tag wird
nicht der beßte seyn. Das Zahnweh ist nur ein
Zeichen und nicht das Übel selbst. Der Kopf ist mir
eingenommen und ich fürchte eine Art Flußfieber wie
ich es manchmal in dieser Jahrszeit gehabt habe.
Lebe wohl. Wie sehr fühle ich zu solchen Stunden
daß wir gebannt sind. Adieu.

d. 7. Apr. 1785.   G.

2099.
An Merck.

Weimar den 8ten Aprill 1785.

Ich danke dir für das überschikte Kupfer. So
sieht freylich das Thier um ein gutes Theil leichter
und feiner aus. Ich wünschte es einmal in Natur
zu sehen, es ist ein höchst wunderbares Geschöpf, im
Grunde so einfach gestaltet und so abenteuerlich wegen
seiner Größe.

Ich bin recht neugierig auf deine Abhandlungen
und habe nichts dagegen wenn du mich bey Gelegen=
heit des Wallroßes nennen und auf eine bescheidene

und ehrbare Art in euren Orden einführen willst.
Wenn ich sonst etwas finde will ich dir es auch
schreiben und es soll mir lieb seyn wenn du Gebrauch
davon machen kannst. Bey mir liegt so etwas und
5 wuchert nicht.

Ich habe noch in andern Wissenschaften z. E. in
der Botanik, gar hübsche Entdeckungen und Combi=
nationen gemacht, die manches berichtigen und auf=
klären, ich weiß aber auch nicht recht wo mit hin.

10 Ich bin recht neugierig zu hören was Sömmering
gesagt hat, als du ihm die Knochen vorhieltest. Ich
glaube noch nicht daß er sich ergiebt. Einem Gelehrten
von Profession traue ich zu daß er seine fünf Sinnen
abläugnet. Es ist ihnen selten um den lebendigen
15 Begriff der Sache zu thun, sondern um das was man
davon gesagt hat. Auf Campers Antwort verlangt
mich auch höchlich. — Das Publikum, das so gerne
Könige ein und absezt um nicht müssig zu seyn, hat
auch Mosern uns zum Kanzler gegeben, wie ich
20 solches auf dein Verlangen auch auf einem besondern
Zettel attestire. Sorge doch daß Sömmering mir die
versprochene Schädel schike. Er wird dir die Zeich=
nungen nach dem Cassler Elephantenschädel zeigen die
ich ihm geschikt habe. Ich wünschte daß Waiz eine
25 zeitlang bey Campern studieren könnte um recht in den
Sinn der Sache zu kommen. Er hat schöne Anlage
und viel Fertigkeit.

Lebe wohl.

G.

2100.

An Charlotte v. Stein.

Es fehlte mir nichts am Tage als was du mir
nun zusagst. Hier hast du das Büchlein, es giebt
noch weit voluminösere über Carlsbad, die ich auch
schaffen will. Lebe wohl. Du machst mich recht glück=
lich daß du kommst du einzige.

d. 13. Apr. 1785.						G.

2101.

An Charlotte v. Stein.

Ich dancke dir meine Liebe ich habe recht wohl
geschlafen und soll mir viele Freude sehn dich zu sehn.

Es ist mir auch ganz wohl, nur fehlt mir eine
gewisse Elastizität des Gemüths, die vielleicht der
Frühling bringen wird.   d. 14. Apr. 85.   Adieu beste.

G.

2102.

An J. F. v. Fritsch.

[15. April.]

Da nunmehr die beyden nach Gotha bestimmten
Ingenieurs auch angekommen, und Wibeking, ehe er
solche hinüber begleitet, eine gnädigste Resolution
wünscht; so ersuche ich Ew. Exzell. gehorsamst einen
Entschluß in dieser Angelegenheit bey der heutigen
Session zu bewircken, welches auch wohl ohne mein

Ersuchen geschehen sehn würde. Die gefaßte Resolution
dürfte mir alsdenn nur unmaßgeblich durch einen
Extractum Protokolli bekannt gemacht werden.

Ew. Exzell.

gehorsamster Diener
Goethe.

2103.

An Charlotte v. Stein.

Wir kommen von einem langen Spaziergange
zurück den wir viel vergnügter gehabt hätten wenn
meine Gute mit uns gewesen wäre. Wir haben
10 botanisirt, und Fritz war sehr vergnügt, er läßt dich
grüßen.

Heute Abend wollen wir zu Hause bleiben, die
Ruhe thut mir doch noch noth.

Adieu. Dich soll dies Zettelgen statt deiner
15 Freunde empfangen.

d. 17. Apr. 1785. G.

2104.

An Charlotte v. Stein.

Dieser Rosenstock soll dir einen guten Morgen
bieten wie der gestrige eine gute Nacht. Mögest du
bey dem schönen Wetter und Himmel vergnügt sehn
20 und fühlen wie ich dich liebe.

d. 19. Apr. G.

2105.

An Charlotte v. Stein.

Ich befinde mich wohl mein lieber Schutzgeist und
freue mich deines Wohlseyns. Wir wollen immer
zusammen bleiben- meine Liebe. Darüber sey ohne
Sorge. Gegen Abend komm ich zu dir und wir
schwäzen uns recht aus.   5

d. 20. Apr. 85.   G.

2106.

An C. v. Knebel.

Zu dem Frühlingswetter bin ich wieder recht wohl.
Ich wäre nach Jena gekommen, da ich höre daß das
Wasser wächst, wenn ich glaubte dort zu etwas nütze
zu seyn. Castrop wird seine Sachen schon machen. 10
Grüße ihn.

Keinen Zelthimmel habe ich der kleiner wäre als
16 Fus breit und 22 lang kannst du den brauchen
so kannst du ihn haben mit den Wänden. Er muß
nur vorsichtig befestigt werden wegen der Winde.   15

Lebe wohl. Sey sein fleisig. Liebe mich. Ich
freue mich auf diesen Sommer mehr als iemals auf
die gute Jahrszeit. Adieu. d. 20. Apr. 85.

G.

Den Pack von Götzen wirst du durch Helmers= 20
hausen erhalten haben.

2107.

An Charlotte v. Stein.

Nun mögt ich auch wissen wie sich m. L. befindet,
ich hoffte immer auf ein Wort von ihr diesen Morgen.

Fritz ist durch sein Übel an Muthwillen nicht ge=
ringer. Er hat mir auch abgeschrieben. Lebe wohl
5 ich sehe dich.

d. 21. Apr. 85. G.

2108.

An Charlotte v. Stein.

Fritz ist sehr lustig und wohlgemuth, und ich bin
auch ganz wohl, nur wieder von dem unseeligen
Wetter in die Hülle hineingeschröckt. Wenn du heute
10 Abend kommst, wirst du uns beyde erfreuen. Lebe
recht wohl. Du sagst mir nicht wie du dich befindest.

d. 23. Apr. 1785. G.

2109.

An Charlotte v. Stein.

Du hast mich recht durch dein Briefgen erfreut,
ich sehnte mich darnach. Ich bin wohl aber nicht
15 freudig, wir wollen stille den zaudernden Frühling
abwarten. Fritz schickt hier auch ein Zettelgen. Er
hat diese Nacht nicht gehustet. Wenn du mögtest
liese ich Herders auf heute Abend einladen. Bey
Hofe habe ich absagen lassen. Nur ein Wort dar=
20 über meine Geliebteste. Lebe wohl. d. 24. Apr. 85.

G.

2110.
An Charlotte v. Stein.

[24. April.]

Ich war heut mit Briefschreiben beschäfftigt seit
Anfang dieses Monats hatte ich alle Auswärtige ver=
nachläſſigt. Morgen will ich nach Jena gehen, wegen
der Waſſerbaue und andrer Dinge willen. Ich komm
vor fünfen, vielleicht balde zu dir. Liebe mich auch   5
abgeſondert du einzige.

G.

2111.
An J. C. Keſtner.

Vielen Danck mein lieber Keſtner für die doppelte
Nachricht. Ich habe den Capuzinern geantwortet und
ſie mögen nun daraus nehmen was ſie können.   10

Daß ihr und die eurigen wohl ſeyd und in einem
glücklichen Häuflein zuſammen lebt, erfreut mich von
Herzen. Erhalte Euch der Himmel dabey.

Grüſet Lotten und Malgen recht ſehr, und den
guten Georg. Er ſoll mir mehr ſchreiben. Es ſcheint 15
ein wackrer Knabe zu ſeyn.

Das Mineralien Cabinet was unſer Bergſecretair
Voigt dem Publiko angeboten hat, iſt eigentlich nicht
für Kinder, ſondern für Liebhaber, die ſich einen an=
ſchaulichen Begriff von den verſchiednen Gebürgsarten 20
machen wollen, von denen ietzt immer ſoviel geſprochen
wird.

Wie beyliegendes Büchlein ausweiset. Das Cabinet
enthält die in den Briefen beschriebne Steinarten und
ist für iemanden den diese Wissenschafft interessirt
und sich unterrichten will, das Geld wohl werth.

5 Wollt ihr aber für eure Kinder ein klein Natura=
lienkabinet haben; so kann ich Euch ein's zusammen
machen lassen ich habe des Zeugs genug.

Adieu. Gedenckt mein.

Weimar d. 25. Apr. 1785.   G.

2112.
An Kayser.

10 Ich freue mich daß Sie an dem kleinen Singspiel
eine Art von italiänischer Gestalt gefunden haben,
geben Sie ihr nun den Geist damit sie lebe und wandle.

Die litiganti habe ich leider noch nicht, sobald sie
kommen sollen sie auch wieder an Sie fort. Vielleicht
15 kann ich Ihnen auch die neuste Oper von Paesiello
il Re Theodoro bald nachschicken.

Sie thun sehr wohl solche Muster sich vor die
Seele zu stellen, ein anders ist nachahmen, ein anders
nach Meistern, die gewisse Formen des Vortrags durch=
20 studirt haben, sich bilden.

Ich erwarte nun Ihre Fragen um nichts über=
flüssig zu schreiben.

Auf Ihre erste und vorläufige folgendes.

Ich habe im Rezitativ weder den Reim gesucht
25 noch gemieden. Deswegen ist es meist ohne Reim,

manchmal aber kommen gereimte Stellen in dem=
selben vor, besonders wo der Dialog bedeutender
wird, wo er zur Arie übergeht, da denn der Reim-
anklang dem Ohre schmeichelt. Weiter ist keine Ab=
sicht dabey und gedachte Stellen bleiben deswegen ₅
immer Rezitativ, der Componist mag sie nachher
trocken oder begleitet ausführen. Eben so zeichnet
sich, was nach meiner Absicht, melodischer Gesang
seyn sollte, durch den Rhytmus aus, wobey dem Com=
ponisten freybleibt bey einigen Arien zu verweilen ₁₀
und sie völlig auszubilden, andre nur als Caba=
tinen pp vorübergehen zu lassen, wie es der Caracter
der Worte und der Handlung erfordert. Sollten Sie
aber da wo ich Rezitativ habe, eine Arie, und wo
ich Arie habe, ein Rezitativ schicklicher finden; so ₁₅
müßten Sie mir es erst schreiben, damit die Stelle
gehörig verändert würde.

Überhaupt wünschte ich daß Sie mir von Zeit
zu Zeit schrieben, wie Sie das Stück zu behandlen
gedächten, besonders wenn Sie es einmal im Ganzen ₂₀
überlegt und wegen kluger Vertheilung des musikali=
schen Interesse sich einen Plan gemacht haben.

So sind z. E. obgleich das Stück auf Handlung
und Bewegung gerichtet ist, an schicklichen Orten dem
Gesang die schuldigen Opfer gebracht. Wie die Arien: ₂₅

   Hinüber Hinüber pp
   Sie im tiefen Schlaf zu stören p
   O kannst du noch Erbarmen p

Eben ſo ſteht der Geſang: Nacht o holde! zu An=
fang des vierten Acktes als das, in den letzten Ackten
der Italiäniſchen Stücke, beliebte und hergebrachte
Haupt Duett da. u. ſ. w. und tauſend ſolcher Ab=
⁵ ſichten von Anfang bis zu Ende die Sie alle wohl
ausſtudiren werden.

Muſſe nehmen Sie Sich ſo viel Sie wollen. Könnte
das Stück künftigen Januar aufgeſührt werden; ſo
wäre es artig, iſt's nicht; ſo iſt auch nichts ver=
¹⁰ lohren. Von der Proſodie und anderm nächſtens.
Leben Sie recht wohl und ſchreiben bald.

Weimar d. 25. Apr. 1785.   .   G.

2113.
An Charlotte v. Stein.

[26. April.]

Meine Liebe, die Hoffnung dich Morgen hier zu
ſehn hält mich heute noch hier. Der ſrühe Tag war
¹⁵ ſo gar ſchön daß wir euch her wünſchten.

Thue was dich das Herz heiſt und was die Witt=
rung erlaubt, das Wetterglas iſt ein wenig geſallen,
doch ſind ietzo Zeit und Stunde ſehr veränderlich.

Lebe wohl mir geht es ganz gut. Grüſe Fritzen.
²⁰ Und laß dem Herzog ſagen ich käme erſt morgen
wieder. Adieu.

G.

2114.

An C. v. Knebel.

Wie gut es ist vertraulich über seinen Zustand
mit Freunden hin und wiederreden! ich ging mit viel
freyerem Muthe von dir weg und habe meine Arbeiten
wieder angegriffen als wenn es für ewig seyn sollte.

Ich dancke dir daß du mich haft fühlen lassen
daß ich so nah in dein Daseyn verwebt bin, fern
sey es von mir solche Bande vorsetzlich zu trennen.

Seckendorfs Todt wird dich unerwartet getroffen
haben, wie uns alle. Es ist dieser Fall reich an
nachdencklichem Stoff.

Voigt freut sich dich zu besuchen, er wird dir von
Nutzen seyn.

Lebe wohl, und sorge daß Loder Voigten wohl
aufnehme und daß dieser sein Wesen im Cabinete
treiben könne.

Weimar d. 30. Apr. 1785.   G.

2115.

An Charlotte v. Stein.

Hier zum Frühstück das Theurgische Wesen. Sag
mir wie du dich befindest und liebe mich.

d. 1. May.   G.

2116.

An Reich.

Ew. Wohlgeb.

empfangen den lebhafftesten Danck für die Fortsetzung
der glänzenden Ausgabe eines glänzenden Werckes.
Wenn ich etwas dabey vermisse; so ist es das Portrait
5 des Oberreits, welches die Stirne des dritten Bandes
hätte zieren sollen.

Ich höre wir haben balde Hoffnung Sie hier zu
sehen.

Weimar d. 3. May 1785.

10 Goethe.

2117.

An C. v. Knebel.

Ich schicke dir nebst einigen Büchern, wenige
Steine. Harzer Producte die ich von meiner letzten
Reise mitbrachte. Ehe wir nach dem Carlsbade gehen,
kommst du noch einmal auf einige Tage herüber damit
15 wir die Gebürgslehre durchsprechen und uns vorbe-
reiten können. Der Todt des Prinzen Leopold wird
dich gerührt haben. Lebe wohl. Die Gothische
Herrschafft ist hier. Behalte mich lieb. Ich flicke an
dem Bettlermantel der mir von den Schultern fallen
20 will. d. 5. Maj. 85.

Auf oder nach Pfingsten gehts nach Ilmenau du
kommst doch mit?

G.

Laß mir doch die beygelegten drey Steine schleifen
und schicke sie bald zurück. Der unscheinbarste ist der ₅
merkwürdigste.

2118.

An C. v. Knebel.

Die erften warmen Tage habe ich angewendet meine
Eroberungen vom Vorigen Jahre zu ordnen und schicke
dir deinen Theil.

Es ist nicht alles gleich interessant. Einiges ilme= ₁₀
nauische liegt dabey, damit du zum voraus etwas von
dorther in Besiz habest und sich die Luft mehre das
vollständige selbst zu hohlen.

Wenn du herüber kommst bringe doch deinen Cata=
logus mit ich kann dir manches noch abgeben.   ₁₅

Dasmal nicht weiter.

Nach Pfingsten wollten wir nach Ilmenau. Wenn
du dich einrichtetest wäre es gut. Vielleicht hole ich
dich ab und wir gehn den Saalgrund hinauf. Den
Ilmgrund habe ich so satt daß ich nicht dran dencken ₂₀
mag. Auch über Ordruff habe ich den Weeg schon
so offt gemacht.

d. 8. Maj. 85.   G.

2119.

An Charlotte v. Stein.

Du schreibst mir gar nicht mehr wenn ich dich nicht auffordre. Wie befindest du dich. Sage mir ein freundlich Wort. Liebe!

d. 10. May 85. G.

Zwischen 4 und 5. steigt der Ballon.

2120.

An Charlotte v. Stein.

Lebe wohl meine beste, wie angenehm war mirs gestern dein Angesicht noch einmal zu sehen behalte mich in einem feinen Andencken, du süße Geliebte. Das Wetter scheint gut zu werden. Begleite mich mit deinen Gedancken.

d. 11. May früh 4 Uhr. G.

2121.

An Charlotte v. Stein.

Ich freue mich deines Andenckens und kann dich recht herzlich meiner Liebe versichern. Wegen heut Abend sag ich's dir noch. Lebe wohl.

d. 14. May 85. G.

Das Wetterglas fällt und giebt Hoffnung auf Regen.

2122.

An Charlotte v. Stein.

Ich dancke dir du meinigste für deinen Anteil und
dein Andencken. Wir müssen noch eine Zeit zusehen
und dann wird sich's geben. Ich bin heute bey dir,
bey Herders laff ich anfragen.

d. 15. May 1785.   G.

2123.

An den Herzog Carl Auguft.

[Mitte May.]

Als Durchl. der Herzog im Jahre 1779 das
Walchische Naturalien Cabinet acquirirten und sich
ein Auffeher über felbiges nöthig machte, ward diese
Stelle dem Magifter Lenz konferirt und er erhielt von
Oftern 80 an für seine Bemühung 50 Thlr. In der 10
Folge ward die hiefige Kunstkammer dazu geschlagen,
das Cabinet durchaus umrangirt und die Arbeit ver=
mehrte sich, und Hofrath Loder, als Oberauffeher bat,
daß Durchlaucht die Gnade haben mögten, den Lenzi=
schen Gehalt zu erhöhen. Ich erinnere mich ganz 15
eigentlich, daß Joh. 1783 davon die Rede war und
daß Sereniffimi Abficht dahin ging, das Quantum
fo auf das Cabinet verwendet werden sollte, bis auf
300 Thlr. zu erhöhen und von dieser Summe Ma=
gifter Lenzen 50 Thlr. abzugeben. Wegen des erften 20
Punktes erging ein Refcript an die Cammer unter

dem 7. Jannar 84, in welchem der Lenzischen Zulage
nicht gedacht wurde. Sie ist ihm jedoch mit meinem
Vorwissen seit Joh. 83 gereicht worden und ich stand
in dem Wahne, als wenn in erst angeführtem Rescripte
5 das nötige deßhalb an die Kammer ergangen wäre.
Nur jetzo bey Justification der Rechnungen kommt
das Monitum zum Vorschein, daß zu dieser Abgabe
kein ausdrücklicher Befehl vorhanden und Durchl.
werden wohl die Gnade haben, etwa durch ein gnädig-
10 stes Rescript an die Cammer oder einen Extraktum
Protokolli an Hofrath Lodern oder durch beydes zugleich das damals vergessene nachbringen und die Abgabe der 50 Thlr. von dem quanto der 300 Thlr.
an Sekretair Lenz von Joh. 83 an gnädigst genehmigen
15 zu lassen.

Goethe.

2124.

An Charlotte v. Stein.

Sag mir liebe wie du dich befindest? Mein Herz
fragt schon seit meinem Erwachen darnach.

d. 18. May 1785.   G.

2125.

An Charlotte v. Stein.

[24. Mai.]

20 Der Herzog der wie bekannt ein großer Freund
von Gewissensreinigungen ist, hat mir vor seiner

Abreise noch eine Besoldungszulage von 200 rh gemacht und 40 Louisd. geschickt auf die Carlsbader Reise.

Ich sehe dich doch im Garten. Lebe wohl.

G.

2126.
An J. F. v. Fritsch.

Die mir neuerdings ganz unerwartet zugesicherte Besoldungs Erhöhung, fühle ich mehr der Gnade Serenissimi und den gütigen Gesinnungen des Geheimden Consilii, als meinen Verdiensten schuldig zu seyn. Ew. Exzell. statte ich hiermit den verbindlichsten Danck ab, daß Sie zu einer Erweiterung meines häuslichen Zustandes haben mitwürcken wollen.

Ich empfehle mich nnd das meinige auch für die Zukunft angelegentlich und unterzeichne mich mit Ehrfurcht

Ew. Exzell.

vHß. d. 25. [Mai.]   gehorsamster Diener
Goethe.

2127.
An Merck.

Weimar den 30. May 85.

Überbringern dieses, den Cammerkonsulent Schwabhäuser, empfehle ich dir. Ich habe ihn abgeschickt, damit er euer Zerschlagungswesen in der Nähe besehe, sey ihm ja förderlich, damit er Akten und alles Nöthige zu Augen und Nasen kriege.

Die Steine sind endlich angekommen, wofür du
Herrn Cammer Rath Klippstein recht freundlich danken
mußt. Nur waren sie leider von keinem zärtlichen
Freunde eingepackt und sind jämmerlich zerschüttelt
5 angekommen. Kaum hatte der Granit widerstehen
können.

Sobald ich von Ilmenau wiederkehre, schicke ich
von dortigen und überhaupt Thüringerwald Pro-
dukten für Herrn Klippstein eine Suite. Die Ähn-
10 lichkeit mit einigen mir überschickten wird auffallen.

Die Zeichnungen sind allerliebst, ich danke recht
sehr.

Hierbey ein Osteologikum, was ich neulich vergaß.
Lebe wohl. Behalte mich in gutem Andenken. Ich
15 gehe bald nach Carlsbad.

Euer Erbprinz, der sich beim Ilmenauer Berg-
werck mit 10 Kuxen unterzeichnet hatte, und dem ich
darauf auch die Gewährsscheine zuschickte, ist nicht
allein zurückgetreten, sondern hat auch die Papiere
20 verloren, nun müssen wir wenigstens eine legale Erklärung von ihm haben. Darum schicke ich dir bey-
gehenden Mortificirungs Schein. Schaffe mir ihn oder
ein Papier gleichen Inhaltes vom Erbprinzen unter-
schrieben. Ich bitte dich um Vergebung dieses Auf-
25 trags.

2128.

An J. G. Herder.

[Ende Mai.]

Ich schicke dir den Jakobischen Brief zurück. Laß
mich doch sehn was du ihm schreibst und laß uns
darüber sprechen.

Der gute Fritz ist glücklicher andrer Leute Mey=
nungen als seine eigne anschaulich zu machen. Die 5
Stellen wo er seinen Salto mortale produzirt sind
nichts weniger als einleuchtend, und die erste die ich
angestrichen habe mir ganz undeutlich und schwanckend.
Lessing erscheint als eine köstliche Figur.

Mich freut es immer herzlich wenn dir etwas von 10
mir wohlthut.

Hier schick ich dir was du wohl noch nicht gesehn
hast. Ich konnte es nicht einmal endigen geschweige
durcharbeiten, deswegen fehlt den Versen noch hier
und da das Runde und glatte. Du nimmst vorlieb. 15
Lebe wohl, grüße die Frau und liebt mich.

G.

2129.

An Charlotte v. Stein.

Lebe wohl geliebte das nächstemal scheide ich freu=
diger in der Hoffnung dich ienseit den Bergen wieder
zu finden. Tausendmal Adieu. Liebe mich.   20
d. 2. Jun. 85.   G.

2130.

An Charlotte v. Stein.

Meiner Geliebten muß ich durch den zurückkehren=
den Postillon einen guten Abend sagen, den sie zum
guten Morgen erhalten wird. Wir sind im Regen
angekommen und es trieft gewaltig. Fritz mit Voigts
5 ist noch nicht da; sie haben in Stadt Ilm gefüttert.
Wir werden mancherley zu thun finden und wollen
erst die Stubengeschäffte abthun, bis dahin giebts gut
Wetter.

Knebel freut sich auf die Berge und in den Bergen,
10 er ist ein gar guter Gesellschaffter. Lebe wohl. Ge=
bencke an mich. Ich liebe dich mit lebhaffter, innig
bleibender Liebe und freue mich immer auf die Tage,
da ich am Fuse der alten Granit Berge mit dir
wohnen werde, wie auf eine himmlische Aussicht.
15 Lebe wohl.

Ilmenau d. 2. Jun. 85. G.

2131.

An Charlotte v. Stein.

[Ilmenau 4. Juni.]

Da ich eine Gelegenheit nach Weimar habe, sage
ich dir nur meine beste daß ich recht wohl bin, und
schicke dir eine Schachtel hiesiger Botanick. Unsre
20 Sachen gehen gut. Wir haben schön Wetter. Fritz

ist wohl und du bist mir durch ihn immer nah, wie
du mir auch ohne ihn bist. Du liebe meine durch
Herz und Sinn. Lebe wohl. Ich erwarte auch ein
Wort von dir. Hundertmal adieu.

G.

2132.

An Charlotte v. Stein.

Du wirst nun auch meinen zweiten eilfertigen
Brief mit den Schwämmen erhalten haben, ich schreibe
dir den dritten immer auf dein Papier. Wärest du
mit mir du würdest dich meines Wohlseyns freuen,
wenn ich nur auch des deinigen versichert seyn könnte. 10
Ich habe wieder einige Capitel an Wilhelm dictirt,
und etwas an meiner Gebürgs Lehre geschrieben. Eine
neue englische Mineralogie hat mich wieder aufge=
muntert.

Der Todt der Werthern ist wohl unvermuthet. 15
Der Bergsekretair brachte ihn voreilig Knebeln vor, der
sehr frappirt war. Das ist das wunderlichste an dem
Zusammenhang der Dinge daß eben die wichtigsten
Ereignisse die dem Menschen begegnen können keinen
Zusammenhang haben.. Klinckowströms Gesellschafft 20
im Karlsbad wird wohl entbehrlich seyn, wenn er
nur ein wenig Lufft zu Hause kriegt. Ich denke er
läufft auch nicht lange.

An Wilhelm habe ich fortgefahren vielleicht thut
er diesmal einen guten Ruck. Ich dencke immer dabey 25

an die Freude die ich dir damit machen werde. Der
Anfang dieſes Buchs gefällt mir ſelbſt. Sonſt ſind
wir fleiſig hinter den Steinen her und Knebel wird
recht wacker.

5 Liebe mich du gute. Das nächſtemal daß ich
Fekſen beſteige biſt du mir näher.

Staff hat mir die ſchönſten Morgeln geſchenckt
um mich zu beſtechen. Ich bringe ſie mit, um ſie
mit dir zu verzehren.

10 Fritz iſt luſtig und gut. Lebe wohl. Grüſe Steinen
und wünſche ihm Glückliche Reiſe wenn es noch Zeit iſt.

Auch der Herzoginn empfiehl mich noch einmal.
[Ilmenau] Dienſtag. d. 7. Jun. 1785. G.

2133.

An Charlotte v. Stein.

Da ich eine Gelegenheit finde, ſchicke ich dir die
15 Schwämme, hebe einen Theil davon auf, daß wir ſie
zuſammen genieſſen. Du kannſt mir durch den Boten
antworten, denn er wird drinne warten. Die Tage
werden ſchön. Wir waren heute in Elgersburg. Wie
wünſchte ich daß es deine Wohnung ſeyn mögte.
20 Unſre Expeditionen gehen gut und unſre Liebhabereyen
lauſen ſo gätlich nebenher, es wäre Menſchen und
Geſchäfften geholfen, wenn es immer ſo werden könnte.
Ich bin recht wohl, habe an Wilhelm weiter dictirt,
und habe Freude dazu.

Lebe wohl. Liebe mich und sey meiner Liebe ver=
sichert. Täglich und stündlich freue ich mich auf
unsre Carlsbader Reise.

Ilmenau d. 7. Jun. 1785. G.

2134.
An F. H. Jacobi.

Schon lange haben wir deine Schrifft erhalten
und gelesen. Ich mache Herdern und mir Vorwürfe
daß wir so lange mit unsrer Antwort zögern, du
musst uns entschuldigen, ich wenigstens erkläre mich
höchst ungern über eine solche Materie schrifftlich,
ia es ist mir beynahe unmöglich.

Darüber sind wir einig und waren es beym ersten
Anblicke, daß die Idee die du von der Lehre des
Spinoza giebst derienigen die wir davon gefaßt haben
um vieles näher rückt als wir nach deinen mündlichen
Äusserungen erwarten konnten, und ich glaube wir
würden im Gespräch völlig zusammenkommen.

Du erkennst die höchste Realität an, welche der
Grund des ganzen Spinozismus ist, worauf alles
übrige ruht, woraus alles übrige fliest. Er beweist
nicht das Daseyn Gottes, das Daseyn ist Gott. Und
wenn ihn andre deshalb Atheum schelten, so mögte
ich ihn theissimum ia christianissimum nennen und
preisen.

Schon vor vierzehn Tagen hatte ich angefangen

dir zu schreiben, ich nahm eine Copie deiner Abhand=
lung mit nach Ilmenau, wo ich noch manchmal hinein=
gesehen habe und immer wie beym Ermel gehalten
wurde daß ich dir nichts drüber sagen konnte. Nun
5 verfolgt mich dein Steckbrief hierher der mir schon
durch Siegel und Innschrifft das Gewissen schärffte.

Vergieb mir daß ich so gerne schweige wenn von
einem göttlichen Wesen die Rede ist, das ich nur in
und aus den rebus singularibus erkenne, zu deren
10 nähern und tiefern Betrachtung niemand mehr auf=
muntern kann als Spinoza selbst, obgleich vor seinem
Blicke alle einzelne Dinge zu verschwinden scheinen.

Ich kann nicht sagen daß ich iemals die Schrifften
dieses trefflichen Mannes in einer Folge gelesen habe,
15 daß mir iemals das ganze Gebäude seiner Gedancken
völlig überschaulich vor der Seele gestanden hätte.
Meine Vorstellungs und Lebensart erlaubt's nicht.
Aber wenn ich hinein sehe glaub ich ihn zu verstehen,
das heist: er ist mir nie mit sich selbst in Wider=
20 spruch und ich kann für meine Sinnes und Handelns
Weise sehr heilsame Einflüsse daher nehmen.

Deswegen wird es mir schweer was du von ihm
sagst mit ihm selbst zu vergleichen. Sprache und
Gedancke sind bey ihm so innig verbunden daß es mir
25 wenigstens scheint als sage man ganz was anders
wenn man nicht seine eigensten Worte braucht. Wie
offt hast du nicht ganze Stellen aus ihm untersetzen
müssen. Du trägst in anderer Ordnung mit andern

Worten seine Lehre vor und mich dünckt die höchste
Consequenz der aller subtilsten Ideen muß dadurch
offt unterbrochen werden.

Verzeih mir der ich nie an Metaphysische Vor=
stellungsart Anspruch gemacht habe, daß ich nach so= 5
langer Zeit nicht mehr und nichts bessers schreibe.
Heute mahne ich Herdern und hoffe der solls besser
machen.

Hier bin ich auf und unter Bergen, suche das
göttliche in herbis et lapidibus. 10

Knebel, Voigt und Fritz sind mit mir, es giebt
genug zu thun und die Arbeit wird durch gemeinsame
Freude an allem was vorkommt belebt.

Balde gehts in's Karlsbad. Ende August bin ich
gewiß wieder zu Hanse, wenn nur die Fürstinn 15
Gallizin mit ihren Begleitern nicht zu früh kommt.
Schreibe mir deswegen nach Karlsbad, in der Hälfte
künftigen Monats trifft mich dein Brief dort gewiß,
ich richte mich alsbann darnach, denn ich will vom
Bade aus in's Erzgebürge gehn. Lebe wohl grüße 20
die deinigen. Ilmenau d. 9. Juni 85.

G.

2135.

An J. G. Herder.

Hier lieber alter einen Brief der mir saurer ge=
worden als lange einer! Auch das Mahnschreiben
Jakobi das diesen Funcken aus meiner harten und 25

verstockten Natur herausgeschlagen. Thue nun das beste, sende, schreibe und befriedige.

Künftigen Donnerstag kommen wir wieder, es geht hier alles gut und wir leben vergnügt. Unser
5 kleines Häuflein hält sich zusammen. Gleiches Inter=
esse macht uns gute Stunden. Lebe wohl. An Wil=
helm hab ich vier Capitel geschrieben die übrigen
werden folgen. Grüße die Frau. Adieu. [Ilmenau]
Sonnab. d. 11. Jun. 85.

10   G.

2136.

An Charlotte v. Stein.

Nach dem Anschein unsrer Expeditionen kommen
wir vor künftigen Donnerstag nicht zurück. Es wird
der 16te seyn und alsdann brauchen wir noch acht
Tage um uns einzurichten und nach dem Fichtelberge
15 zu gehen. Ich wünsche also daß du vor dem 24ten
nicht abgehn mögest. Wir sind recht wohl und ver=
gnügt bewegen uns viel und schlafen gut wenn wir
nicht zu viel essen.

Mein Verlangen dich wiederzusehen wächst mit
20 iedem Tage und meine Hoffnungen den nächsten
Monat ganz an deiner Seite zuzubringen werden mir
mit iedem Augenblicke theurer.

Innliegenden Brief an Herdern lies mit den Ein=
lagen dann schick ihn ihm. Du wirst allerley daraus
25 sehen. Die Fürstin Gallizin kommt mit zwey guten

Freunden, du haſt dir doch nur einen ausgeſucht.
Der kleinen Werthern wollt ich auch lieber eine Woh=
nung bey ihrem Geliebten in Afrika als im Grabe
gönnen.   Ich glaub es nicht.   Zu unſrer Zeit iſt
ein ſolcher Entſchluß ſeltner, wir würden es auch balde 5
in den Zeitungen leſeu.   Knebel und Fritz grüſen.

Donnerſtag Abend wenn nichts merckliches da=
zwiſchen kommt ſind wir in Weimar.   Adieu du
Geliebteſte.   Ich dencke immer an dich.   Ilmenau
Sonnab. d. 11. Jun. 1785.   10
                                                        G.

2137.
An Charlotte v. Stein.
[Ilmenau, 14. Juni.]

Mit Schmerzen erwart ich den Donnerſtag der
mich wieder zu dir bringen ſoll, ich habe nun keine
Ruhe mehr hier.   Der morgende Tag geht zum
Schluſſe mit mancherley Arbeiten ſchnell vorüber. 15

Ich habe mich deiner Briefe ſehr gefreut und
immer noch einen erwartet. Beſſer wird's ſeyn wenn
wir zuſammen ſind und des Schreibens nicht bedürfen.

Fritz iſt munter und brav, es intereſſirt ihn alles,
und auf eine gute Weiſe, er wird in wenig Jahren 20
unglaublich unterrichtet ſeyn.

Ich freue mich ſeiner um deintwillen immer mehr.

Die Tage ſind ſchön, ich beneide die jetzigen Carls=
bad Gäſte.   Wir haben hier eine Art von Höherauch
der ſich an den Gebürgen ſchön zeigt.   25

Hier schicke ich einen Brief von Kahsern der gute
Hoffnung giebt.

Lebe wohl und liebe mich du einziges Wesen.

Dienstag.   G.

2138.

An Charlotte v. Stein.

5   Wie sehr betrübt es mich daß ich schon Morgen
um diese Zeit dir nicht werde einen guten Tag sagen
können.   Nur die Hoffnung tröstet mich dich in
fremden Landen bald wieder zu finden.   Heute will
ich zum Abschiede mit dir essen.   Lebe recht wohl.

10   d. 19. Jun. 85.   G.

2139.

An Charlotte v. Stein.

Dieses Blat soll dich in Carlsbad bewillkommen,
wo du wohl keinen Brief von mir erwartest. Wenn
du ihn erbrichst rücke ich dir schon näher und habe
lange so keine freudige Aussicht gehabt als dich zwischen
15 den Bergen zu finden.   Sorge daß wir nicht weit
auseinander wohnen und daß wir zusammen essen
können.

Ich wünsche dir schönes Wetter und Gesundheit.
Lebe wohl.   Liebe mich ich bleibe dein.

20   Hierbey ein Liedgen von Mignon aus dem sechsten
Buche.   Ein Lied das nun auch mein ist.

Weimar d. 20. Jun. 1785.   G.

2140.

An Kayser.

Wenn meine zutrauliche Hoffnung auf Sie hätte vermehrt werden können; so würde es durch Ihren letzten Brief geschehen seyn. Glück zu! daß Sie gleich an's Werck gehn und mir den ersten Ackt voraus= schicken wollen. Immer ist es besser versuchen als viel reden, in den Grundsätzen sind wir einig, die Ausführung ist Sache des Genies und hängt noch überdies von Humor und Glück ab.

Da unsre kleine Theaterwelt sehr im Schwancken ist, kann ich nicht bestimmt sagen wie es mit der Aufführung werden wird und Ihre sorgfältige Nach= frage wegen der weiblichen Stimme, kann ich nicht beantworten. Nur so viel.

Als ich das Stück schrieb, hatte ich nicht allein den engen Weimarischen Horizont im Auge, sondern den ganzen Teutschen, der doch noch beschränckt genug ist.

Die drey Rollen wie sie stehen verlangen gute, nicht auserordentliche Schauspieler, eben so wollte ich daß Sie den Gesang bearbeiteten, für gute, nicht auser= ordentliche Sänger.

Diskant, Tenor und Baß, und was in dem natürlichen Umfang dieser Stimmen von einem Künst= ler zu erwarten ist, der ein glückliches Organ, einige Methode und Übung hat. Ich weis daß auch dies

bey uns schon rar ist und daß die Sangvögel sich
nach reichlicherem Futter ins Ausland ziehen, das ich
ihnen auch keineswegs verdencke.

Folgen Sie übrigens Ihrem Herzen und Gemüthe.
5 Gehen Sie der Poesie nach wie ein Waldwasser den
Felsräumen, Ritzen, Vorsprüngen und Abfällen und
machen die Caskade erst lebendig.

Dencken Sie Sich alles als Pantomime, als Haud=
lung, eben als wenn Sie ohne Worte mehr thun
10 müßten als Worte thun können.

Die Alten sagten: saltare comoediam. Hier soll
eigentlich saltatio sehn. Eine anhaltend gefällige,
melodische Bewegung von Schalckheit zu Leidenschafft
von Leidenschafft zu Schalckheit.

15 Bange macht mir daß es für drey Personen bey=
nahe zu viel Arbeit ist. Ich habe mich bemüht iedem
Raum zum Ausruhen zu verschaffen, nehmen Sie
darauf mit Bedacht.

Wenn Sie Sich bey ieder Scene die theatralische
20 Handlung lebhafft dencken, werden Sie noch manches
finden was mit Worten nicht ausgedruckt ist. So
kann sich Scapine z. E. in der Scene wo sie für todt
liegt ihre Stellung sehr erleichtern und zugleich die
Situation komischer machen wenn sie sich manchmal
25 hinter dem Rücken des Alten aufhebt, ihn ausspottet,
ihrem Manne zuwinckt daß er ia den Handel nicht
zu wohlfeil schliesen solle. Wie der Alte Mine macht
umzukehren fällt sie zurück. Wenn dieses in die

Muſick eingepaßt wird und die Inſtrumente auch
Scapinens Gebärden begleiten, ſo entſteht ein Terzett
das viele Reitze haben kann.

Leben Sie wohl und erfreuen mich balde. Ich
gehe ins Carlsbad. Bis Ende Juli bin ich dort zu
finden, vor Ende Auguſt komme ich ſchweerlich nach
Hauſe.

Die litiganti ſind noch nicht da, es verdrießt mich
ſehr. Den Re Theodoro haben wir, er iſt über allen
Ausdruck ſchön.

Weimar d. 20. Jun. 1785.   G.

2141.

An Charlotte v. Stein.

Neuſtadt an der Orla d. 27. Jun. 85.

Ich ſchreibe dir gleich um dich aus der Sorge zu
bringen in der du meintwegen ſeyn mußt. Leider ſind
wir noch hier und verpaſſen die ſchönen Tage.

Du kannſt dencken wie weh es uns anfangs that,
die ſolang geſpaarten und ſo glücklich herbeygekom=
menen Stunden ſo ſchlecht zu zu bringen.

Es war ein Übel ienem im Winter ähnlich, nur
nicht ſo ſtarck noch ſo ſchmerzhafft. Jetzt iſt es meiſt
vorbey der Backen nur noch geſchwollen. NB. es iſt
die Gegenſeite, die Rechte. Loder war heute hier und
hat mir allerley zurückgelaſſen das weiter helfen ſoll.
Bishierher habe ich ſelbſt gepfuſcht.

Alles kommt darauf an sagt Hamlet daß man ge=
faßt ist. Es waren böse Tage, an sich selbst und
durch den Gegensaz des was wir hofften.

Gestern war die Hendrich bey mir und Mingen.
Wenn ich dich nur wohl antreffe das ist meine
nächste Sorge.

Wir wollen doch über Hof gehn um nur unsre
solange sehnlich im Geist besuchten Gipfel wenigstens
in der Ferne mit Augen zu sehen. Knebel hält gar
treulich aus. Er sagte: Unsre Reise konnte nicht ganz
gut ablaufen sie war zu vorsichtig und klug aus=
gedacht. Grüse Herders.

Diese Tage sind fast ganz für mich verlohren.
Ausser daß ich Hamlet viel studirt habe. Heut ist
das schönste Wetter von der Welt. Ich erlaube mir
kein Murren. Wird die Sonne doch schön leuchten
wenn wir im Grabe liegen, warum sollt es uns ver=
driesen daß sie ihre Schuldigkeit thut, wenn wir
Stube und Bette hüten müssen.

Ich rechne künftigen Donnerstags von hier abzu=
gehn, du erhältst auf alle Fälle noch einen Brief von
mir eh ich dich sehe.

Knebel hat schon einen ganzen Kasten Steine zu=
sammengebracht. Der alte Büttner war mit Lodern
hier. Das ist all mein neues. Lebe wohl du liebes
a und o du Innbegriff meiner Freuden und Schmerzen,
da ich dich nicht habe was kann ich besitzen, da du
mein bist was kann mir fehlen.

G.

Mein Mikroscop bring ich mit, es ist die beste
Zeit die Tänze der Infusionsthiergen zu sehen. Sie
haben mir schon groses Vergnügen gemacht. Lebe
wohl.

Ach wer die Sehnsucht kennt!

2142.

An Charlotte v. Stein.

Zwota Abends. 9 Uhr.
Montags [4. Juli.]

Nur noch sechs Stunden von dir entfernt wie
freut es mich daß ein Postillon durchgeht der dir
diesen Brief beym Aufstehn überliefern kann.

Wir kommen von Wunsiedel, haben die Fichtel=
berge bestiegen, es ist uns recht wohl gegangen, ich
bin auch wieder ganz wohl. Wir wollen morgen
zeitig abfahren und sind gegen Mittag bey dir. Mein
Verlangen dich wieder zu sehen wächst mit iedem Augen=
blick. Lebe wohl. Knebel grüst. Grüse die Freunde.
Ganz der Deine.

G.

2143.

An Friedrich v. Stein.

Man ist hier den ganzen Tag so sehr beschäftigt,
ob man gleich eigentlich nichts thut, daß ich dir noch
nicht habe schreiben können.

Deinen Brief habe ich erhalten, und freue mich,
daß dich die Herren Straube's mit nach Frankfurt
nehmen wollen. Du mußt ihnen gleich dafür danken,
und es auf die Weise, wie sie es angeboten, annehmen.

5 Wir haben viel Berge bestiegen, und bringen
dir auch mancherlei Steine und Stufen mit. Herr
v. Knebel grüßt dich, auch deine Mutter. Sie ist
recht wohl.

Es sind sehr viele Menschen hier, auch einige Ge=
10 schöpfe von deinem Alter, — ein Jeder kommt mit
seinem Töpfchen früh Morgens an den Sprudel und
genießt das heiße Wasser.

Ich befinde mich wohl und wünsche dir auch wohl
zu leben. Theile viele Grüße von mir aus.

15 Carlsbad, den 13. Juli 85.   G.

2144.

An Charlotte v. Stein.

Carlsbad d. 7. August 1785.

Wie leer mir alles nach deiner Abreise war, kann
ich dir nicht beschreiben und brauch es dir nicht zu
sagen. Ich bin schon einigemal die Treppe in den
20 3 Rosen in Gedancken hinaufgegangen. Ich lebe so
fort, trincke und bade über den andern Tag. Heute
sind die Rheingräfinn und die Werthern fort, sie
waren recht gut und freundlich. Sie grüßen dich.
Beyde ob sie schon sich herzlich lieb haben, hatten

doch manches an einander auszuſezen und machten
mir wechſelsweiſe die Confidenz. Morgen geht die
Brühl, und ich will bleiben ſo lang die Fürſtinn und
ihr Geſolge da iſt. Sie klagte mir geſtern Beſonders
über die Hypochondrie des Grafen Stanislas und wie
nötig er habe zerſtreut zu werden, und daß nun alles
weggehe und ſo weiter. Ich ſagte ihr darauf daß
wenn ich ihr und ihrer Geſellſchafft nüzlich ſeyn könnte
ich gerne bleiben wollte. So will ich aushalten und
ſo wird aus der zerſtückten Badewirthſchafft für mich
ein Ganzes. Lebe wohl. Grüſe Fritzen und Herders.
Ich habe dich innig und einzig lieb. Nirgends finde
ich eine Übereinſtimmung wie mit dir. Lebe wohl.

G.

2145.

An den Herzog Carl Auguſt.

Eh ich von Carlsbad abreiſe muß ich Ihnen für
Ihren lieben Brief dancken von dem ich eine Vor=
empfindung hatte und der mir viel Freude gemacht hat.

Möge Reiſe und Cur Ihnen und Ihrer Frau Ge=
mahlinn recht wohl bekommen! Bringen Sie uns
alsdann noch einen geſchickten Arzt mit; ſo werden
wir mancher Sorge überhoben ſeyn.

· Ich bin während meines hieſigen Aufenthalts in
eine ſolche Faineantiſe verfallen, die über alle Be=
ſchreibung iſt. Die Waſſer bekommen mir ſehr wohl,
und auch die Nothwendigkeit immer unter Menſchen

zu ſehn hat mir gut gethan. Manche Roſtflecken die
eine zu hartnäckige Einſamkeit über uns bringt ſchleifen
ſich da am beſten ab.

Vom Granit, durch die ganze Schöpfung durch,
5 bis zu den Weibern, Alles hat beygetragen mir den
Aufenthalt angenehm und intereſſant zu machen.

Wie voll es hier war wird Ihre ſchöne Corre=
ſpondentinn ſchon gemeldet haben.

Von Menſchen zu reden enthalt ich mich bis zu
10 meiner Rückkunſt. Ich ſchäme mich wenn ich Ihren
Brief anſehe und mich ſo ungeſchickt zum ſchreiben
fühle.

Ich dancke für Ihren herzlichen Antheil an dem
Übel das mich zu Neuſtadt 8 Tage hielt, es war
15 eine Repetition meiner letzten Kranckheit, wir wollen
hoffen daß es ſeltner kommen werde.

Herder war recht wohl hier und auch meiſt zu=
frieden. Er hat ſehr gefallen und man hat ihn auſer=
ordentlich diſtinguirt, beſonders Fürſt Czartorisky.

20 Die Fürſtinn Lubomirska, ſeine Schweſter, iſt
erſt vorgeſtern weg. Weil ſie zulezt faſt ganz allein
blieb, hab ich meinen Aufenthalt um 8 Tage ver=
längert, ſie iſt eine intereſſante Frau, wird auch nach
Weimar kommen und ſie und ihr Bruder haben, halb
25 Scherz halb Ernſt, verſichert daß ſie ein Haus dort
haben wollten um eine Zeit des Jahrs daſelbſt zu=
zubringen. Es wird ſich darüber reden laſſen und
ich habe die Sache eingeleitet wie ich erzählen werde.

Viel Glück zur neuen Bekanntſchafft der ſchönen
Engländerinn, wenn anders Glück genannt werden
kann, wieder auf ein gefährliches Meer geſetzt zu
werden.

Auch ich habe von den Leiden des iungen Werthers
manche Leiden und Freuden unter dieſer Zeit gehabt.
Ich freue mich nun noch zum Schluſſe auf das Bildgen
das Sie mir bringen.

Die liebe Stein war meiſt wohl hier, und ieder=
mann wollte ihr wohl.

Knebel war ſehr lieb, treu und gut, er iſt zu
Imhofs der würcklich ſein Gut verkauft hat und der,
wenn man ihm einiges Agrement machte wohl nach
Jena zöge. Knebel läſſt ſich's recht angelegen ſeyn
um Ihnen auch etwas nütze zu werden und ich glaube
daß wenn nur einmal ein Anfang iſt; ſich in Jena
bald ein artiger Kreis verſammeln ſoll.

Edelsheim iſt vorgeſtern angekommen, und ich muß
ihn leider verlaſſen. Er hat mir von Ihnen erzählt,
und wir ſind ſonſt im politiſchen Felde weit herum=
ſpaziert.

Morgen gehe ich weg, über Joachimsthal und
Schneeberg nach Hauſe.

Treſſen Sie auch glücklich wieder ein, und laſſen
Sie uns iede Neigung, Freude und Hoffnung beym
Wiederſehn erneut, empfinden.

Leben Sie tauſendmal wohl.

Carlsbald d. [15.] Aug. 1785.   G.

2146.

An Charlotte v. Stein.

Johanngeorgenstadt. d. 18. Aug. 1785.

Endlich hier sechs Stunden von Carlsbad, wieder
auf dem Weege zu dir meine Geliebte, meine Freun=
dinn, einzige Sicherheit meines Lebens. Was ist alles
andre, was iedes andre menschliche Geschöpf. Je mehr
ich ihrer kennen lerne, ie mehr seh ich daß mir in
der Welt nichts mehr zu suchen übrig bleibt, daß ich
in dir alles gefunden habe.

d. 13ten ist die Fürstinn abgereist, wir haben noch
sehr angenehme Stunden gehabt. Brühls gingen den
14ten und ich vorgestern, und sah mich in Joachims=
thal um. Darbes hat uns noch viel Spas gemacht.

Wenn ich dich in Weimar · gewußt hätte, wäre
mir wenig Freude in allem gewesen, meine Seele sucht
dich in Kochberg und eilt offt zu dir hinüber.

Edelsheim kam die letzten Tage, fast hätte ich mich
bereden lassen zu bleiben. Denn in Staats und
Wirthschafftssachen ist er zu Hause und in der Ein=
samkeit wo er niemand hat gesprächig und ausführ=
lich, in zwey Tagen haben wir schon was rechts
durchgeschwäzt.

Morgen geh ich nach Schneeberg, sehe mich unter
der Erde um, wie ich hier auch gethan habe, dann
will ich eilig nach Hause. Wenn ich dich träfe welche
Freude.

2147.

An Reich.

Ew. Wohlgeb.

ersuche um die Gefälligkeit die beste Ausgabe meiner
Schrifften, in vier Bände, in schönen englischen Band,
mit grünem Schnitt binden zu lassen und mir solche
wohlgepackt zu übersenden.   5

Es that mir sehr leid Sie bey Ihrem letzten
hiesigen Aufenthalte nicht sehen und diejenige Hoch=
achtung mündlich versichern zu können mit der ich
mich unterzeichne

    Weimar   Ew. Wohlgeb.   10
  d. 22. Aug. 1785.   ergebenster Diener
                     Goethe.

2148.

An Charlotte v. Stein.

Es ist immer der liebste Augenblick meines Morgens
wenn ich dir einen Gruß schicke, einen von dir er=
halte. Um Zwölf Uhr will ich dich abhohlen sey aber 15
auch hübsch bereit.   24. Aug. 85.

                                 G.

2149.

An Gottlieb Theodor Weber.

Wohlgebohrner

Hochgeehrtester Herr Hofrath,

Unter Ew. Wohlgeb. Gerichtsbarkeit hat sich seit 20
kurzem ein gewisser Krafst aufgehalten, der vor

einiger Zeit gestorben ist. Seine Umstände waren mir allein bekannt und ich habe, besonders gegen sein Ende, ihm Unterhalt verschafft und zuletzt sein Begräbniß besorgen lassen.

Ew. Wohlgeb. ersuche ich daher die geringe Ver=lassenschaft des Verstorbnen, Überbringern dieses, meinem Sekretair Philipp Seidel, wenn solche vorher nach einer ihm gegebnen Instrucktion berichtigt wor=den, verabfolgen zu lassen. Da ich sicher bin daß sich niemand finden werde der einige Ansprüche an ihn zu machen hat; so kann ich um so eher dem Fürstl. Amte Jena die Versicherung geben dasselbe iederzeit wegen Aushändigung der geringen Effeckte zu vertreten.

Ich unterzeichne mich mit besonderer Hochachtung

Ew. Wohlgeb.

Weimar,
den 26. August 1785.

ergebensten Diener
J. W. v. Goethe.

2150.
An Charlotte v. Stein.

Noch einen guten Morgen meine Beste und dann sind die guten Tage lange für mich hin. Wenn ich von dir bin fühl ich so recht daß die ganze Freude meines Lebens auf dir ruht. Ein braunes längliches Buch mit Kupfern, Krystallisationen vorstellend liegt in deinem Mahlstübgen, schicke mir es. Lebe wohl ich sehe dich.

d. 31. Aug. 1785. G.

2151.

An Charlotte v. Stein.

[31. Auguſt.]

Da es ſcheint als ob unſre mündliche Unterhaltung
ſich nicht wieder bilden wolle, ſo nehme ich ſchriftlich
Abſchied um dir nicht völlig fremd zu werden. Lebe
wohl. Ich hoffe dieſe Reiſe ſoll Fritzen wohlthun.

G.

2152.

An C. v. Knebel.

Endlich bin ich zurück lieber Bruder nachdem ich
länger als ich dachte in Carlsbad geblieben, es iſt
mir recht gut daſelbſt gegangen, die Fürſtin blieb bis
d. 13. und ich ging d. 16. weg. Die ſchöne Tina
war auch von der Geſellſchafft, und ſchien am Ende 10
mehr Anteil an mir zu nehmen als ich um ſie ver=
dient habe. Dich grüſſt ſie und iſt voller Danckbar=
keit für deine Gutheit gegen ſie.

Sonſt war alles fort was zu unſrer Generation
gehörte auch Frau v. Rochau habe ich noch begraben. 15

Edelsheim kam da ich wegging und machte mir
den Abſchied abermals ſchweer, mit ihm iſt trefflich
ſchwätzen und in Politicis Erbauung zu hohlen.

In Joachimsthal bin ich nicht eingefahren, hin=
gegen habe ich mich viel in Joh. Georgenstadt um= 20
geſehn. In Schneeberg iſt wieder verboten Fremde

unter die Erde zu laſſen. Das Cabinet des Berg=
meiſter Beyers iſt dagegen höchſt intereſſant. Speck=
ſtein, Hornſtein, Feldſpatkriſtallen in Menge du
würdeſt nicht weggekonnt haben. Und er eine ſehr
redliche Seele, wie es ſcheint guter Beamter und
wohl unterrichtet.

Für deine Sorgſalt mich vom Weege noch mit
Gebürgsarten zu verſehen dancke ich dir du ſollſt
auch von dem meinigen etwas erhalten.

Meine Hypotheſe freut mich immer mehr, es folgt
gar leicht und gut alles daraus, und ich bin gewiß
daß man auf dieſem Weege zu ſchönen Entdeckungen
kommen kann.

Der Herzog will gerne etwas thun um Imhofen
herzuziehen. Ich glaube das beſte wäre er gäbe ihm
ein gewiſſes in der Stille um den Leuten nicht das
Maul aufzuſperren. Sage mir deine Meynung und
was du etwa glaubſt.

Hier gehts übrigens im Alten. ſchade für das
ſchöne Gebäude das ſtehen könnte, erhöht und er=
weitert werden könnte und leider keinen Grund hat.
Doch was hat Grund auf der beweglichen Erde.

Prinz Auguſt iſt hier, ſeine Gegenwart thut wohl.
Heute verreiſt Frau v. Stein nach Kochberg und läſſt
mir eine groſe Lücke.

Lebe wohl. Schreibe bald. Sinningsſciold war hier.
d. 1. Sept. 1785. G.

2153.

An Chriſtine Gräfin Brühl
geb. Schleierweber.

Voila que je commence Tina charmante a tenir
parole, sans bien scavoir comment finir.

Il y a des moments si riches en esperances et
en promesses q'une eternité paroit a peine suffisante
a les accomplir, ce sont surtout des moments heureux 5
de la jeunesse qui ont cet avantage, ils sont courts
mais delicieux comme ceux que les Dieux nous
donnent en nous rajeunissant quelque fois.

Je Vous envoie les oeuvres d'un auteur connu,
qui a eté favorisé de la fortune plus qu'il ne meritoit 10
et qui peutetre se seroit emancipé, si elle n'avoit
scu, en bonne mere, lui preparer des leçons sur son
chemin auxquelles il ne s'attendoit point du tout.

Que l'interet que Vous aves paru prendre a son
existence ne puisse jamais diminuer.   15

Conserves lui Vos bontés et soyes assurée de sa
parfaite reconnaissance.

Weimar ce 1. Sept. 1785.

                                        Goethe.

2154.

An J. C. Keſtner.

Euer Brief lieber Keſtner hat mich vergebens in 20
ienen Gegenden geſucht, ich bin dem Hofe nicht ge=

folgt, und faß, da Ihr ihn schriebet, ziemlich weit
von Euch ab, in Carlsbad.

Wieviel Freude wäre es mir gewesen Euch wieder=
zusehen, Theil an Eurer Freude und Eurem Kummer
⁵ zu nehmen und die alten Zeiten wieder herbey zu
rufen. Der Todt eures Mädgens schmerzt mich sehr.
Ich sehe was in Herders Familie so ein kleines
Weibgen unter den vielen Knaben wohlthut. Da
Ihr immer fruchttragende Bäume seyd; so müßt ihr
¹⁰ den Verlust zu ersezen suchen. Grüßet Lotten herzlich,
ich dencke sie ist mir noch gut und ich werde so lang
ich lebe meine Gesinnungen gegen sie nicht verändern.

Adieu. Alles liegt voll um mich von Papieren,
deswegen nicht mehr.

¹⁵ d. 1. Sept. 85. G.

2155.
An Charlotte v. Stein.

d. 1. Sept. 1785.

Heute bin ich den ganzen Tag zu Hause geblieben,
auch hab ich niemanden nichts zu sagen. Dir muß
ich noch einige Worte hinschreiben. Ich bin in meine
²⁰ Vorderstuben gezogen um die Scene zu verändern, ich
will solange da wohnen biß Camin und alles fertig
ist und die Winter Einrichtung im Stande.

Verzeih daß ich gestern Abend nicht mit dir ging
ich hatte meinen Zahn verbissen und wollte von dem
²⁵ Schmerz nichts mercken lassen, iezt ists wieder gut.

Das Mikroscop ist ganz fürtrefflich, und so be=
quem als möglich, du kannst alles auf alle Weise
drunter bringen und ich habe es noch wenig geübt.
Die dunckeln Obiecte besonders freun mich mit ihren
natürlichen lebhafften Farben. Es wird uns grose 5
Freude machen.

d. 3. Sept. früh.

Gestern habe ich mich herzlich deines Briefgens
und Andenckens erfreut und heute sollst du auch von
mir hören, du innigst und einzig geliebtes Wesen, ich 10
mag doch sehen und sehn wie ich will gegen dir ist
mir alles fremd.

Ich bin fleisig und packe auch nebenher meine
Steine aus und bringe sie in Ordnung, und bin den
ganzen Tag für mich. Heute ist des Herzogs Geburts= 15
tag und Ausstellung.

Eben erhalte ich dein liebes Briefgen, mit den
gelinden Vorwürfen. Du süse! laß dich nicht irre
machen denn ich bin doch dein. Alles besestigt mich
nur mehr an dich. 20

Könnte ich nur indessen meinen Wilhelm aus=
schreiben! das Buch wenigstens, ich habe das Werck
sehr lieb, nicht wie es ist, sondern wie es werden kann.

Hier schick ich dir ein Gedicht zu meinem Geburts=
tage. Von Fritzen hab ich noch keine Nachricht. Lebe 25
wohl. Ich bin immer in Gedancken und der beste
Theil ist an dich gerichtet. Ich werde wohl nicht
nach Ilmenau gehen sondern Voigts hinschicken.

Adieu. Behalte mich recht im Herzen. Bleibe
wohl. und laß mich offt von dir hören.

G.

2156.

An Sylvius Friedrich v. Franckenberg.

Ew. Excell.

5 überschicke die verlangte Accessions Ackte, verzeihen
Sie nur daß sie so gesudelt ist. Es ist die Abschrifft
die ich in der Geschwindigkeit nahm und die nachher
in's Concept geschrieben wurde.

Meine unverständlichen Worte bezogen sich auf
10 einige Äusserungen des Herrn v. Böhmer, er wollte
wissen daß Ihr Hof bey dem hannövrischen einige
Frist zum Beytritt verlangt habe. Aus dem was
mir Ew. Excell. schreiben, seh ich wie es zusammen=
hängt.

15 Der Tracktat selbst wird Ihnen sehr wohl ge=
fallen haben. Es ist gut daß es so weit ist. Es
macht diese Verbindung gewiß Effeckt und Epoche in
dem deutschen System, alles wird Ernst machen da
man sieht daß es Ernst ist. Ernstlich empfehle ich mich
20 zu fortdaurender Freundschafft. Seren. Augustus ist
wohl und vergnügt.

W. d. 2. Sept. 1785.   G.

2157.

An Friedrich v. Stein.

Es freut mich sehr, daß du wohl angekommen
und wohl aufgenommen worden bist. Gedenke fleißig
der Lehren des alten Polonius und es wird ferner
gut gehen.

Schreibe jeden Tag nur etwas, damit wir wissen, 5
was mit dir vorgeht. Deine Mutter ist in Kochberg,
und dein Vater hier. Ich bin sehr allein und packe
indessen die Carlsbader Steine aus.

Grüße meine Mutter und erzähle ihr recht viel.
Da sie nicht so ernsthaft ist, wie ich, so wirst du 10
dich besser bei ihr befinden. Das gute Obst laß dir
schmecken und grüße Alles fleißig von mir.

Weimar, den 5. September 1785.　　　　　G.

2158.

An Charlotte v. Stein.

d. 5. Sept. Abends.

Ich war in Tiefurt unter den besten Menschen 15
und wollte mir kein Stern scheinen, ich verlangte
herein um mit dir zu bleiben.

Dieser Bote soll dir Fritzens Briefe bringen, kaum
erwart ich es biß du siehst wie gut es ihm geht und wie
er schon zu Hause ist. Ich habe eine recht elterliche 20
Liebe zu ihm, denn ich habe die Blätter wohl sechs=

mal gelesen, und freue mich daran nicht weil sie
schön und gut geschrieben sind, sondern am blosen
Dasehn. Du wirst sehn was ihm die Reise gut thut.

Gestern Abend habe ich ein recht Psychologisches
5 Kunststück gemacht. Die Herder war immer noch auf
das hypochondrischte gespannt über alles was ihr in
Carlsbad unangenemes begegnet war. Besonders von
ihrer Hausgenossin. Ich lies mir alles erzählen und
beichten, fremde Unarten und eigne Fehler, mit den
10 kleinsten Umständen und Folgen und zuletzt absol=
virte ich sie und machte ihr scherzhafft unter dieser
Formel begreifflich, daß diese Dinge nun abgethan
und in die Tiefe des Meeres geworfen sehen. Sie
ward selbst lustig drüber und ist würcklich kurirt.
15 Umständlicher erzähl ich dirs und es wird dich noch
mehr ergötzen.

Wie freut es mich daß Fritz einen Fluss mit
Schiffen, und Bäume gesehen hat die sich für der
Last der Früchte zur Erde biegen.

20 Wie lebst du? bist du wohl? Mein Gemüth ist
bey dir und wünscht sehnlich deine Wiederkehr. Ich
bin recht allein.

Sehr schöne Indianische Geschichten haben sich
aufgethan.

25 Ich gehe nicht nach Ilmenau. Vogt mag allein
reisen.

Prinz August ist lieb und gut, wir haben aber
diesmal einander noch nichts abgewinnen können.

Der Herzog ist in seiner Meute glücklich. Ich gönn es ihm. Er schafft die Hofleute ab und die Hunde an, es ist immer dasselbe, viel Lärms um einen Hasen todt zu iagen. Adieu. Und ich brauche beynah soviel Umstände um einen Hasen zu erhalten. Nochmals lebwohl, und liebe.

G.

Stein hat Fritzens Briefe gesehn auch deine Mutter.

2159.
An Charlotte v. Stein.

d. 8. Sept. früh halb 4 Uhr.

Ein Bote vom Geh. Rath v. Franckenberg hat mich aufgeweckt ich kann und mag nicht wieder schlafen und will die stille Stunde benutzen dir zu schreiben.

Dein Brief hat mich herzlich gefreut, ich dencke doch du hast auch an Fritzens Briefen rechte Freude gehabt.

Ich gehe in meinen Sachen fort und muß leider Voigten allein nach Ilmenau reisen lassen, wo ich auch gern das schöne Wetter genossen hätte.

Neckers neues Werck macht mir viel Freude besonders da ich auch seine hefftigen Gegner lese. Wenn Stahl und Stein so zusammen kommen springt der Funcke hervor von dem man sein Licht anzünden kann wenn man klug ist. Überhaupt ist es

in diefer Materie wie in allen: auf's thun kommt
alles an.

Orientalifche Erzählungen des Abt Blanchet und
einige andre Schrifften machen mir auffer den Ge=
5 fchäfften gute Stunden. Zu Zeiten feh ich den Prinzen
und unfere Fürften wo es denn ganz gut iett
leben ift. Die neue Einrichtung geht fort und beym
Mittag effen leidet man erbärmlich in dem kleinen
Zimmer. Wie Franckenbergs da waren mufften fich
10 25 Menfchen in der kleinen Stube behelfen, verfteht
fich die Aufwartung mit gerechnet.

So gehts meine L. wenn man nicht zur rechten
Zeit ab und zu zuthun weis. Es wird noch mehr
kommen.

15 Wie fehr du mir fehlft brauche ich nicht zu fagen.
Ich habe niemand dem ich mich ganz eröffnen kann,
und da Friz nicht da ift führe ich eine ganz neue
Art von Leben, immer noch in meinen vordern
Zimmern.

20 Mein Camin ift nicht gelungen. Es raucht und
wird nun dran gepfufcht es zurechte zu bringen.

Die neue Brücke ift bald fertig, es giebt ein grofes
Werck.

An Wilhelm ift auch gefchrieben worden ob ich
25 im November Wort halten werde weis ich noch nicht.

Liebe mich du beftes aller weiblichen Wefen das
ich ie kennen gelernt behalte mich recht, recht einzig
lieb und glaube daß ich dein bin und dein bleiben

will und muß. Der Gedancke den Winter mit dir zu
seyn kann alle trübe Tage heiter machen, und vielleicht
wird es möglich dich in Kochberg zu besuchen.

`Lebe wohl für diesmal.

Die Musick der Operette wird ausgeschrieben, ich   5
bin recht neugierig sie im ganzen zu hören.

                                        um 6 Uhr.

An dem schönen Morgen bin ich spazieren gegangen
und ehe mein Tag weiter geht grüß ich dich noch
meine Beste.   10
                            G.

Freytag d. 8ten S. Ich gehe nach Jena und
wünsche dir wohl zu leben. Ich la

2160.

An C. v. Knebel.

Unter dem ersten September habe ich dir nach
Mörlach geschrieben und nun auch deine beyden Briefe   15
von Bareuth erhalten. Möge dir es doch recht wohl
gehn und du immer der Freyheit genießen können.
Ich bin wieder gebunden, fühle aber die Würckung
des Bades sehr heilsam, mein Gemüth ist viel freyer,
ich kann mehr thun und habe neben meinen Arbeiten   20
viel gelesen. Necker und seine Antagonisten beschäff=
tigen mich iezo. Ich finde viel Vergnügen daran,
obgleich dieses Studium wegen der vielen fremden

Details beſchweerlich, und im Ganzen höchſt abſtract
und ſein iſt.

Frau v. Stein iſt nicht hier, Friz in Franckfurt
und ſieht vielleicht in dieſer Woche noch Blanchard
5 aufſteigen. Mit Herders bin ich viel. Prinz Auguſt
iſt auch bey uns.

An Wilhelm ſahᵣ ich ſachte fort, und dencke im
November Wort zu halten. Beynah die Hälſte des
ſechſten Buchs iſt geſchrieben, die andre Hälſte geordnet
10 und werden die Scheite dieſes Holzſtoſes recht ausge=
dörrt, damit ſie deſto ſchneller in Flammen ſchlagen.

Darbes iſt in Dresden und wechſelt zwiſchen der
Gallerie und Tina.

Hemſterhuis und die Fürſtin laſſen noch nichts
15 von ſich hören.

Wegen Imhof hab ich mit dem Herzog geſprochen,
er iſt gar nicht abgeneigt ihm einen Zuſchuß in der
Stille zu geben. Wie viel? hat er ſich nicht gleich
entſchloſſen wie es geht. Sprich noch einmal mit
20 Imhofs und ſchreibe mir etwas beſtimmtes ob und
unter welchen Bedingungen er kommen mögte, nur daß
nicht wieder Schwiegermutter und alles drein gemiſcht
wird. Oder ſchreibe dem Herzog ſelbſt, er ſpricht
mir doch davon alsdann, und ich will es betreiben.
25 Die Rechnung ſoll gemacht und dir zugeſchickt
werden, mit Ludekus will ich abrechnen.

Seckendorf iſt fort. Mir iſt auch lieber er iſt
Reichshofrath, als daß ich's ſeyn ſollte.

Deine überſchickten Steine und Beſchreibungen
haben mir viel Freude gemacht fahre ia bey aller
Gelegenheit fort. Unſre Wunſiedler Granite die über
Hof gingen ſind noch nicht hier, ſchreibe doch dem
Spediteur.   5

Ich habe nun auch die Speckſteinkryſtallen und
werde nächſtens noch reicher werden. Deine Lieb=
haberey an dieſen Sachen hilſt mir ſehr mit auf.

Ich war in Jena da war alles ſehr leer.

Lebe wohl grüſe was um dich iſt.

Weimar den 11. Sept. 85.   G.

2161.

An F. H. Jacobi.

Ich hätte geſchworen dir aus dem Carlsbade ge=
ſchrieben zu haben, wenigſtens hab ich mich offt mit
dir im Geiſte unterhalten. Es geht mir öffters ſo
wenn ich eine Zeitlang vernachläſſige die Briefe auf= 15
zuſchreiben welche fortgehen, ich bin ſo feſt überzeugt
daß ich dieſem und ienem das geſagt habe was ich
ihm nur zudachte. Verzeih! Es iſt mir wohlgegangen
und ich wünſche dir ein gleiches.

Du ſendeſt mir deinen Spinoza. Die hiſtoriſche 20
Form kleidet das Werckgen gut.

Ob du aber wohl gethan haſt mein Gedicht mit
meinem Nahmen vorauf zu ſetzen, damit man ia bey
dem noch ärgerlichern Prometheus mit Fingern auf

mich deute, das mache mit dem Geiste aus der dich
es geheißen hat. Herder findet lustig daß ich bey
dieser Gelegenheit mit Lessing auf Einen Scheiter=
haufen zu sitzen komme.

5 Wir leben gut und freundlich hier zusammen, ob=
gleich Frau v. Stein wieder auf ihr Gut ist. Fritzen
hab ich nach Franckfurt geschickt damit er Blanchard
in die Lufft-steigen sehe und in der Messe als einem
trefflichen Theile des Orbis picti herumlaufe.

10 Weist du was! ich will ihn deinem Mädgen er=
ziehen, einen hübschern und bessern Mann kriegt sie
doch nicht, da ich doch einmal dein Schwiegersohn nicht
werden kann. Aber gieb ihr nicht Punsch zu trincken
und des andern Quarcks, halte sie unverdorben wie
15 ich den Buben, der an die reinste Diät gewöhnt ist.

Hill der wandernde Philolog, den Haman in die
Welt sandte, ist bey uns auf seiner Rückkehr von Rom.

Darf ich denn noch die Fürstinn erwarten? Schreibe
mir, damit ich mich darnach richte. Denn ich muß
20 vor Winters noch einmal hinaus in's Freye.

Grüße die deinigen. Ich liebe dich herzlich.
Weimar d. 11. Sept. 1785.   G.

2162.

An Charlotte v. Stein.

Wüßtest du liebste Seele wie sehr du mir fehlst
du würdest wenig Ruhe in deiner Einsamkeit haben,

du würdeſt iede Stunde wünſchen zu mir herüber zu
fliegen und ein Leben mit mir zu theilen das mir ohne
dich ganz und gar abgeſchmackt und unerträglich wird.
Deine Entfernung iſt mir ein rechter Probſtein meiner
Selbſt. Ich ſehe wie wenig ich für mich beſtehe und
wie nothwendig mir dein Daſeyn bleibt daß aus dem
meinigen ein Ganzes werde.

Ich war in Jena und fand es einſam, ich kam
zurück und fand es leer. Bey Herders bin ich und
wir leben angenehm zuſammen, manchmal mit dem
Prinzen. u. ſ. w. Das wäre alles recht gut wenn
du da wäreſt, deine Gegenwart macht alles reizend
deine Abweſenheit kan mir nichts erſezen.

Noch immer les ich an Neckern und ſeinen Gegnern,
es iſt ein ſonderbar Studium. Vielleicht kann ich dir
einmal die Reſultate reſeriren.

Von Friz iſt hier der Brief aus Salmünſter,
weiter hab ich noch nichts, ich ſchreib ihm heute und
ſchick ihm allerley Briefe und Billetgen die an ihn
gekommen ſind.

Grüſſe Steinen ich hab ihn ſeit deiner Abreiſe
nicht geſehen, er war nie zu Hauſe wenn ich ihn ſuchte.

Der Herzog iſt mit der Herzoginn nach Gotha um
den Prinzen von Mecklenburg dort zu ſehen, ſie
logieren bei Prinz Auguſt.

Camper hat gar einen guten Brief über den erſten
Teil der Ideen an Herder geſchrieben. Ich mögte
alles Gute mit dir theilen.

Jakobi macht mir einen tollen Streich. In seinem
Gespräche mit Lessing kommt doch das Gedicht Pro=
metheus vor, iezt da er seine Götterlehre drucken
läßt, sezt er das andre Gedicht: edel sey der Mensch!
mit meinem Nahmen voraus, damit ia iedermann sehe
daß Prometheus von mir ist. Wie du aus bey=
liegendem Wercklein sehn kannst.

An meinem Wilhelm fahr ich fort, wo möglich im
November Wort zu halten.

Ich habe nun gewisse Nachricht daß Blanchard
auffährt. Vielleicht zu Ende dieser Woche. Sein
Ballon wird etwas gröser als unsre Schnecke seyn.
Es freut mich für Frizen unendlich.

Sobald du zurückkommst mußt du mit zu Lossius
wir haben einige gute Stunden da zugebracht, du wirst
dich an der Herrlichkeit des himmlischen Heers erfreuen.

Eben erhalte ich eine schöne Melone und fasse den
Entschluß dir einen Boten zu schicken. Ich habe so=
lange nichts von dir gehört und das ist nicht natür=
lich. Gute Nacht beste. Laß dir die innre Überzeugung
bleiben daß ich ganz dein bin. Weimar d. 11 Sept. 85.

G.

2163.
An Charlotte v. Stein.

[16. September.]

Noch habe ich wenig Hoffnung meine Beste zu
sehen. Der alte Schnaus ist noch nicht wieder zurück
und ieder Tag bringt seine Plage mit.

Der iüngere Forster war hier mit seinem iungen Weibgen, einer gebohrnen Heyne von Göttingen, sie asen Abends bey mir mit Herders, Wieland und Amalie Seidler, die von Gotha aus eine Vertraute der ietzigen Forster ist. Sie waren beyde viel um die sterbende Schneider.

Der Prinz ist noch immer hier, ich sehe ihn wenig, bin viel allein und lese viel. Mein Camin wird nun gut und ich freue mich schon im voraus dich daran zu bewirthen. Von Fritzen habe ich nichts weiter gehört, es wird ihm nun recht wohlgehn, daß ich ihm sein Stillschweigen verzeihe.

Daß du wohl bist und nicht leidest freut mich unendlich, denn ich kann nichts geniesen wenn du Schmerzen hast. Ich freue mich iedes Tags der vorüber ist weil das Ziel näher rückt, da ich dich wiedersehe. Du gute, treffliche, einzige liebe. Ich bitte dich liebe mich nicht nur sondern werde auch nicht müde mich es fühlen zu lassen.

Sonnabend d. 17ten.

Heute den ganzen Tag hab ich auf ein Wort von dir gewartet. Es ist nicht gekommen und ich will Morgen Götzen den Weeg schicken den ich so gerne ging.

Edelsheim ist hier und das Wetter ist so böse und es hindert mich alles.

Wenn du doch balde wieder tommen könntest! da mir auch Fritz fehlt möcht ich kranck werden für Sehn=

sucht. Ich kann dir nicht beschreiben wie mir zu
Muthe ist.

Was ich thue verschwindet mir und was ich schreibe
scheint mir nichts. O komme wieder damit ich wieder
5 mein Daseyn fühle. Gute Nacht beste. Wann werd
ich dir es wieder mündlich sagen können. Adieu. Ich
bin ewig dein.

G.

2164.
An Charlotte v. Stein.

d. 20. Sept. 85.

10 Die Fürstinn Gallizin ist hier mit Fürstenberg
und Hemsterhuis die du also auch nicht sehn wirst.
Es sind interessante Menschen und wunderbar sie mit
einander zu sehen, du sollst das ausführliche mündlich
hören du weisst ich schreibe nicht gern über Menschen.
15 Edelsheim ist auch hier und sein Umgang macht mir
mehr Freude als iemals, ich kenne keinen klügeren
Menschen. Er hat mir manches zur Characteristick
der Stände geholfen, worauf ich so ausgehe. Könnt
ich nur ein Vierteljahr mit ihm seyn. Da er sieht
20 wie ich die Sachen nehme; so ruckt er auch heraus,
er ist höchst fein, ich habe aber nur wenig vor ihm
zu verbergen und das soll er auch nicht vermuthen.

Das alles da der Prinz auch noch mit uns lebt
giebt mir Zerstreuung daß ich stundenlang weniger
25 fühle wie du mir fehlst. Doch wenn ich meine Augen
nach einem Wesen kehre dem ich mich ganz offenbaren

mögte dann such ich vergebens etwas das dir ähnlich
wäre.

Ich darf dir nicht sagen komme bald zurück, denn
du läſſt mich wenig hoffen. Fritzen werd ich dir
aber nicht schicken um dich nicht in deinem Auſſen= 5
bleiben zu beſtärcken.

Hier ein Brief von ihm der abſcheulich geſudelt iſt,
ich habe ihm darüber eine Lecktion zugedacht.

Wie freu ich mich, daß er die Welt ſo frühe ſchon
ſo ſieht.   10

Auf den Sonntag ſteigt alſo Blanchard. Wie bin
ich auf Fritzens beſchreibung neugierig, der gewiß
auch davon ſchreiben wird als wenn es nichts wäre.

Hier auch einige Bücher die dir gewiß Freude
machen.   15

d. 21. Sept.

Ich will das Packet ſchlieſen weil heut dein Bote
kommen kann. Mit der Gallizin und uns will es
noch nicht fort. Ich weis nicht ſie iſt unter uns nicht
am Platze. Mit den Männern geht es ſchon beſſer. 20

Lebe wohl. So viel weis ich man ſoll nicht zu
ſehr aus dem Coſtume der Welt und Zeit worinn
man lebt ſchreiten und ein Weib ſoll ihre Weiblichkeit
nicht auszziehen wollen.

Lebe wohl du ſüſes Herz komme bald zurück 25
damit mein Leben wieder anfange, und habe mich
recht, recht zärtlich lieb.

G.

2165.

An Charlotte v. Stein.

d. 22. Sept 85. Abends.

Es regnet so sehr und ich dencke mir meine Liebe
in dem alten Schloße wo ich sie vor zehen Jahren
zum erstenmal besuchte und wo sie mich durch ihre
5 Liebe so fest hielt. Wie gerne wäre ich bey dir und
ginge meinem Wesen in der Stille nach und erfreute
mich an deinem Daseyn, wenn du noch lange aussen=
bleibst wird es übel mit mir werden.

Die Fürstinn ist noch da und kranck und — ich
10 weis nicht! Es will sich nichts machen. Mit den
beyden Männern geht es besser. Wir wollen es ruhen
laßen und nichts hetzen. Am Ende wird sich's zeigen.

An Wilhelm fahr ich langsam fort und röste das
Holz. Endlich soll es hoff ich in Flammen schlagen.

15 Hier Briefe von und über Fritzen die dich hoffent=
lich wie mich freuen werden. Ich bin recht glücklich
einen glücklichen Menschen zu wißen.

d. 23. Nach Tische.

Eben erwische ich den Bedienten deines Bruders
20 der dir dieses bringen soll. Ich hoffe nun von dir
zu hören. Lebe wohl. Liebe mich. Imhof macht
Anstalt hierher zu kommen.

G.

2166.

An Charlotte v. Stein.

Eben wollt ich mich gegen dich beklagen daß du
mich so allein laſſen magſt, denn ich bin doch allein
mit alle denen Menſchen und mein Herz verzehrt
ſich in Sehnſucht nach dir.

Die Fürſtinn war kranck und es wollte die erſten 5
Tage nicht gehen. Jetzt wird es etwas beſſer da ſie
auf der Abreiſe ſind. Man hat mich geſtern dazu
gebracht daß ich meine Operette vorgeleſen habe, und
das hat ſie ſehr unterhalten. Es ſind würcklich alle
drey ſehr intereſſante Menſchen und es thut mir leid 10
daß du ſie nicht kennen lerneſt. Hemſterhuis beſonders
wäre für dich geweſen und man lieſt ſeine Schrifften
gewiſſ mit mehr Intereſſe wenn man ihn kennt. Die
Herdern iſt gar gut mit der Fürſtinn, das hält die
Geſellſchafft am beſten zuſammen. 15

Fritz muß um den Donnerſtag daſeyn und ich
wünſchte herzlich du kämſt balde, daß mich dein Mund
deiner Liebe verſichern könnte. Denn du muſſt mich
ſehr lieb behalten.

Ich bin einigemal bis nach Mitternacht in den 20
neuen Anlagen herumgegangen der Mond machte alles
gar herrlich. Dieſes Jahr werd ich nicht viel mehr
mit dir ſpazieren können.

Der Anfang des zweyten Akts iſt komponirt
angekommen. Er iſt gar gut gerathen. Mit vol= 25

ler Mufick habe ich den erften noch nicht hören
können.

Ich dancke für deine Briefe. Stein geht mit
Wedeln auf den Mittwoch zu dir. Ich bedaure dich
und das deinige um des bösen Wetters willen. Die
Endurſachen ſind dem Gemüthe zu dencken ſo nötig daß
du aus den Nichtendurſachen erſt eine rechte End=Urſache
machſt

Lebe tauſendmal wohl. Ich liebe dich von ganzem
Herzen.

d. 25. Sept. 85.

Was mag Blanchard geſtern für ein Schickſal ge=
habt haben?

G.

2167.

An F. H. Jacobi.

Es war die Abſicht meines letzten Briefes nicht
dich in Verlegenheit zu ſetzen, oder dir eine Art von
Vorwurf zu machen, wir wollen die Sache nun gehn
laſſen und die Folgen erwarten. Das Beſte wäre
geweſen du hätteſt pure den Prometheus drucken laſſen,
ohne Note und ohne das Blat, wo du eine beſorgliche
Confiskation reizeſt, alsdann hätteſt du auch wohl
das erſte Gedicht ohne meinen Nahmen drucken mögen
u. ſ. w. Nun aber da es geſchehen, mag denn die
Legion ansfahren und die Schweine erſäufen.

Mit einer Afrika Reiſe des wunderbaren Hompeſch

wird nichts werden, Einsiedel ist schon mit seinen
Brüdern über Meer, die Reise geschieht aus eignen
Mitteln und es ist noch eine dritte Ursache die ich
nicht sagen kann warum ein Reisegefährte der sich
noch anböte nicht willkommen seyn dürfte. Schade
daß ich so mitten im Lande sitze und keine Expedition
zu dirigiren habe die werth wäre daß ein Mensch
wie du ihn beschreibst Hals und Beine dran wagte.
Grüße ihn von mir.

Die Fürstinn mit den Ihrigen ist hier. Sie war
die ersten Tage kranck und da stockte alles, zuletzt hat
es sich recht schön gegeben, und ich wünschte es ginge
nun noch vierzehn Tage fort. Wie es ihr übrigens
mit uns ergangen, mag sie selbst erzählen. Wieland,
den wir Anfangs aus Honettetät einluden, hat sich
gräulich prostituirt und schlecht empfohlen.

Die Herdern ist nach ihrer Art recht wohl, und
ein wenig mehr Glaube, ein bisgen weniger Hypochondrie würde sie ganz herstellen.

Lebe wohl. Ich bin auf allerley Art fleisig ohne
viel zu fördern. Es ist eine verfluchte Art von
Schiffahrt, wo man oft bey seichten Flecken aus-
steigen und den Kahn der einen tragen soll ziehen muß.

Adieu. Lebe mäsig auf daß du wohl lebest und
dich zu ferneren Expeditionen schonest.

Grüße die deinigen.

Weimar d. 26. Sept. 85.　　　　　G.

2168.

An Charlotte v. Stein.

b. 1. Oktbr. früh gegen Viere.

Ein Feuerlärm hat mich aufgeweckt und ich will
mich nicht niederlegen ohne meiner Geliebtesten guten
Morgen gesagt zu haben. Das Feuer war auf dem
5 Schweinsmarckte das Eckhaus des Schmids wenn man
nach dem äussern Erfurter Thore hingeht. Die Flamme
war starck zwischen zwey Häusern, die Gänge, Schindel=
ställe und Dächer brannten licht auf. Es wehte kein
Lüfftgen und wie einmal die Sprützen da waren
10 brannte nichts weiter. Unsre Anstalten haben sich
gut bewiesen, und die Maschinen fürtrefflich. Es ist
mir lieb daß ich da war um der Erfahrung an der
Sache und an mir selbst willen und seh es als eine
Schickung an denn ich bin sehr wieder meinen Willen
15 für diesmal hier, wie ich dir weiter erzählen will.

Denn ich bin gestern in einer Art Verzweiflung
von Jena herübergefahren.

Ich hatte die Fürstin Gallizin mit den ihrigen
dort aufgesucht und wollte sie nicht reisen lassen ohne
20 ihnen alle Achtung zu bezeigen die man ihnen schuldig
ist denn es sind würcklich vorzügliche Menschen. Die
ersten Tage wollte es durch seltsame Schickungen nicht
gehn, nach und nach gab sich's und da ich ihnen nach
Jena folgte ward alles zulezt recht gut und gewann
25 ein menschliches Ende.

Von da nahm ich mir vor zu dir zu reiten und
konnte kein Pferd finden. Alles war auf den Butt=
städter Jahrmarckt. Endlich wollte ich gar zu Fuſe
fort, aber es fing an zu regnen, und der Wind war
starck und kalt, ich muſſte alſo hierher, wo ich nun 5
zum erſtenmal zur ſeltſamen Stunde, an meinem
Camin ſitzend dir dieſes ſchreibe.

Gute Nacht oder vielmehr guten Morgen. Schlafe
ruhig und träume von mir.

Mögte doch das Gefühl wie nötig du mir biſt 10
recht lebendig in dir werden und dich bald zu mir
führen. Adieu.

                    b. 1ten um 10 Uhr.

Mein Tag hat ſpät angefangen, ich ſchlieſe um
zu hören ob die Botenfrau da iſt. 15

Hier ein Brief von Fritz. Blanchard iſt ver=
gangnen Sonntag nicht geſtiegen, alſo wird Fritz
auch noch nicht kommen. Adieu liebe mich wie ich
dein bin.

                              G.   20

2169.

An Charlotte v. Stein.

Ich ſchicke dieſen Boten dir die Nachricht zu geben
daß Fritz glücklich wiedergekommen iſt, und um von
dir zu hören. Wollte Gott du beſtimmteſt deine Rück=
kunft denn ohne dich iſt doch kein Leben. Fritz iſt
gar gut und klug, die Reiſe iſt ihm von unſäglichem 25

Werthe. Es wird dir viel Freude machen ihn er=
zählen zu hören, wie viel und wie gut er gesehen
hat. Komm nur bald zurück. Lebe wohl ich kann
nicht mehr sagen und wünsche nur herzlich daß du
5 wohl seyn mögest.

   d. 3. Oktbr. 85.   G.

         2170.
   An Katharina Elisabeth Goethe.

Sie haben mir liebe Mutter in diesem Jahre viele
Wohlthaten erzeigt wofür ich Ihnen herzlich dancke.
Die gute Aufnahme des lieben Friz und die Sorg=
10 falt für ihn, macht mir Freude als etwas das ganz
eigens mir zu Liebe geschieht. Sie werden finden daß
es ein köstliches Kind ist und mir machen nun seine
Erzählungen grose Freude. Wenn man nach Art
Schwedenborgischer Geister durch fremde Augen sehen
15 will, thut man am besten wenn man Kinder Augen
dazu wählt, er ist wohl und glücklich mit Herrn
v. Niebecker angekommen.

  Dancken Sie allen Freunden von mir — Riesen
schreib ich selbst. Leben Sie recht wohl, ehstens schicke
20 ich etwas lustiges. Was haben die Geschwister für
Effeckt gemacht?

  Weimar d. 3. Oktbr. 1785.   G.

2171.
An Charlotte v. Stein.

So muß ich denn noch bis künftigen Mittwoch
harren und werden mir die Tage still vorübergehn
wenn Fritz nicht Lärm macht. Er ist lustiger als
iemals. Er hat in Franckfurt erst recht Freyheit
kennen lernen, und meine Mutter hat ihn die Philo= 5
sophie des lustigen Lebens erst noch recht ausführlich
kennen gelehrt. Du wirst dich wundern wie er in
allem zugenommen hat. Er schickt hier der Fräulein
Lengefeld einen Brief, die du von mir grüßen magst,
und entschuldigt sich daß er nicht auch dir schreibt. 10
Komme ja bald und gesund zurück mein Gemüthe
gewöhnt sich nach und nach an's alleine seyn, denn
nur mit dir bin ich ganz wie ich bin. Lebe wohl
Liebe mich du einziges Glück. d. 6. Oktbr. 1785.

G. 15

2172.
An Charlotte v. Stein.

Du sendest mir meine Liebe gar viel gutes auf
einmal. Das Landschäfftgen gefällt mir recht wohl,
du hast würcklich etwas von der Oeserischen Manier
erhascht und recht glücklich angewendet. Es soll vor
mir stehen, bis du selbst kommst.   20

Der Schwamm ist meiner doppelten Liebhaberey
sehr behäglich. Ich war eben über diesem Geschlechte
und den verwandten und Fritz hat mir heut eine

Waffermoosart von dem Teich in der Teichgasse und
noch dazu im Regen gehohlt. Wir sind gar gut mit
einander, auch ist er recht artig, ich freue mich recht
wenn du ihn wieder sehen wirst.

5 Ich habe nun kein Verlangen als dich wiederzu=
sehen, ich lebe den ganzen Tag stille für mich hin
und bin fleisig wie es gehen will.

Ob das versprochne Buch Wilhelms fertig werden
wird weis ich nicht, die guten Einflüsse müßten mit
10 dir erst wieder kommen.

Lebe wohl. Behalte mich recht in einem warmen
Herzen denn ich will und kann von Glück und Zu=
friedenheit ausser dir nicht wissen.

d. 7. Oktbr. 1785. G.

2173.
An Charlotte v. Stein.

15 Es ist Zeit daß du kommst mich durch deine Gegen=
wart wieder zu erquicken, denn es will mir alle Lebens=
freude ganz und gar ausgehn.

Selbst der Anblick der Imhof hat mir weh gethan,
da sie dir so ähnlich ist und doch nicht du. Sie ist
20 wie eine Septime die das Ohr nach dem Akkorde
verlangen macht.

An Wilhelm hab ich wieder geschrieben das Mikro=
scop ruht bis du kommst. Ich habe gute Sachen ge=
sammelt. Adieu. Der Bote eilt.

25 d. 10. Oktbr. 85. G.

2174.

An Charlotte v. Stein.

Ich freue mich in der Stille herzlich deiner Nähe,
und schicke dir politica. Wenn du das Obst aufge=
geſſen haſt schick ich dir mehr, nicht zuviel auf ein=
mal ſonſt giebſt du es weg und das will ich nicht.
Lebe wohl. Liebe mich. Was machſt du heute? 5

    d. 14. Oktbr. 1785. G.

2175.

An Charlotte v. Stein.

[Mitte October.]

Die Fürſtinn Gallizin will dich kennen lernen
und dich heute früh beſuchen. Ich habe ſie gebeten
heute noch hier zu bleiben und warte auf Nachricht.
Du biſt ſo gut dich einzurichten daß du ſie allenfalls 10
heute früh ſehn kannſt. Ich ſage dir noch weiter
drüber. Geſtern bin ich mit ſchweerem Herzen von
dir gegangen und weggeblieben. Adieu. Wenn ſie
bleiben, ſo ſeyd ihr bey mir.

    G. 15

2176.

An Charlotte v. Stein.

Adieu meine Beſte, heute Abend bin ich wieder
bey dir. Behalte mich lieb.

    d. 17. Oktbr. 85. G.

2177.

An Charlotte v. Stein.

Adieu meine liebe! gedencke mein. Das Wetter
ist nicht das freundlichste, laß mich dein freundlich
Bild immer begleiten. Lebe wohl. Morgen bin ich
wieder bey dir. 20. Oktbr.

G.

2178.

An F. H. Jacobi.

Mein Weimarisches Gewissen ist schon lang aus
seinem Schlummer erwacht, dein letzter Brief hat ihm
völlig die Augen eröffnet, indessen hat es sich auf
eine unerlaubte Weise auf seinem Lager gedehnt, bis die
zwehte Ankunft der Fürstinn es völlig auf die Beine
und ihre Abreise an den Schreibtisch gebracht hat.

Diese herrliche Seele hat uns durch ihre Gegen=
wart zu mancherley Gutem geweckt und gestärckt, und
die Ihrigen haben uns schöne Stunden und Freude
gegeben. Du kennst mich und sie und wenn ich dir
sage daß wir diesmal ganz natürlich gegen einander
und offen gewesen sind; so kannst du dir das übrige
wohl dencken. Am meisten freut mich daß Frau
v. Stein und Sie sich haben kennen lernen.

Herder war kranck und ist's noch an Rücken=
schmerzen und hat nur wenig mit uns sehn können.
Der gute Hemsterhuis war auch nicht wohl, doch

immer mittheilend und gefällig. Fürstenberg war
sehr munter und alle schienen vergnügt, das übrige
muß dir die Fürstinn schreiben.

Daß ich dir über dein Büchlein nicht mehr ge=
schrieben verzeih! Ich mag weder vornehm noch gleich=
gültig scheinen. Du weißt daß ich über die Sache
selbst nicht deiner Meinung bin. Daß mir Spino=
zismus und Atheismus zweyerley ist. Daß ich den
Spinoza wenn ich ihn lese mir nur aus sich selbst
erklären kann, und daß ich, ohne seine Vorstellungs=
art von Natur selbst zu haben, doch wenn die Rede
wäre ein Buch anzugeben, das unter allen die ich
kenne, am meisten mit der meinigen übereinkommt,
die Ethik nennen müßte.

Eben so wenig kann ich billigen wie du am Schluße
mit dem Worte glauben umgehst, dir kann ich diese
Manier noch nicht passiren lassen, sie gehört nur für
Glaubenssophisten, denen es höchst angelegen seyn
muß alle Gewißheit des Wissens zu verdunckeln, und
mit den Wolcken ihres schwanckenden lufftigen Reichs
zu überziehen, da sie die Grundfesten der Wahrheit
doch nicht erschüttern können.

Du, dem es um Wahrheit zu thun ist, befleisige
dich auch eines bestimmten Ausdrucks.

Grüße die deinigen! Liebe mich.

Von Mineralien habe ich noch nichts erhalten.
Viel Glück zu der Chymie und was drans folgt.

Weimar d. 21. Oktbr. 85.   G.

2179.

An Charlotte v. Stein.

[21. October.]

Ich sage meiner Besten noch eine gute Nacht, und
wünsche nur noch einen Buchstaben von ihrer lieben
Hand zu sehen. Die Zeit die ich dir nehme wende
ich wohl an. Ich habe an Jakobi geschrieben der
5 wohl verdient daß ich ihm eine Stunde wiedme.
Lebe wohl du einzige.

G.

2180.

An Charlotte v. Stein.

Es wird nur auf meine Lotte ankommen wie und
wo ich meinen heutigen Tag zubringen soll.
10 Bleibt sie zu Hause so komme ich zu ihr und
bringe meine Arbeit mit und auch Nahrung für
Mittag und Abend. Will sie sich der Welt wiedmen,
so bleibe ich zu Hause, bin fleisig und geniese des
Glücks ihrer Nähe erst wenn der Hof sie entlässt.
15 Adieu geliebteste. d. 24. Oktbr. 1785.

G.

2181.

An Kayser.

Wenn es so fort geht mein lieber Kayser, daß das
letzte immer das angenehmste bleibt, so können Autor

und Publikum mit der Gradation sehr wohl zufrieden
seyn. Ich kann Sie versichern daß die Arie: Ein
armes Mädgen p ganz trefflich ist, und einen allge=
meinen Beyfall erhalten hat und diese Entree der
Schönen, also recht wie es seyn soll, bey der Aufführ=
rung, viel Aufmerckſamkeit und Freude erregen wird.
Das Monolog des Doctors gefällt auch sehr, und ich
habe zum Ganzen das beste Zutrauen.

Den erſten Ackt habe ich nun einmal mit den
Inſtrumenten gehört. Es war von mehr als einer
Seite nur unvollkommne Probe und doch hat es mir
sehr wohl behagt. Es iſt kein Tackt den ich nicht
mit ſchicklicher Acktion ausfüllen wollte, es geht mir
eher an einigen Orten zu geſchwind. Doch dem iſt
leicht zu helfen.

Das Rezitatif ſoweit ich es beurtheilen kann finde
ich ſorgfältig deklamirt, ich muß nun einmal einige
Stunden dazu wiedmen um es am Clavier mit einem
Sänger durchzugehn. Unſre Ackteurs haben nur faſt
keinen Augenblick Zeit weil ſie immer neue Stücken
geben ſollen.

Wären Sie nur gegenwärtig. Es ſollte alles ganz
anders gehn.

Bey der Stelle: Viel Böſes zu erzählen pp hatten
Sie ganz recht die Gewalt auf: Böſes zu legen.
Folgen Sie nur ungeſcheut Ihrem Geſühle. Mit
Verlangen erwarte ich das weitere, werde indeſſen von
vorne herein das Stück fleiſig ſtudiren, mein Urtheil

sammeln und wenn ich das Ganze übersehen kann, es
ausführlich schreiben. Wenn gethan ist läßt sich reden.

Vorerst habe ich nur wenigen etwas hören lassen,
ist es einmal so weit daß die Proben besser gehn, dann
5 will ich mich mit Vertrauten hinein setzen und recht
aufpassen.

Leben Sie recht wohl. Erfreuen Sie mich balde
mit etwas fernerm, und glauben daß Ihre Compo=
sition das beste Ingredienz meiner Winterfreuden
10 werden kann. Weimar d. 28. Oktbr. 85.

G.

Alle mir zugeschickte Veränderungen sind nach=
gebracht.

2182.
An Charlotte v. Stein.

Ich habe vielerley zu kramen wobey wenig gethan
15 wird. Ich liebe dich herzlich und habe von dir ge=
träumt. Willst du mit der Schwester heut Abend am
Camine Thee trincken; so laß mir es wissen.

d. 1. Nov. 85. Adieu.

G.

2183.
An v. Isenflamm.

20 Hochwohlgebohrner,

Hochgeehrtester Herr,

Das Steifröckgen ist glücklich angekommen und
ich danke verbindlichst für die gefällige Besorgung, die

Auslage wird ehstens berichtigt werden. Wie steht es
mit der teutschen Operette, die wie ich höre der Wiener
Stadtrath unternehmen wird? Ich kenne einen jungen
wackern Musikum, dem ich eine Gelegenheit wünschte,
sich bekannt zu machen. Ist die Entreprise schon im 5
Gange? Und könnte man eine Operette bey ihr unter=
bringen? Wenn ich nur erst im allgemeinen unterrichtet
wäre, wollte ich alsdann nähere Auskunft geben.

Ich bitte nur gelegentlich um einige Nachricht und
unterzeichne mich mit vollkommenster Hochachtung 10

Weimar,
d. 5. Nov. 1785.

Ew. Hochwohlgeb.
gehorsamster Diener
Goethe.

2184.
An Charlotte v. Stein.

Gestern Abend hätte mich die Sehnsucht bald
wieder zu dir geführt, wo bist du heute, ich sehe dich 15
doch Abends noch. Liebe mich denn das ist der Grund
von allem meinem Glück.

d. 5. Nov. 85.   G.

Die Lügnerinn aus Liebe ist artig. Ich gehe gern
hinein wenn ich dich drinne weis. 20

2185.
An Charlotte v. Stein.

Ich gehe und mein Herz bleibt hier. O du gute
daß Liebe und Sehnsucht sich immer vermehren soll.

Ich habe dich unsäglich lieb und mögte nicht von dir
weichen, dich überall wiederfinden. Lebewohl du beste
und dencke recht fleisig an mich. d. 6. Nov. 85.

G.

2186.
An Charlotte v. Stein.

[Stadt Ilm, 7. November.]

5 Ich muß dir noch m. L. eine gute Nacht sagen
und dich versichern daß ich dich recht herzlich liebe.
Wie schweer ward es mir dich zu verlassen, du gutes,
treues, einziges Herz. Ich bin bey dir und liebe dich
über alle Worte.

10 G.

2187.
An Charlotte v. Stein.

Kaum hatte ich dir das Zettelgen in Stadt Ilm
geschrieben als schon Wolcken vom Walde gezogen
kamen, ich ritt noch bey Sonnenschein fort, und bin
hier von einem gewaltigen Sturm empfangen worden.
15 Ich konnte meine Neugier nur im allgemeinsten be=
friedigen, und habe angefangen die Leute zu sprechen,
nun sag ich dir nur noch daß mein Herz und Sinn
bey dir ist.

Ich habe unterweegs das sechste Buch ausgesonnen
20 und mir überhaupt vielerley Mährgen erzählt, auch
eine alte Operette wieder vorgenommen, und sie reicher
ausgeführt.

Dieſes groſe Blatt war beſtimmt dir nach und
nach viel zu ſchreiben. Es geht ein Huſar und ich
ſchicke dir das wenige. Du liebſtes beſtes einziges
Weſen nimm mein ganzes Herz in dieſem Morgengruſe.
d. 7. Nov. 85.   G.   5

2188.
An Charlotte v. Stein.

d. 7. Nov.

Das Wetter hat ſich gebeſſert, noch ſind Wolcken
über den Bergen, der innge Mond verbirgt ſich, ich
kann es ihm zulaſſen, denn eh er voll wird will ich
ihn ſchon wieder an deiner Seite belauſchen. O du 10
gute! liebe! Wie hoffe ich daß du mir ein Briefgen
zuſchicken wirſt.

Meine Sachen gehen hier ſehr gut, wie wünſchte
ich einmal dich bey ſchönem Sommerwetter hier zu
ſehn! Ach werden wir denn auch ie wieder Sommer 15
haben? Noch iſt an Wilhelm nichts geſchrieben, aber
korrigirt hab ich in dem ſertigen. Mit groſer Sorg=
ſalt habe ich es durchgegangen und finde doch daß
man es noch beſſer machen könnte. Wills Gott ſollen
die folgenden Bücher von meinen Studien zeugen.   20

d. 8. Nov.

Ich habe heute einen groſen Spaziergang gemacht,
den ganzen Graben hinauf, wo mir die Waſſer, die
das Werck treiben ſollen, entgegen kamen und zum

erstenmal wieder seit vielen Jahren diesen Weeg
machten.

Alle Arten von Wolcken, Duft, Nebel, Geſtöber, Ge=
riesel, Schnee, Graupeln wechselten in der Atmosphäre,
doch war der Morgen freundlich und fröhlich und die
Berge sehr schön.

Hier schicke ich dir vom allerschönſten Moos das
artigſte und beſte Stückgen. Wie Albertingen nach
Carlsruh ging, fand ich ſo ein Stück und schenckte es
ihr als Zierrath auf den schwarzen Hut. Seit der
Zeit habe ich es nicht wieder finden können. Jetzt
erscheints auf einmal. Wahrscheinlich sind die Teller=
gen eine Art Befruchtung die in diesem Monat vor=
geht, in welchem ich seit mehreren Jahren nicht hier
war.

Gute esbare Schwämme bringe ich getrocknet mit,
du siehſt in welchen Claſſen der Vegetation ich hier
lebe.

Ich habe Linnées Botanische Philoſophie bey mir,
und hoffe sie in dieser Einsamkeit endlich einmal in
der Folge zu lesen, ich habe immer nur ſo dran ge=
koſtet.

Ich habe wieder einige artige botanische Ideen,
und habe ein Gelübde gethan, diesmal keinen Stein
anzurühren.

In meinem guten warmen Stübgen fehlt mir nur
deine Gegenwart, alles iſt sonst ſo ruhig und artig.
Ein neuer Schreibtisch den ich mir letztes Frühjahr

beſtellt giebt auch meinem häuslichen Weſen mehr
Anmuth und Bequemlichkeit. Es fehlt nichts als
der Thee.

Lebe wohl beſte. Ich bin ganz und gar dein,
nichts ſcheidet mich von dir.

                                                    G.

Grüſe die Schweſter und Frißen.

2189.
An Charlotte v. Stein.

                              Ilmenau d. 9. Nov. 85.

Hier iſt der völlige Winter eingetreten und hat
die ganze Gegend in ſein weiſes Kleid gehüllt. Man
ſieht keinen Berg für Wolcken und es wäre recht
heimlich wenn man nicht ſo allein wäre. Ich dencke
mir den armen Ernſt hier, es wäre ein Aufenthalt
zum Erhängen.

Ich leſe im Linné fort, denn ich muß wohl, ich
habe kein ander Buch. Es iſt das die beſte Art ein
Buch gewiſſ zu leſen, die ich öffters practiciren muß,
beſonders da ich nicht leicht ein Buch ausleſe. Dieſes
iſt aber vorzüglich nicht zum leſen ſondern zum reca=
pituliren gemacht und thut mir nun treffliche Dienſte,
da ich über die meiſten Puncte ſelbſt gedacht habe.

Noch finde ich in meinen Angelegenheiten hier
nichts als was mir Freude machen könnte. Es geht
gut was ich angelegt habe und wird iährlich beſſer

werden. Wenn ich noch eine Zeitlang daure und aus=
halte, dann kann es wieder eine Weile von selbst gehn.
Ach meine liebe wie viel wäre zu thun und wie wenig
thun wir.

Heute habe ich ein Capitel an Wilhelm geschrieben
und nun noch eins dann ist der Theil geschlossen.
Wie freue ich mich euch diesen Abschnitt vorzulesen.
Es soll Thee gemacht werden und Caminfeuer, damit
es an Dekoration und Accompagnement nicht fehle.

d. 10ten.

Es geht mir ganz gut hier, nur daß ich dich
Abends immer vermisse. Es ist die Art der Geschäffte
daß sie sich vermehren wie man tiefer hineindringt.
Sie machen mir Freude, weil ich auf viele Seiten
würcken kann und wenn man nur Licht wohin bringt
schon viel gethan ist.

Wenn ich rechne daß ich nur 8 Stunden auf Gotha
habe, so mögt ich wohl meinen Rückweeg über dort
nehmen und meine Freunde mit dem Conradin be=
suchen. Ich komme einige Tage später zu dir, das ist
alles was mich abhält.

Hier ist nun völlig Winter, alles überschneit, die
Berge im Duft und nur landwärts sieht man von
der Sonne bestrahlte Höhen. Es ist schön und reizend,
obgleich für unsre Arbeiten zu früh.

Von mir kan ich dir nichts weiter sagen, wenn ich
unbeschäfftigt bin dencke ich an dich.

Lebe wohl. Die Augen thun mir weh. Der
Schnee hat mich geblendet und das Licht auf dem
Weissen Papier schmerzt mich. Gute Nacht.

Eben erhalte ich noch deine wenigen Worte und
dancke dir herzlich.

                                        d. 11ten.

Heute hab' ich endlich das sechste Buch geendigt.
Möge es euch soviel Freude machen als es mir Sorge
gemacht hat, ich darf nicht sagen Mühe. Denn die
ist nicht bey diesen Arbeiten, aber wenn man so genau
weis was man will, ist man in der Ausführung nie=
mals mit sich selbst zufrieden. Ich wünschte nur du
hättest noch nichts davon gehört. Doch du bist gut
und hörst es wohl noch einmal, auch wenn es zu=
sammen ist nimmt sich's auders aus, besonders da
dieses Buch wieder für sich ein Ganzes ausmacht.
Ich freue mich auf Herders und die Imhof.

Hab ich doch Wort gehalten d. 12. Nov. vorigen
Jahrs war das vorige Buch fertig. Wenn es so fort
geht, so werden wir alt zusammen eh wir dieses Kunst=
werck vollendet sehn.

Meine Sachen sind soweit abgethan. Das schöne
Wetter lockt mich, ich will morgen auf Gotha reiten,
um dort meinen Freunden auch einmal Freude zu
machen und den Conradin zu sehen. Der Anblick
dieses, ienseits der Alpen gefertigten Wercks, wird mich
auch auf den Thüringischen Winter stärcken helfen.
Wenn ich es nur in deiner Gesellschafft sehen könnte.

Grüße Fritzen und die Imhof und denckt an mich.
Fritzen dancke für sein Briefgen. Wenn seine Hand
sich so hält und weiter beſſert soll mich's freuen.
Lebe wohl.

5 Meinen erſten Brief wirſt du erhalten haben.
Adieu.

G.

Ich habe noch eine köſtliche Scene gehabt die ich
wünſchte dir wiedergeben zu können. Ich lies einen
10 Buchbinder rufen um mir das Buch Wilhelms in
meiner Gegenwart zu heften, er erinnerte eine Bitte
die er bey der Steuerkommiſſion angebracht und unter
der Arbeit erzählte er mir seine Geſchichte und sprach
über sein Leben. Jedes Wort das er sagte war so
15 schweer wie Gold und ich verweise dich auf ein Dutzend
Lavateriſche Pleonasmen um dir die Ehrfurcht aus=
zudrücken die ich für den Menſchen empfand.

Lebe wohl meine Beſte, ich hoffe daß meine ver=
längerte Abweſenheit auch dir zur Freude gereichen
20 werde, denn es wird mich aufmuntern mehr Menſchen
zu sehen. Adieu mein süßes beſtes Herz, du fühlſt
doch wie lieb ich dich habe, wie dein ich bin und wie
ich mich durch alles hin nach dir sehne.

d. 11ten Abends.

2190.

An J. G. und Caroline Herder.

Ilmenau d. 11. Nov.

Heute ist das sechste Buch geendigt, und ich habe
also Wort gehalten. Möge es euch nun Freude
machen, wie es mir Sorge gemacht hat. Wenn man
sich einmal auf die Reinlichkeit des Contours legt,   5
macht man sich nie was zu Dancke.

Meine Sachen gehn hier hübsch und gut, es wird
doch, regt sich, entwickelt und ordnet sich, für das
übrige sollten die Götter sorgen.

Das schöne Wetter macht ganz froh. Hier ist 10
völlig Winter, alles eingeschneit und starcker Frost,
ihr werdets wohl auch nicht besser haben.

Morgen will ich auf Gotha reiten, um nicht das
verhaßte Ilmthal sogleich wieder durchzustreifen, um
unsern guten Epimetheus zu besuchen, Conradin zu 15
sehen, u. s. w. Ehe ich in Weimar wieder einwintre.
Meine beste Aussicht ist doch am Ende wieder zu euch.
Am Kamine soll Wilhelm gelesen werden, und sogar
Thee dazu, damit es häuslicher sey. Glück auf zu
allen Epigrammen und was sonst guts vor ist und 20
Adieu.

G.

2191.

An Charlotte v. Stein.

Gotha d. 13ten Nov. 85.

nachts 11.

Den ganzen Tag habe ich in Gesellschafft zuge=
bracht und nun noch ein Wörtgen mit dir.

Laß dich die paar Tage längerer Abwesenheit nicht
reuen, ich komme und eile wo möglich mit vollerer
Seele zu dir zurück.

Wie glücklich werde ich seyn dir auszudrucken zu
können wie sehr ich deinen Werth fühle und wie
allein du vor allen Wesen der Welt mich glücklich
machen kannst.

Die Schicksale meiner Wanderschafft werden dich,
wenn ich sie dir erzähle, mehr davon überzeugen als
die wärmsten Versicherungen kaum thun können. Ich
bin dein und muß dein seyn. Alles leitet, treibt,
drängt mich wieder zu dir. Ich mag nichts weiter
sagen.

Dienstag Abend bin ich wieder bey dir wenn nichts
sonderliches vorkommt Ich bin schon bey dir, mein
Herz verzehrt sich für dich.

G.

2192.

An Charlotte v. Stein.

[Gotha, 14. November.]

Ich habe dir geschrieben Beste daß ich Dienstag
Abends bey dir seyn würde, ich muß noch diesen Tag
bleiben, man verlangt es zu eifrig. Ich habe Con=
radin noch nicht bey Tage gesehen, der Herzog hat
einige phisikalische Instrumente aufstellen lassen und 5
so weiter.

Damit du nicht vergeblich wartest schicke ich dir
diesen Boten. Denn eine Sorge um dich, ein Ver=
langen nach dir verläßt mich nicht einen Augenblick.
Nur wünsche ich daß du es recht fühlen mögest. Ich 10
hänge an dir mit allen Fasern meines Wesens und
freue mich ieden Tages des nächsten Winters wenn
du mir nur wohl bleibst.

Wie mancherley interessantes habe ich dir von
meiner kleinen Wandrung zu erzählen.   15

Wenn du nur Conradin und die übrigen Sachen
des Herzogs sehen könntest. Du gute, liebe, einzige!
Mein Herz hängt mit der innigsten Leidenschafft an
dir. Ich bin dir ganz verwandt und verbunden.

Mittwoch Abends bin ich gewiß bey dir. Wie 20
freu ich mich auf den Empfang. Daß ich doch nichts
von dir vernehmen kann! Adieu. Montag Nachts.
halb 1.

G.

2193.

An Charlotte v. Stein.

[Mitte November.]

Guten Morgen Geliebte ich mögte ein Wort von
dir hören. Hier sind die Zeitungen. Die Tauscherey
Wallensteins hat mir auch geholfen. Die Herzoginn
Mutter hat die Partitur des Re Theodoro wieder ein=
5 getauscht und mir geschenckt. Ich schicke sie Kaysern.

G.

2194.

An C. v. Knebel.

Mit Freuden habe ich wieder einmal einen Brief
von dir erhalten und gerne daraus gesehn daß du in
den Gebürgen wohlgewesen bist daß du noch vor
10 Winters dir die Bilder so großer und schöner Gegen=
stände eigen gemacht hast. Über die Bergbewohner
habe ich auch neuerdings besondere Spekulationen.

Schreibe nun auch balde von München etwas da=
mit man erfahre wie dort der Ton ist, wie die Men=
15 schen sind und was sich auszeichnet, ich bin sehr neu=
gierig darauf.

Ich führe mein stilles Leben fort, bin manchmal
in Jena wo ich dich immer vermisse. Erst ietzo komme
ich von Ilmenau zurück wo alles sehr gut geht, bin
20 über Gotha gegangen und habe einige freundliche Tage
daselbst zugebracht.

Das sechste Buch meines Wilhelms ist fertig, ich
las es Frau v. Stein, Imhof und Herders vor. Du
fehltest, sonst wäre mein kleines Publikum vollkommen
gewesen. Ich war glücklich viel Beyfall zu erhalten,
und werde dir es nicht schicken, um dich wenn du
zurückkommst mit etwas bewirthen zu können.

Schreibe mir doch auch vom Münchener Theater
ausführlich, besonders von der Operette. Erkundige
dich nach dem Entrepreneur oder der Direktion und
ob es Leute sind die etwas anwenden können. Ich
mögte gar gerne meine letzte Operette die Kayser recht
brav komponirt, irgendwo unterbringen, um dem
iungen Künstler ein Stück Geld zu verschaffen und
ihn in der Teutschen Welt bekannt zu machen.

Deine Beschreibungen haben mir grose Lust ge=
macht auch Tirol einmal zu sehen wie anders würden
mir iezt diese Massen als sonst erscheinen.

Frau v. Imhof ist hier. Sie wird dir selbst die
Verlegenheit beschreiben in der ihr Mann sich mit
Eccard befindet.

Es ist ein böser Handel und ich sehe nicht wie er
enden soll.

Übrigens kann ich dir wenig sagen. Ausser meinen
gewöhnlichen Geschäfften, bin ich auch sonst fleisig.
In der Botanick bin ich ziemlich vorgerückt.

An der Fürstinn Gallizin, Hemsterhuis, von Für=
stenberg, Sprickmann habe ich interessante Bekannt=
schafften gemacht. Jakobis metaphisisches Unwesen

über Spinoza, wo er mich leider auch compromittirt, wirst du gesehen haben.

Der Herzog geht im Januar nach Berlin, Klinckow=
ström und Wedel begleiten ihn. Und ich weiche nun
5 nicht vom Platze bis mich die gute Jahrszeit in's
Carlsbad führt. Verschmähe uns nicht ganz denn
wir lieben dich herzlich und wünschen dich bey uns
zu sehen. Lebe wohl. Schreibe bald wieder und laß
mich München wie im Schattenriß erblicken.
10   Weimar d. 18. Nov. 85.   G.

2195.

An Charlotte v. Stein.

Beyliegenden Brief erhalte ich von Brühl. Ich
werde ihm schreiben daß für den Unterricht seines
Sohnes hier der Ort gar nicht ist. Daß hier nur
Unterrichtete Leute leben können.
15   Hast du mich recht lieb? und was wirst du heute
beginnen? Wo seyn?
    d. 20. Nov. 85.   G.

2196.

An Charlotte v. Stein.

Ich habe mich lange nach einem Worte von dir
gesehnt. Hier ist eine Pappe.
20   Heut Abend muß ich in's Conzert denn es wird

ein Chor aus dem Re Teodoro wiederhohlt. Wenn
du nicht hingehst bin ich sobald als möglich wieder
bey dir.

    d. 23. Nov. 85.   G.

2197.
An Charlotte v. Stein.

Ich dancke dir daß du meinen Geist aus den alten
Papieren zu dir rufst. Ich liebe dich herzlich, und
werde dich heute sehen wie immer. Vielleicht noch
vor Tische, gewiß diesen Abend. Lebe wohl du beste
und liebe mich.

    d. 25. Nov. 85.   G.

2198.
An Kayser.

Ich habe Ihnen mit der letzten Post über Ihr
Werck und meine Absichten nur eilig geschrieben, da=
mit Sie einsweilen weiter drüber nachdencken mögten.

Jetzo kann ich Ihnen etwas mehr sagen. Ihren
zweyten Ackt hab ich nunmehr mit drey Stimmen
am Claviere, wiewohl noch sehr unvollkommen gehört,
und habe sehr grofes Vergnügen daran gehabt. Sie
verfolgen Ihren Weeg wie Sie ihn angetreten haben
und sind auf die schönste Weise im Steigen, lassen
Sie es bis zu Ende so fort gehn. Was mich bey
der Aufführung sonderlich gefreut hat, war der Bey=
fall einiger Kenner, die ihr beywohnten und die über
die Maßen mit der Arbeit zufrieden waren.

Es ist auch die Sache des Rezitativs entschieden
worden. Die Sänger hatten sich bisher beschweert,
daß solche ungewöhnliche und nicht leicht zu treffende
Ausweichungen darinne vorkämen. Es ward aber
⁵ ausgemacht, daß da man deutlich sehe, der Componiste
habe nicht aus Eigensinn oder Grille, sondern ab=
sichtlich, um der natürlichen Deklamation näher zu
kommen, dergleichen Übergänge beliebt; so hätten sie
sich alle mögliche Mühe zu geben diese Schwürigkeiten
¹⁰ zu überwinden und den Ausdruck recht angelegen seyn
zu lassen. Bey welchem Bescheid es verblieben.

Die Arie Gern im stillen pp ist allerliebst und
gefällt gewiß allgemein — Genug wir sind durchaus
zufrieden und erfreut

¹⁵   Nur frisch gewagt

          Nur unverzagt

          Es ist fürtrefflich gut gegangen.

Da es phisisch unmöglich ist daß nach dem Tanze,
die Arie Gern im stillen p da capo wiederhohlt
²⁰ werden könne, so werden Sie die Güte haben, nur
ganz kurz den Geist der Arie auszuziehen und die
vier Zeilen nur einmal wiederhohlen zu lassen, da
denn der Doctor einfallen kann: Nun nun bey diesem
sanften Paroxysmus pp.

²⁵ Das Stück Arbeit das Sie zurückgelegt haben ist
gros, aber es beweist daß Sie mit dem übrigen auch
zu Staude kommen werden. Es wird nun ausge=
schrieben und durchprobirt, versucht und beurteilt

werden. Die Musici höre ich, sprechen auch hinter
meinem Rücken guts davon.

Könnten wir nur wenn es fertig ist, persönlich
drüber konferiren!

Ich warte mit Verlangen auf Antwort von Wien. 5

Leben Sie wohl. Schreiben Sie mir bald, und
schicken wieder ein Stück sobald Sie können.

Wie freue ich mich wenn Sie den Re Teodor er=
halten. Adieu.

Weimar d. 28. Nov. 85.   G.

Übrigens sind Sie mit keinem Termine genirt
arbeiten Sie mit Muse, ich dencke indes an etwas
neues.

2199.
An Charlotte v. Stein.

Ich bin wohl und freue mich deiner Liebe. Wärst
du auch nur wieder hergestellt.

Ich kann dich nicht begleiten. In bin im dicktiren
begriffen, und muß noch vor Tische damit fertig werden.
Lebe wohl es thut mir sehr leid dich allein auf dem
Spaziergang zu wissen.

d. 29. Nov.   G.

2200.
An den Herzog Carl August.

Nach dem mir ertheilten gnädigsten Auftrag habe
ich mich bemüht, die zu dem Rittergute Daasdorf bey

der Beichlingischen Lehnskurie zu präsentirenden Mit=
belehnten ausfündig zu machen.

Serenissimus werden wohl geneigt seyn, Ihres
Herrn Bruders des Prinzen Constantin Durchl. als
5 den ersten zu präsentiren.

Sodann hat sich, wie die Beylage zeigt, Herr von
Lyncker zu Denstedt willig erklärt. Einen dritten
bin ich aber nicht im Stande anzugeben, indem die
Personen an die ich den Antrag gethan, aus Sorge
10 und Bedencklichkeit ihn abgelehnt.

Welches ich hierdurch anzuzeigen für Schuldigkeit
erachte.

Weimar den 1. Dez. 1785.

Goethe.

2201.
An F. H. Jacobi.

15 Hier lieber Bruder schicke ich das verlohrne Schaaf,
und zugleich das Blancket zurück, damit du deines
Nahmens Unterschrifft selbst vertilgen könnest.

Was giebts sonst guts? Laß mich wieder von dir
hören.

20 Was hast du zu den Morgenstunden gesagt? und
zu den jüdischen Pfiffen mit denen der neue Sokrates
zu Wercke geht? Wie klug er Spinoza und Lessing
eingeführt hat. O du armer Criste wie schlimm wird
dir es ergehen! wenn er deine schnurrenden Flüglein
25 nach und nach umsponnen haben wird! Machst du
gegen Anstalten? Und wie?

9*

Wir sind stille und fleißig. Haſt du Nachricht von der Fürſtinn? Es iſt eine koſtbare Seele und es giebt mich nicht Wunder daß ſie die Menſchen ſo an= zieht. Ich hätte ſie da ſie ging gerne halten mögen. Es ward erſt gut. Lebe wohl und grüſe die deinigen. 5
Weimar d. 1. Dez. 85. G.

2202.
An Charlotte v. Stein.

Was hat meine liebe heute vor daß ich meinen Abend darnach einrichten kann.
d. 3. Dez. 85. G.

2203.
An Charlotte v. Stein.

Hier dein Brief und der meinige, ſchicke mir beyde 10 wieder zurück. Dieſen Abend bin ich bey dir du beſte, ich hoffe wir werden ungeſtörter ſeyn.
d. 4. Dez. 1785. G.

2204.
An Chriſtine Gräfin Brühl.

Mille remercimens charmante Comtesse pour toutes les belles choses que Vous aves eu la bonté 1. de m'envoyer. Les Melodies de Naumann me sont une nouvelle preuve du pouvoir que Vous exerces sur l'esprit et sur toutes les facultés des hommes,

Vous commandes a ce beau genie meme au dela de la mer, et son eloignement ne paroit qu'augmenter le sentiment de Votre superiorité.

Je suis bien heureux d'avoir pu composer quelque piece de poesie qui pouvoit avoir du rapport a sa situation presente.

Reellement ce n'est pas le Musicien, c'est l'homme qui a exprimé le desir de revoir l'objet cheri, c'est l'ami qui a senti les douleurs de la separation. Dites lui bien de belles choses de ma part, ie Vous en prie. J'avois conçu le dessein de lui ecrire, mais j'ai changé d'avis, ie Vous fais interprete de mes sentimens, et qui pourroit mieux faire ses eloges que Vous. Que ne puis je Vous entendre chanter ces petits airs! Car on sent bien qu'ils sont composés pour Vous.

Dans la lettre cy jointe Vous trouveres une reponse cordiale aux demandes que le bon Maurice a voulu me faire, j'espere qu'il voudra me continuer sa confiance dans une affaire qui vous interesse tant tous les deux.

L'etat de Votre santé m'afflige, j'espere que le petit voyage de Leipsic Vous fera du bien. Adieu charmante amie, embrasses Lolo de ma part, souvenes Vous quelque fois de moi, et conserves moi un petit coin de Votre coeur. Weimar ce 4. Dec. 1785.

Goethe.

Mille compliments a Darbes.

2205.

An Hans Moritz Graf Brühl.

Monsieur et cher ami.

En retournant d'Ilmenau je trouve Votre chere
lettre qui m'a fait bien du plaisir, je vois que Vous
m'aimes encore et que les Muses ne Vous abandon-
nent pas. 5

L'idee de vouloir Vous etablir chez nous pour
quelque tems est charmante, je souhaite que l'exe-
cution puisse contribuer a Votre bonheur. Vous
connoisses Notre societé, elle a peu changé depuis
le tems de Votre dernier sejour, Vous scaves ce que 10
Vous pouves en attendre, Vous trouves des amis,
Vous en aures bientot d'autres, Votre honetteté, Votre
belle humeur Vous feront aimer, tout le monde sera
content de Vous je souhaite que Vous puissies l'etre
de tout le monde. 15

Pour ce qui est de l'instruction de Mr. Votre fils
je crains que Vous ne trouveres pas si bien Votre
compte. Nous sommes asses bien elevés ici, asses
bien instruits, mais il ne paroit pas etre notre fort
de bien elever de bien instruire les autres. L'edu- 20
cation de quelques jeunes gens m'etant confiée j'ai
mille chagrins sur ce point la.

Je ne scaurois donc Vous bien conseiller la
dessus, surtout comme les facultés et les connois-
sances du cher Lolo ne me sont connues que super- 25

ficiellement. Il faudroit scavoir ce que Vous cherches
pour lui et je vous dirai franchement ce que Vous
pourres en trouver ches nous. Mr. Kestner me
pourroit envoyer un petit detail et je ne manquerois
5 pas de consulter des personnes sages et scavantes,
sur une matiere qui doit tant Vous interesser.

Adieu mon cher Comte conserves moi Vos bontés
et soyes assuré que je Vous suis bien sincerement
attaché.

10 Weimar ce 4. Dec. 1785.

Goethe.

2206.

An J. C. Keſtner.

Seit dem Empfang Eures Briefes lieber Keſtner,
habe ich mich über Euer Schickſal nicht beruhigen
können, das Ihr mit ſovielem guten Muthe ertragt.
15 Bisher wart Ihr mir eine Art von Ideal eines durch
Genügſamkeit und Ordnung Glücklichen und Euer
muſterhafftes Leben mit Frau und Kindern war mir
ein fröhliges und beruhigendes Bild. Welche traurige
Betrachtungen laſſen mich dagegen die Vorfälle machen
20 die euch überraſcht haben und nur Euer eignes ſchönes
Beyſpiel richtet mich auf. Wenn der Menſch ſich
ſelbſt bleibt, bleibt ihm viel. Seyd meines herzlichen
Anteils überzeugt, denn mein manigfaltiges Weltleben
hat mir meine alten Freunde nur noch werther ge-
25 macht. Ich dancke Euch für den umſtändlichen Brief

und für das sichre Gefühl meiner Theilnehmung.
Lebet wohl, grüst Lotten und die Kinder. Das Bad
hat gute Würckung hervorgebracht und ich bin recht
wohl.

Weimar d. 4. Dez. 85.　　　　　　　　G.

2207.

An Kayser.

Ich mögte Ihnen lieber Kayser recht offt und viel
sagen wie sehr uns Ihre Composition Vergnügen
macht. Ich gehe sie nun mit den Säugern durch
und es gehn ihnen auch Lichter auf, sie haben Freude
daran und bemühen sich um den Ausdruck. Mit 10
Freunden überlege ich das Werck und wenn es ganz
fertig ist sollen Sie eine ausführliche Rezension nach
unsrer Art davon erhalten.

Das Terzett ist sehr brav und die letzte Arie
herzlich artig. Die Übergänge aus dem Rezitativ zur 15
Arie haben Sie recht glücklich behandelt. Der Einfall
bey Zaudre nicht die Zeit vergeht p ist launig
und unerwartet. u. s. w.

Fahren Sie ia recht fleisig fort, und schicken mir
sobald als möglich etwas.

20

Die Arie Ach was soll ich dann gestehen ist
gut behandelt und Nur in stillen p wird immer
angenehmer ie öffter man's hört, man wird die Me=
lodie nicht wieder los. Leben Sie wohl! Wir müssen

nun auf alle teutſche Opern Theater Anſchläge machen.
Von München hab ich Nachricht, dort ſind ſie im
moraliſchen Geſchmack; das iſt der ſchlimmſte für den
Künſtler und der glücklichſte für den Pfuſcher. Man
5 kann ihnen doch auch etwas nach dem Gaumen brauen.
    d. 4. Dec. 85.   G.

    Weis Frau Schulthes etwas von unſerm Unter=
nehmen?

2208.
An Charlotte v. Stein.

[5. December.]

Hier liebe L. einen Brief in anderm Geſchmack,
10 ich hoffe er ſoll dir auch gefallen. Beſonders wenn
du dich erinnerſt daß ich dir nie einen in ſo ſorg=
fältigem Style geſchrieben.

                                              G.

2209.
An Charlotte v. Stein.

[6. December.]

Nimm dich beym Zuſiegeln in Acht wenn du mir
15 den Brief wiederſchickſt. Der geſtrige an die Fürſtinn
war an das Siegel angeklebt.

                                              G.

2210.

An Charlotte v. Stein.

Ich habe nur preservative eingenommen. Und es
thut mir leid daß ich einen so schönen Tag gewählt
habe. Indeß ists auch gut.

Ich komme um 4 Uhr zu dir und freue mich deiner
Gegenwart.   5

Gestern Abend hab ich den Plan auf alle 6 fol=
gende Bücher Wilhelms aufgeschrieben.

d. 9. Dez. 85.   G.

2211.

An Charlotte v. Stein.

Was macht meine Liebe? ist sie wohl. Das gestrige
schöne Wetter brachte den heutigen Reif. Gegen Mittag 10
wirds doch schön. ich komme dich abzuhohlen. Liebe
mich.   d. 10. Dez. 85.

G.

2212.

An Charlotte v. Stein.

Ich muß dir noch einen guten Morgen geben und
dir für deine Zärtlichkeit und treue Liebe dancken. 15
Leb wohl du süse mein Herz bleibt bey dir.

d. 11. Dez. 85.   G.

2213.

An Charlotte v. Stein.

Dein Bruder eilt weg und ich kann dir nur ein klein Wörtgen sagen.

Dancke für das liebe Briefgen, ich erwartete mir's. Das Wetter ist sehr schön und ich hoffe es soll an=
5 halten. Ich habe so mancherley zu thun gefunden daß ich erst Mittwoch oder Donnerstag Abends kommen werde. Sag es doch dem Herzog.

Behalte mich lieb. Meine innerste Seele gehört dein. Wenn du hier in der Stille bey mir seyn
10 könntest, sollte es mir ein recht glücklicher Aufenthalt werden.

Lebe wohl. Grüße die Schwester und Fritzen. Ich habe artige Sachen gelesen und erfahren die ich dir erzählen werde.

15 Jena d. 12. Dez. 1785. G.

2214.

An Charlotte v. Stein.

Morgen frühe geht Güsfeld von hier ab, und meine liebe soll einige Zeilen durch ihn erhalten.

Die Tage sind sehr schön, wie der Nebel fiel, dachte ich an den Anfang meines Gedichts. Die Idee dazu
20 habe ich hier im Thale gefunden. Hätte ich dir nur die angenehme Aussicht zeigen können! Zum Wilhelm hab ich nichts gefunden als einen Nahmen. Dagegen

aber habe ich im herüberreiten fast die ganze neue
Oper durchgedacht auch viele Verse dazu gemacht, wenn
ich sie nur aufgeschrieben hätte.

Bei Lodern habe ich vom Magensaft neue Ob=
servationen vernommen, und habe die Abhandlung von
Hill über die Blumen gelesen, die wieder neue Blumen
aus ihrer Mitte hervortreiben. Wer doch nur einen
aparten Kopf für die Wissenschafften hätte.

Lebe wohl du Süsse. Ich liebe dich ausschlieslich.
Adieu. [Jena] d. 12. Dez. Abends.

G.

2215.
An Charlotte v. Stein.

[Jena, 13. December.]

Da ich meiner Liebsten ausbleibe, soll es ihr wenig=
stens an einem Gruse nicht fehlen.

Jetzt da das Wetter so schön wird verdriest michs
daß ich dich nicht gebeten habe herüber zu kommen.

Meine Sachen gehen gut und in Ordnung, meine
Gegenwart war nothwendig und ich werde bis den
Donnerstag bleiben und Abends bey dir seyn.

Ich habe die schönsten Stunden im freyen gehabt.
Das Thal ist im Nebel und halb Lichte gar schön.
Auch hab ich viel an der neuen Operette geschrieben,
und freue mich schon darauf sie euch vorzulesen da es
mit Wilhelm doch langsam geht.

Adieu du liebe. Behalte mir dein Herz, ich bin dein.
Dienstag Abends. G.

2216.
An Charlotte v. Stein.

[Jena, 14. December.]

Ich werde gewiß noch vor der Commödie bey dir
seyn und alsdenn dir dahin folgen, es freut mich
eine gute Musick zum Empfang zu hören. Der beste
Empfang aber wird mir von dir seyn. Länger hätt
5 ich es hier nicht ansgehalten, so artig still es auch
hier ist.

Lebe wohl. Liebe mich. Ich sehe dich balde.

G.

2217.
An Charlotte v. Stein.

[16. December.]

Wie glücklich unterscheidet sich dieser Morgen von
10 denen nächstvergangnen daß ich dich wieder in der
Nähe begrüßen und dir sagen kann wie unendlich ich
dich liebe.

Mit Freuden hoff ich dich balde zu sehen. Lebe
wohl. ich kam gestern erst 11 Uhr vom Herzog. Adieu.

G.

15 Dein Brief von Pöllnitz ist wieder da.

2218.
An Charlotte v. Stein.

Der Herzog verlangt ich soll morgen mit nach
Gotha gehn und ich will mich dem nicht entziehen.

Es kommen Umstände vor, die eines dritten Gegen=
wart nötig machen.

Heute Abend seh ich dich. Lebe wohl. Liebe mich.
d. 16. Dez. 85.   G.

2219.
An Charlotte v. Stein.

Dein Andencken deine Liebe erquicken mich, ich bin
wohl und soll heute mit dem Herzog essen. Ich sehe
dich vor Tafel noch einen Augenblick. Du bist mir
herzlich lieb und es ist mir immer traurig dich zu
verlassen.

d. 22. Dez. 85.   G.

2220.
An Charlotte v. Stein.
[22. December.]

Ich bin recht wohl und bitte dich um halb vier
Uhr bey mir zu seyn, ich esse mit dem Herzog und
die Musici nebst Herders werden sich zur genannten
Stunde einfinden. Ich habe wieder eine Versuchung
gehabt auf dem Theater zu erscheinen, solche aber
glücklich abgelehnt.

G.

2221.
An Kayser.

Aus dem vorigen sehen Sie inwiefern ich wagen
darf über den Theil Ihrer Arbeit zu urtheilen den
ich so unvollkommen kenne. Und gewiß es ist innre

Überzeugung wenn ich neuerdings erst ein Kunstwerck
zu mir sprechen und es gleichsam ausreden lasse.
Eine originelle Arbeit muß sich erst selbst den Weeg
zu Aug, Ohr und Herzen bahnen den sie gehn will,
wenn man sie und sich übereilt, kommt man in
Gesahr in Beyfall oder Tadel zu straucheln.

Neulich ward die Entführung aus dem Serail,
componirt von Mozart gegeben. Jedermann erklärte
sich für die Musick. Das erstemal spielten sie es
mittelmäsig, der Text selbst ist sehr schlecht und auch
die Musick wollte mir nicht ein. Das zweytemal
wurde es schlecht gespielt und ich ging gar heraus.
Doch das Stück erhielt sich und iedermann lobte die
Musick. Als sie es zum fünftenmal gaben, ging ich
wieder hinein. Sie agirten und sangen besser als
iemals, ich abstrahirte vom Text und begreiffe nun
die Differenz meines Urtheils und des Eindrucks aufs
Publikum und weis woran ich bin.

Über Ihren zweiten Ackt ist nur Eine Stimme,
man wünscht nichts auders und nichts bessers. Mögten
Sie hören was Herder darüber sagt, der mir unter
allen nahen Musickfreunden der wertheste und zuver=
läßigste ist, auch verschaff ich Ihnen seine Gedancken
schrifftlich wenn er einst das Ganze gehört hat. Er
kann Ihnen mehr sagen als ich, er ist eine musica=
lischere Natur als ich.

Der erste Ackt ist ihm und andern problematischer,
er hat ihn aber auch nur einmal gehört.

Laſſen Sie mich über den erſten Ackt ausführlicher
ſeyn, ob ich gleich dieſes alles lieber bis zuletzt wenn
alles fertig aufgeſchoben hätte, um Sie in Ihrem
Auffluge nicht durch Rückblicke zu irren. Da Sie
aber mein Zurückhalten übler deuten; ſo ſag ich
meine Meynung.

Der erſte Ackt iſt wie Sie ihn ganz recht be=
nennen Prolog, ich habe ihn ſoviel mir möglich war
in Acktion gebracht, Sie ſind dieſer Handlung be=
ſcheiden gefolgt, Sie haben ihn wie Sie ſagen, und
mich dünckt mit recht, l e i c h t behandelt, er ſoll nur
gefällig, leicht, vorübergehend, unterrichtend ſeyn. Ich
für meine Perſon bin auch überzeugt daß er im
Ganzen gut und zweckmäſig iſt, und daß er an Ort
und Stelle den rechten Effeckt thun wird. Laſſen
Sie eine gefallende Actrice ihre Waaren ansbieten,
mit Eiſer die Expoſition vortragen, drohen pp. Scapin
mit ächter Laune vom Krüpel zum lüſternen Ehmann,
vom Krüpel zum Docktor übergehn, ſein Abentheuer
nicht erzählen ſondern agiren, die Beſchreibung der
Stube und der Geſtelle recht bedencklich machen und
das fröhliche Duettgen dieſes Vorſpiel krönen, ich
müſſte das Theater nicht kennen wenn es nicht Effeckt
machte, Ihre Muſick nicht Effeckt machte, eben weil
ſie hier nichts will, ſondern nur den Geſchmack, die
Laune, das Geſchicke der ſchelmiſchen Ehleute begleitet.
Von der Arie: Arm und elend finden Sie in der
Beylage mehr.

Alle diese Würckung wird aber in Camera sehr geschwächt, wo man kommt um zu hören. Wo man nicht schaut pp. Dazu kommt noch mein detestabler Scapin und daß die Steinhart nicht ganz bequem
5 die Höhe erreicht, so mäsig sie auch ist.

Herder hat sich deswegen den ersten Ackt noch ein= mal verlangt und ich werde ihn nächstens wiederhohlen.

Wieland den ich bey solchen Proben nicht gerne sähe, kam zufällig dazu. Der erste Ackt wollte ihm
10 nicht zu Halse. Beym zweiten kam er ohne daß ein Mensch ein Wort sagte so zurück, daß er ganz und gar aufs höchste davon eingenommen ward. Auch von ihm sollen Sie wenn das Werck fertig ist ein schrifftlich Wort haben.

15 Sonst hat niemand bedeutendes auſſer Herrn v. Ein= siedel die Musick gehört, auch er sand wie ich den ersten Ackt gefällig und angenehm, wenn auch in einem andern Geschmack wie den zweyten den er höchlich preist.

Die Musici gelten bey mir am wenigsten. Es ist
20 nichts beschränckter als ein mittelmäsiger Artiste. Be= sonders ein Musicus der nur ansführen sollte und verführt wird selbst zu komponiren, doch sind sie das nächste Publikum und nicht zu verachten.

Mögte ich doch durch alles dieses Sie beruhigt
25 und Sie näher zu mir herüber gebracht haben. Da wir mehr mit einander arbeiten werden, ist mir sehr daran gelegen daß es mit Freyheit des Gemüths und offner Übereinstimmung geschehe.

Noch eins, ich sehe aus Ihrem Briefe wie auch
aus einigen vorigen, daß Sie manches allgemeine
was ich einmische auf Ihre Arbeit anwenden und
es als Wincke ansehen die ich geben will. Ich erkläre
aber feyerlich hiermit für immer: daß ich, was ich 5
allgemein sage, nicht auf Ihre Arbeit angewendet
haben will, wenn ich etwas darüber zu sagen habe,
versprech ich es grade zu sagen.

So weis ich zum Exempel nicht bey welcher Gelegenheit ich von Übereilung der Handlung gesprochen 10
habe. In Ihrer Composition ist mir nichts zu ge-
schwind noch zu langsam, das einzige Duett: Aus
dem Becher, gefällt mir am besten wenn ich es
Andante grazioso vortragen lasse. Das Pedantisch
einladende des Doctors, Scapinens danckbare Weige- 15
rungen nehmen sich mir da am besten aus. Auch
liebt man das Duett so sehr daß man sich gerne dabey verweilt.

Das Terzett macht grosen Effeckt und wird noch
gröſern machen, wenn die Handlung, das durch= 20
einanderrennen, stille stehn, pausiren, anshalten der
Gebärden dazukommt. Morgen werde ich endlich das
Ganze zusammenhören. Ein gutes Waldhorn kommt
wie gerufen aus Paris.

d. 22. Dez. 85.   25

Nachdem ich ausführlich genug gewesen, fange ich
doch noch ein neues Blatt an.

Sehn Sie nun auch so bald als möglich mir
mit Ihren Anmerckungen zur Haud das Lyrische
Drama selbst betreffend. Denn ich arbeite immer
sort und ie eher Sie mir Ihre Ideen mittheilen
desto eher kann ich sie nutzen.

Sie sehen an unserm Stücke wo ich hinaus will.
Sie können wenn Sie es mit Erwin, mit Claudinen
zusammenhalten sehen und urtheilen, wie ich zugeruckt
bin und wie ich über diese Art Kunstwercke dencke.
Auch bey diesem letzten habe ich wieder gelernt, und
ich wünschte sehr von Ihnen auch hierüber zu hören.
Ich habe schon wieder eine neue zu sieben Personen
angefangen, also thun Sie bald dazu eh ich fortfahre.
In dieser werde ich auch für die Rührung sorgen,
welche die Darstellung der Zärtlichkeit soleicht erregt
und wornach das gemeine Publicum so sehr sich sehnt.
Es ist auch natürlich ieder Lasse und Läffinn sind
einmal zärtlich gewesen und an diesen Saiten ist leicht
klimpern, um höhere Leidenschafften und Geist, Laune,
Geschmack mit zu empfinden muß man ihrer auch
fähig seyn, sie auch besitzen.

Meine sieben Personen und ihr Wesen durch einander
unterhalten mich manchmal besonders wenn ich zu
Pferde Tagereisen machen muß und unterweegs nichts
klügers zu dencken habe. Einigen geschmackvollen Per=
sonen habe ich den Plan vorgelegt und ich kann Bey=
fall hoffen. Jetzt da ich Ihre Probe habe macht mir
das Lyrische Theater mehr Muth.

Könnte ich nur um Ihrentwillen meine Sprache
zur Italiänischen umschaffen, damit ich Sie schneller
in's grose Publicum brächte. Indessen was nicht zu
ändern ist! Behalten Sie nur guten Muth und seyn
Sie überzeugt daß Sie mir grose Freude machen.   5

Mich vergnügt sehr daß Sie Frau Schulthes wie
sie mir schreibt Theil an unserm Wercke nehmen
lassen. Ich habe es heimlich gewünscht doch sagte ich
nichts davon weil ich Ihr Verhältniß zu ihr nicht
kannte. Grüsen Sie die liebe Frau, sie wird ein   10
Briefgen vom 4. Dez. von mir erhalten haben.

Ich muß schliesen und siegeln. Heut Abend ist
Probe. Hierbey kommt die Verbesserung einiger Stellen
im 4ten Acte. Über die Arie arm und elend näch=
stens ich will sie heute noch einmal hören. Adieu.   15
Schreiben Sie mir balde.

Weimar d. 23. Dez. 1785.   G.

2222.

An Charlotte v. Stein.

Wie befindet sich meine beste? Mein Schnuppen
ist noch nicht vorbey, ich bin lange im Bette geblieben.
Heute tomm ich um deine Gegenwart, einen Augen=   20
blick seh ich dich doch und mein Gemüth ist immer
bey dir.

d. 23. Dez. 85.   G.

2223.

An Charlotte v. Stein.

Mir geht es wieder ganz leidlich beste. Hier was
du Fritzen zu seinem heiligen Christe behlegen wirst.
Erst wird mir bey der H. bescheert dann komm ich
zu dir. Wie befindest du dich lebe wohl.

5   d. 24. Dez. 85.   G.

2224.

An Charlotte v. Stein.

Ich wusste wohl am heiligen Abend daß ich dir
noch etwas zu bescheeren hatte, kounte mich's aber
nicht besinnen. Hier schick ich's nach. Ich sehe dich
nicht vor dem Conzert. Wenn du daraus zurück
10 kehrst findest du mich.

d. 26. Dez. 85.   G.

2225.

An Charlotte v. Stein.

Ich mögte dir immer etwas schicken und etwas
sagen damit du meines Andenckens gewiß bliebest. Es
schmerzt mich nur so immer von dir getrennt zu sehn.
15 Ich gehe nicht auf die Redoute und will um siebene
in deinem Zimmer sehn. Adieu beste.

d. 27. Dez. 85.   G.

2226.

An Charlotte v. Stein.

[27. December.]

Ich will meinen Kunstrath nicht entziehen, und
diesen Nachmittag ein wenig kommen.

Diesen Abend hoffe ich bey dir zu seyn, wenn nur
dein Schnupfen dich nicht zu sehr plagt. Bis sieben
will ich zur Herzoginn Mutter gehn, meinen Fehler 5
vom Wehnachtsabend wieder gut zu machen. Lebe
wohl. Liebe mich ich bin ganz dein.

G.

2227.

An Charlotte v. Stein.

Ich dancke dir fürs Frühstück du beste. Ich hatte
erst Lust in die Commödie zu gehen um die Deutsch= 10
heit in ihrem Glanze zu sehen werde aber wohl bey
dir bleiben. Allenfalls gucke ich nur hinein. Adieu
du Geliebte.

d. 28. Dez. 85.   G.

2228.

An Kayser.

Nunmehr lieber Kayser habe ich die beyden Ackte 15
mit Music gehört und freue mich derselben recht sehr,
das neue Waldhorn das sich Stärcke und Delikatesse
in Paris gehohlt hat merckte man gar eigen.

Die Arie Arm und Elend ruckt auch zu, ich habe
bemerckt daß mir alles was Scapin als Bettler singt
recht ist, nur des Docktors Person scheint mir nicht
gut ausgedruckt, ich bin deswegen mit Herdern zu=
gleich auf den Gedancken gekommen es als Duett
einmal probiren zu lassen. Höchstwahrscheinlich liegts
am Säuger. Herder sagte: es sey höchst unwahr=
scheinlich daß der Componist der den Docktor selbst
so launisch eingeführt, ihn in seinem Representanten
verfehlt haben sollte.

Denn gewiß an der Rolle des Docktors ist nichts
zu erinnern.

Herder würde mich sehr schelten, wenn er wüsste
daß ich Ihnen das alles schriebe, er verlangt aus=
drücklich, daß ich Sie nicht stören solle. Sie glauben
nicht wie sehr ihn die Musick immer mehr und mehr
einnimmt.

Es geht auch iedermann so; Sie können zufrieden
seyn. Ich bin es sehr und freue mich auf die folgenden
Ackte. Ist mir doch wie ich hoffte Ihre Composition
eine der besten Freuden des Winters geworden. Ihre
Accompagnements sind sehr glücklich und entspringen
so innerlich aus der Melodie wie die Melodie aus
dem Gedichte daß alles zum schönsten Ganzen wird.
Ich schreibe Ihnen das nur flüchtig, und hoffe bald
von Ihnen zu hören. Leben Sie wohl, und freuen
Sie Sich der Freude die Sie machen.

d. 28. Dez. 85. G.

2229.

An Charlotte v. Stein.

Hier Liebste. Ein Brief von Knebeln und Zeitungen.

Wann werden wir wieder ruhige Abende und ge=
sellige Tage zusammen leben? Ich liebe dich herzlich.
d. 30. Dez. 85.   G.

2230.

An C. v. Knebel.

Mit vieler Freude hab ich deinen langen Brief 5
erhalten der mich München näher bringt und mir
dein Leben dort gleichsam im Spiegel sehen läſſt.
Deine Briefe an unſre Freunde hab ich auch geleſen,
mir auch das meinige daraus genommen, und lebe ſo
auch in der Entfernung mit dir fort. Deine Mine= 10
ralogiſche Bemerckungen durch Tirol waren mir werth
du biſt auf dem rechten Weege und ſiehſt auch wie
nothwendig iene erſten groſen Begriffe ſind auf denen
ich ruhe und zu ruhen empfehle, um über groſe und
neue Gegenſtände der Natur und Cultur richtig und 15
leicht zu urtheilen. Der Menſch iſt mit ſeinem Wohn=
orte ſo nah verwandt daß die Betrachtung über dieſen
auch uns über den Bewohner aufklären muß.

Deine Beſchreibung vom Münchner Publiko in
Abſicht aufs Theater verſezt mich in's Schauſpielhaus, 20
leider iſt auch da für meine Abſicht wenig zu thuu,
doch gebe ich nicht alle Hoffnung auf.

Meine Sache ist diese, die ich dir ans Herz lege
überdencke sie und schreibe mir deine Gedancken.

Kayser in Zürch hat mich von Jugend auf inter=
essirt, sein stilles zurückhaltendes Wesen hat mich ge=
hindert ihn früher in die Welt zu bringen, das wie
ich nunmehr sehe sehr glücklich war. Ich merckte aus
seinen Briefen die er auf seiner italiänischen Reise
schrieb, daß er den Geist der komischen Oper wohl
gefaßt hatte, ich machte das bekannte Stück und er
ist nun drüber. Nun ist leider das deutsche Lyrische
Theater überall erbärmlich, wer singen und spielen
kann zieht sich zum italiänischen und das mit Recht.
Du glaubst selbst es sey in München für unser Stück
nichts zu thun. Das schadete aber im Grunde nichts
man kan ein auders machen.

Was sagst du aber dazu? Wenn das Stück fertig
wäre, wollte ich ihn nach München schicken, er sollte
dort vor Kennern und Liebhabern nur in Conzerten
einzelne Arien ohne Prätension produziren, da er selbst
ein trefflicher Clavierspieler ist, sich hören lassen ohne
den Virtuosen zu machen, ohne sich bezahlen zu lassen,
sollte sich empfehlen, den Geschmack des Publici studiren
mir seine Gedancken schreiben und ich könnte ihm als=
dann, wenn ich besonders durch deine Bemerckungen
was dort gefällt, was von Ernst und Scherz am
meisten Effeckt macht genugsam unterrichtet wäre, ein
Stück machen das gewiß würcken sollte.

Überdencke es und saß es mit Entzweck deines

dortigen bleibens ſeyn. Ich kommunizire dir meinen
Plan, leſe dir das Stück und du muſſt in die Seele
des Münchner Publicums votiren.

Ein ähnliches habe ich auf Wien mit ihm vor,
er kaun und wird ſich pouſſiren.

Du thuſt mir einen weſentlichen Dienſt wenn
du ihm auch Freunde vorbereiteſt, und dich um die
Verhältniſſe des Virtuoſen Webers erkundigſt, damit
er in ein Belaunt Laud komme. Seze gelegentlich
Punckte auf die ihm zur Inſtrucktion dienen können,
damit alles leichter und geſchwinder gehe. Welches
iſt die beſte Jahrszeit? Wie viel brauchte er wohl um
ein Viertel Jahr zu exiſtiren.

Dies iſts was mir iezo ſehr am Herzen liegt hilf
mir es ansführen.

Der Kaſten mit Mineralien iſt an dich ſchon ab=
gegangen ich wünſche guten Tauſch. Wir können mehr
ſchicken.

Verſchreibe auch die Turmalin Stuſe ich will das
Geld an Ludekus zahlen.

Was mit mir das nächſte Jahr werden wird, weis
ich noch nicht. Groſen und weiten Auſſichten mag ich
den Blick nicht zu wenden.

In's Carlsbad geh ich auf alle Fälle, ich bin dieſer
Quelle eine ganz andre Exiſtenz ſchuldig.

Übrigens bin ich fleiſig, meine Geſchäffte gehn
ihren Gang, ſie bilden mich indem ich ſie bilde.

Wilhelms 6tes Buch iſt ſertig, ich ſchicke dirs aber
nicht.

Ich habe wieder ein Singspiel angefangen, das
aber leider auch nicht für München ist. Mache mir
doch einmal eine Beschreibung der singenden Schau=
spieler und ihrer Fähigkeiten. Lebe wohl. Liebe mich,
5 ich bin dir herzlich getreu.

Hier ein Brief vom Herzog, ich habe ihn aus dem
Couverte gethan ohne hineinzusehn, daß ich das Porto
vermindre.

Adieu. Alle Freunde sind wohl.
10 d. 30. Dez. G.

2231.

An Charlotte v. Stein.

Ich freue mich iedes Blicks iedes Buchstabens von
dir. Laß uns einander auch im neuen Jahre bleiben.

Wir wollen in Mackbeth gehn. Um so etwas
wenigstens gesehen zu haben.
15 d. letzten 85. G.

2232.

An Charlotte v. Stein.

Guten Morgen Geliebte. Ich bleib zu Hause und
richte mich ein. Gebe uns der Himmel ein gutes Jahr.
Ich liebe dich herzlich. bleibe mir wenn auch ietzt ge=
trennter als sonst, das mir offt fast zu schweer wird.
20 Lebe wohl. ich bin dein.
d. 1. 86. G.

2233.

An Charlotte v. Stein.

Wie wäre es wenn meine liebe diesen Nachmittag
gleich nach Tische zu mir käme? Es ist so schön
Wetter und du könntest dich mit dem Mikroscop unter=
halten. Auf den Abend lüd ich die Imhof und Herders.
Wie sehr wünscht ich wieder einmal ein Paar Stun= 5
den mit dir zu seyn.

d. 3. Jan. 1786.　　　　　　　　　　　　　　　G.

2234.

An Charlotte v. Stein.

Wie vergnügt ich war dich wieder gestern zu be=
sitzen kann ich dir nicht ausdrücken, da ich um dich
zeither soviel Unruhe gehabt habe.　　　　　　　　　10

Hier ist der Kalender Lebe wohl.　d. 4. Jan. 86.

G.

2235.

An J. G. Herder.

Da wie ich höre ein Rescript an das Oberkonsisto=
rium die Schulverbesserung betreffend nach deinen Vor=
schlägen ergangen; so will ich, dem guten Exempel 15
deiner Hausfrauen zu Folge, meine pädagogischen
Wünsche für das Jahr 86 nicht länger bey mir be=
halten.

1) Ersuche ich dich deinen Plan auf die Militar

Schule zu erstrecken, und darüber nach Belieben zu
schalten.

2) Wünschte ich du dirigirtest mit einem Finger
die Erziehung der Mandelslohs. Erst waren sie bey
5 Herzen wie die Schweine, iezt sind sie bey Loffins
wie die Schafe, und es will nichts menschlichs aus
den Knaben werden.

3) Empfehle ich dir Ernst Stein und wollte du
nähmst auch einmal Fritzen vor. Damit man die
10 Zukunft einleitete und vorbereitete. Ich will dir über
beyde meine Ideen sagen, da ich aber selbst nichts
weiß, verstehe ich mich auch nicht drauf was andere
und besonders Kinder wissen sollen.

Ist dir's recht; so sende ich dir den Kriegs Re=
15 gistrator Seeger, um dich wegen der zwey ersten
Punckte in forma ersuchen zu laffen, damit ich was
zu den Ackten kriege. Lebe wohl.

Whß. d. 6. Jan. 86.   G.

2236.

An Charlotte v. Stein.

Schou lange sage ich dir einen guten Morgen ohn
20 dir ihn schreiben zu können, nimm ihn iezt, obgleich
spät doch herzlich.

Ich war fleisig, und werde diesen Nachmittag fort=
fahren, gegen Abend bey dir seyn und mich deiner Liebe
freuen. Gestern lies ich dich gar ungerne. Lebe wohl.
25 d. 6. Jan. 1786.   G.

2237.

An Charlotte v. Stein.

Hier das Zettelgen das mir so zuwider ist. Meine
Noten mündlich. Liebe mich meine Gute.

Heut Abend bin ich bey dir. Lebe wohl.

d. 7. Jan. 86. G.

2238.

An Charlotte v. Stein.

Ich bin fleisig, habe ein Geschäffte das mich inter= 5
essirt und werde den Tag damit zubringen.

Auf den Abend steht mir die Freude bevor an
deiner Seite den Hamlet durchzugehn und dir aus=
zulegen was du lange besser weißt. Liebe mich.
Immer dein 10

d. 8. Jan. 86. G.

2239.

An Charlotte v. Stein.

Ich habe mich kurz und gut resolvirt nach Jena
zu fahren, da die Waffer gros sind und ich den Effeckt
der neuen Wafferbaue gern sehn mögte ich laffe mir
bey Stein ein leichtes Wägelgen ausbitten. Wenn 15
du glaubst daß es Ernsten nicht schadet; so laß ihn
sich geschwinde anziehen. Ich will ihn abhohlen.
Er kann ja sein Knie verwahren. Abends bin ich
wieder bey dir.

d. 10. Jan. 86. G. 20

2240.

An Charlotte v. Stein.

Danck meine beste für das späte frühe Zettelgen.
Mein Herz ist dir zärtlich ergeben was auch mein
Auge für einen Blick haben mag. Ist nicht der letzte
Theil von Schmidts teutscher Geschichte bey dir?
5 Schicke mir ihn. Hier ein guter Brief vom Prinzen.
d. 11. Jan. 86. G.

2241.

An Charlotte v. Stein.

Einen guten Morgen und einen Wunsch daß ich
bey meiner Rückkehr meine Liebe recht wohl antreffen
möge.
10 d. 12. Jan. 86. G.

2242.

An Charlotte v. Stein.

Meiner lieben schicke ich hier Zuckerwerck und
Blumen damit sie ein Bild habe wie süß und schön
meine Liebe zu ihr sey.

Gehst du heute zu deinem Bruder er hat mich
15 einladen lassen?
d. 14. Jan. 86. G.

2243.
An Charlotte v. Stein.

Ich freue mich deines Grußes, und schicke dir ein
Frühstück. Wie gern wäre ich bey dir und thäte
was ich zu thun habe in deiner Nähe.

Heute ordne ich und weis nicht ob ich Abends in
das Conzert komme. Lebe wohl ich sehe dich doch.   5
d. 15. Jan. 86.   G.

2244.
An Charlotte v. Stein.

Hier schicke ich die Zeitungen und einen Brief des
Prinzen. Gingst du wohl um zwölfe spazieren? Es
ist zwar ein wenig Wind. Ich kann es kaum mehr
ertragen so von dir getrennt zu seyn.   10
d. 16. Jan. 1786.   G.

2245.
An Charlotte v. Stein.

Gestern Abend meine Gute ist es nicht zum
schlimmsten gegangen wenngleich nicht zum Besten.

Im Ganzen fehlt Präcision und Energie wodurch
sich der Meister auszeichnet und wird immer fehlen.   15
Bey Tafel wars lustig.

Hier ein Brief von Knebeln an die Herzoginn.
Schicke mir ihn balde wieder. Imhof hat mir schöne
Mineralien geschickt. Diesen Abend komme ich. Liebe
mich wie du mich liebst.   20
d. 17. Jan. 86.   G.

2246.
An Charlotte v. Stein.

Die regierende Herzoginn hat mich zur Tafel ge=
beten, vorher komme ich ein wenig zu dir, dir zu
sagen wie sehr ich mich deiner Liebe freue.

d. 18. Jan. 86.   G.

2247.
An Charlotte v. Stein.

5   Herders kommen und also erwarte ich meine liebste
auch. Wäre es hell Wetter so lüd ich dich auf einige
Mikroscopische Betrachtungen früher ein.   Lebe wohl.
Stein kommt doch auch.

d. 19. Jan. 86.   G.

2248.
An Charlotte v. Stein.

[19. Januar.]

10   Es thut mir recht weh daß du nicht kommst.
Weil ich Herders vor meinem Gothaischen Abschied
nicht wohl wieder haben kann will ich sie nur kommen
lassen in der Hoffnung daß du heut Abend zum Essen
kommst.   Lebe wohl, Liebe mich.

15   G.

2249.
An Charlotte v. Stein.

Das Wetter ist so schön daß ich mit dir auszu=
fahren wünschte.   Wir wollten nach Belveder wo ich

mit Reichardten allerley botanica zu tracktiren habe.
Wie freu ich mich deiner Liebe. d. 20. J. 86.

G.

Ich will um halb 11 bey dir seyn.

2250.

An Charlotte v. Stein.

Hier meine liebe, Kaysers Brief und meine Ant=
wort. Da es so schön Wetter ist wirst du wohlthun
mich um 11 Uhr mit dem Wagen abzuhohlen. Bis
dahin trinck ich Crystallwasser. Lebe wohl! liebe mich!
d. 22. Jan. 86.   G.

Eben erhalte ich dein Zettelgen gern will ich mit
dir nach Hause fahren mit dir essen und so lang es
geht bey dir bleiben.

2251.

An Charlotte v. Stein.

Ich bin ganz leidlich meine Gute und will morgen
reisen. Diesen Abend seh ich dich. Hast du etwa
meinen Egmont, die Vögel oder sonst etwas von
meinen dramatischen Schrifften? die benandten Sachen
fehlen mir und noch mehr. Weimar d. 23. Jan. 86.

G.

2252.

An Kayser.

Sie haben mir meinen langen Brief, dergleichen,
wie ich wohl sagen darf, seit Jahren nicht geschrieben
durch Ihre Antwort reichlich vergolten und bewegen
mich abermals ausführlich zu seyn. Ihre Bemerckun=
5 gen zengen von Ihrem Nachdencken über die Sache,
von Ihrer Kunstgewissenhafftigkeit und gutem Ge=
schmack. Hier, was ich zu erwiedern habe.

Den ersten Ackt, dächt ich liesen wir nun wie
und wo er ist, bis Sie mit dem ganzen Stücke durch=
10 sind, es selbst als ein Ganzes übersehen, hernach wollen
wir weiter drüber reden und Sie werden ohne viel
reden das beste thun.

Ganz recht sagen Sie von meinem Stücke daß es
gewissermasen komponirt sey, man kann in eben dem
15 Sinne sagen daß es auch gespielt sey. Wenn Sie bey
dem Gleichnisse bleiben wollen: Die Zeichnung ist be=
stimmt, aber das ganze helldunckel, in so fern es
nicht auch schon in der Zeichnung liegt, die Farben=
gebung bleibt dem Componisten. Es ist wahr er
20 kan in die Breite nicht ausweichen aber die Höhe
bleibt ihm bis in den dritten Himmel, wie hoch
haben Sie Sich über den Gemeinplatz der Melodien
und Melancholien, des Wasserfalls und der Nachtigall
erhoben. Ich habe das Stück in Absicht auf Sie
25 gemacht, Sie verstehn mich und übertreffen meine Er=

wartungen, mein nächstes ist wieder für Sie, wenn
Sie's wollen, wir werden uns schon besser verstehn,
und sonst habe ich mit niemand für's erste zu schaffen.

Die andre Bemerckung ist leider eben so richtig
daß das Stück für ein musikalisch Drama zu ange=
zogen, zu angestrengt ist. Zu viel Arbeit für drey
Personen.

Dazn kann ich nun nichts sagen, als daß ich keins
wieder machen werde (ob ich gleich ein allerliebstes
Süjet zu 3 Personen noch habe, das fast noch reicher
und toller als dieses ist).

Jede Erfindung hat etwas willführliches. Mein
höchster Begriff vom Drama ist rastlose Handlung,
ich dachte mir das Süjet, fing an und sah zu spät
daß es zum musikalischen Drama zu überdrängt war,
ich sann auf Mittel und ließ es über ein halb Jahr
liegen. Endlich endigt ich's, und so ist's nun.

Es ist ein Bravourstück, haben wir keine Ackteurs
dafür; so mögen sie sich daran und dazu bilden.

Es ist wahr der Sänger will phisisch mehr Ruhe
haben, zu laufen, zu springen zu gestikuliren, sich zu
balgen und zu singen, so etwas geht wohl in einem
Final, aber durchaus fühl ich wohl ist's zu toll.
Das nächste ist in allem Sinne sedater.

Ihre Erinnerungen wegen des Rhytmus kamen
zur rechten Zeit. Ich will Ihnen auch darüber meine
Geschichte erzählen.

Ich kenne die Gesetze wohl und Sie werden sie

meist bey gefälligen Arien, bey Duetts wo die Per=
sonen übereinstimmen oder wenig von einander in
Gesinnungen und Handlungen abweichen, beobachtet
finden. Ich weis auch daß die Italiäner niemals
vom eingeleiteten fliesenden Rhytmus abweichen und
daß vielleicht eben darum ihre Melodien so schöne
Bewegungen haben. Allein ich bin als Dichter die
ewigen Jamben, Trochäen und Dacktylen mit ihren
wenigen Maasen und Verschränckungen so müde ge=
worden, daß ich mit Willen und Vorsatz davon ab=
gewichen bin. Vorzüglich hat mich Gluckens Com=
position dazu verleitet. Wenn ich unter seine Melodien
statt eines französchen Textes einen deutschen unter=
legte, so müßte ich den Rhytmus brechen den der
Franzose glaubte sehr fliesend gemacht zu haben,
Gluck aber hatte wegen der Zweifelhaftigkeit der fran=
zöschen Quantität würcklich Längen und Kürzen nach
Belieben verlegt und vorsäzlich ein andres Sylben=
mas eingeleitet als das war dem er nach dem Schlender
hätte folgen sollen. Ferner waren mir seine Com=
positionen der Klopstockischen Gedichte die er in einen
musikalischen Rhytmus gezaubert hatte merckwürdig.
Ich fing also an den fliesenden Gang der Arie wo
Leidenschafft eintrat zu unterbrechen, oder vielmehr
ich dachte ihn zu heben, zu verstärcken, welches auch
gewiß geschieht, wenn ich nur zu lesen zu deklamiren
brauche. Eben so in Duetten wo die Gesinnungen
abweichen, wo Streit ist, wo nur vorübergehende

Handlungen sind den Paralellismus zu vernach=
lässigen, oder vielmehr ihn mit Fleis zu zerstören,
und wie es geht wenn man einmal auf einem Weege
oder Abweege ist man hält nicht immer Maas.

Noch mehr hat mich auf meinem Gange bestärckt
daß der Musickus selbst dadurch auf Schönheiten ge=
leitet wird, wie der Bach die lieblichste Krümme durch
einen entgegenstehenden Fels gewinnt. Und haben Sie
nicht selbst Recitativstellen auf eine unerwartet glück=
liche Weise in Rytmischen Gang gebracht.

Doch es ist genug daß Sie es erinnern daß es
Jhnen hinderlich ist und ich will mich wenigstens in
acht nehmen und ob ich gleich nicht ganz davon lassen
kann, so will ich Jhnen in solchen Fällen eine dop=
pelte Lesart zuschicken und wenn ich es ia versäumen
sollte auf Jhre Erinnerung ieder Zeit nachbringen.

Überhaupt wollen wir an der nächsten nicht eher
zu komponiren anfangen, biß wir über das Stück
einige Briefe gewechselt, beym ersten wars gut zu
thun und nicht zu reden.

Wie wünscht ich Jhnen überhaupt den Plan der
neuen Oper vorlegen zu können, im Model kann man
noch rucken und drucken, wenn der Stein zugehauen
ist nicht Haud und Fus mehr wenden. Eigensinnig
bin ich gar nicht, das wissen Sie, ehe zu leichtsinnig
in diesen Dingen.

Lassen Sie mich noch einiges sagen was hierher
einschlägt. Meistermäsig haben Sie das Duett: aus

dem Becher behandelt und auf das glücklichste den
Parallelismus der Worte genutzt, und es ist mir
schon auf das Duett: Nimm o nimm zum Voraus
wohl, wo Sie gewiß das Ihrige gethan haben.
5 Meine Idee dabey war daß der Ackt anslaufen sollte
und indem beyde Scapinen auf dem Rollsessel hinein=
schieben, dieses Final mit dem: stille! stille! fort!
fort! gleichsam verklingen sollte, damit das Final
des ganzen Stücks desto brillanter vorsteche und über=
10 haupt ieder Ackt anders endige. Die Trompeten und
Paucken nehmen sich herrlich am Ende des zweiten
und alle Weiber freuen sich über das: wir haben
ihn und singen gefangen, gefangen Chorus mit.
Neulich haben wir in der Ordnung die Arie Gern
15 in stillen, nach dem Tanze dal segno wiederhohlt
wo sie sich herrlich und befriedigend ansnimmt. Über=
haupt wird iedermann iedesmal die Musick lieber, und
unsre Proben sind für uns indessen gut, die wir nicht
Partituren lesen und uns wie der glückliche Com=
20 ponist eine Oper im Kopfe aussühren können. Ob
ich gleich nie ohne heimlichen Ärger noch eine Probe
verlassen habe.

Daß Scapin im vierten Ackte gewissermassen sich
der Zärtlichkeit nähert werden Sie schon leiten und
25 führen. Der Musikus kann alles, das höchste und
tiefste kann, darf, und muß er verbinden, und blos
in dieser Überzeugung habe ich mein Protens artiges
Ehpaar einführen können und wollte noch tolleres

Zeug wagen, wenn wir rechte Sänger Ackteurs und
ein grofes Publikum vor uns hätten. Die Stelle im
erften Ackte: ich fah ihn an pp nimmt fich recht
gut aus.

Mit Erwin und Elmire habe ich vor Statt Mutter
und Bernardo noch ein Paar innge Lente einzuführen
die auf eine andre Weife in Liebes Uneinigkeit leben,
alfo zwey Intriguen die fich zufammenfchlingen und
am Ende beyde fich in der Einfiedeley auflöfen. Vom
Gegenwärtigen bliebe nichts als die fingbarften Stücke
die Sie auswählen könnten.

Von Claudinen bliebe auch nur was an der Fabel
artig und intereffant ift. Dem Vater würde ich mehr
dumpfen Glauben an das Geifter und Goldmacher
Wefen geben wie er in unfern Zeiten herrfchend ift.
Den Basko zu einem klugen myftifchen Marcktfchreyer
und Betrüger machen. Crugantino behielte feinen
Charackter, eben fo Claudine und Pedro. Die Nichten
würden karackteriftifcher und ftufenweife fubordinirt
auch in die Intrigue mehr eingeflochten. Die Vaga=
bunden, die man durch Nachahmung fo eckelhaft ge=
macht hat, würde ich durch eine neue Wendung auf=
ftutzen, fie machten das männliche Chor, ein weibliches
wollte ich auch noch anbringen. pp. Wenn Sie Zeit
und Luft haben lefen Sie doch das Stück fagen Sie
mir was Ihnen bezüglich auf Muficck darinnen gefällt
und misfällt, vier Angen fehn mehr wie zweye. Auch
ift mir drum zu thun daß ich in beyden Stücken

nichts wegwerfe was Jhnen lieb ist. In Claudine
würde ich den Sebastian wegwerfen den Pedro thätiger
machen und wir haben immer noch Lente genug.

Da ist denn allerley zum Nachdencken und auf
5 Jahre hinaus Arbeit. Es kommt nur drauf an wenn
unser erstes Stück fertig ist, daß wir uns ein Publi=
kum suchen, damit alles lebendig werde und auch
etwas eintrage.

Die Leichtigkeit die Sie am Re Teodoro rühmen
10 giebt sich blos durch die lebendige Übung, sie fehlt
mir selbst noch bey meinen Arbeiten. Der Einsame
mögte gern das Werck in sich vollkommen haben und
erschweert sich's selbst, wer für Menschen arbeitet,
sieht daß eine relative Vollkommenheit würckender ist
15 und bequemer hervorgebracht wird, dieser Begriff leitet
ihn und seine Wercke werden würcklich vollkommner
indem sie mehr lebendige Folge haben.

Leben Sie wohl und schicken und schreiben balde.
Weimar d. 23. Jan. 86. G.

20 Wegen der Prosodie lassen Sie Sich nicht bange
seyn was einer schreiben kann wissen wir alle, und
das feinere hängt mehr vom Geschmack ab als von
irgend einer Regel, wie in ieder lebendigen Kunst.

2253.

An Charlotte v. Stein.

Ich befinde mich wohl und gehe mit besserem
Zutraun. Lebe wohl ich nehme dich im Herzen mit.

Hier der Schlüssel der alle deine Papiere beschließt.
Liebe mich ich bin dein.

Wahrlich bin ich an der Operette kranck, denn ich 5
habe schon heute früh daran schreiben müssen.

d. 24. Jan. 86.						G.

Ich schicke dir den Ring, laß mir ihn doch machen.

2254.

An Charlotte v. Stein.

Nun muß ich meiner Liebsten ein Wort sagen.
Ich bin über Hoffen wohl und es geht mir recht gut. 10
Die Herzoginn sieht übel aus und spricht sehr heiser.
Des Abends wird gelesen und man scheint mit mir
zufrieden, der Wind saußt entsezlich auf dem Schlosse,
und bläst mein ganzes Zimmer durch, so daß ich am
Ofen sitze, an der einen Seite brate, an der andern 15
erstarrt bin.

Der Theater Calender, den ich gelesen hat mich
fast zur Verzweiflung gebracht; noch niemals hab ich
ihn mit Absicht durchgesehn wie iezt und niemals ist
er mir und sein Gegenstand so leer, schaal, abgeschmackt 20
und abscheulich vorgekommen.

Mau ſieht nicht eher wie ſchlecht eine Wirthſchafft
iſt, als wenn man ihr recht ordentlich nachrechnet
und alles umſtändlich bilancirt. Mit der deſolanteſten
Käfte und Redlichfeit, iſt hier ein Etat aufgeſtellt
woraus man deutlich ſehen kann daß überall, beſonders
in dem Fache das mich iezt intereſſirt, überall nichts
iſt und nichts ſeyn kann. Meine arme angefangne
Operette dauert mich, wie man ein Kind bedauern
kann, das von einem Negersweib in der Sclaverey
gebohren werden ſoll. Unter dieſem ehrnen Himmel!
den ich ſonſt nicht ſchelte, denn es muß ia keine Ope=
retten geben. Hätte ich nur vor zwanzig Jahren ge=
wuſſt was ich weis. Ich hätte mir wenigſtens das
Italiäniſche ſo zugeeignet, daß ich fürs Lyriſche
Theater hätte arbeiten können, und ich hätte es ge=
zwungen. Der gute Kayſer dauert mich nur, daß er
ſeine Muſick an dieſe barbariſche Sprache verſchwendet.
Unglücklicher Weiſe habe ich den Pariſer Theater Alma-
nac auch hier gefunden, von dem der deutſche eine
deutſche Nachahmung iſt. Du kannſt dir das Elend
deucken, Seckendorfs Prolog des Improviſatore, Vul=
pius Lob Gedichte auf Herrn Kurz und Mad. Acker=
mann, ein Prolog von Kozebue auf dem Jenaiſchen
Bubentheater machen die Gedichte aus. Mit den Ex=
krementen der Weimariſchen Armuth würzt Herr
Reichardt ſeine oder vielmehr die deutſche Theater
Miſerie.

Lebe wohl. Ich habe niemanden als dich dem ich

meinen grosen Verdruß klagen kann. Ich lese nun
meine Sachen hier vor und schäme mich von Herzen
indem man sie bewundert und darf nur gegen den
Prinzen meine Herzensmeynung sagen, der sehr brav
und sehr Kranck ist.   5

Lebe wohl. Liebe mich ich bin ganz und gar dein,
du musst mir eben alles ersezen, ich halte mich an dich.
Gotha d. 26. Jan. 86.   G.

Grüse Stein und Fritz.

Ich komme wohl erst Sonntag Abends, da mich 10
der General Superintendent so gedultig anhört, denn
er ist alle Mittag und Abend da; so muß ich auch
so höflich seyn und ihn hören. Nach der Kirche sez
ich mich ein und fahre fort.

G.   15

2255.

An Charlotte v. Stein.

Du bist sehr lieb sagst mir aber nichts von deinem
Befinden. Ich freue mich dich zu sehen und dir allerley
zu erzählen, wozu man allein seyn muß.
d. 30. Jan. 86.   G.

Dancke für's Frühstück.   20

2256.

An F. H. Jacobi.

[Januar.]

Deinen Brief habe ich wohl erhalten und die
Litteratur Zeitung gleich bestellt. Es wundert mich
daß sie noch nicht ankommt, ich will sie gleich erinnern.
Die Rechnung lege ich bey was du mir noch schuldig
5 bist.

Wieland hat ich weis nicht welch Bedencken die
Recension einzurücken, also ists recht gut.

Mendelsohns Todt war sehr unerwartet, die zurück=
gebliebnen werden nun für den Todten fechten und
10 sie haben dadurch gut Spiel. Da ich ausser Herdern
niemand sehe noch höre den diese Angelegenheit in=
teressirt; so weis ich nicht was deine Schrifft und
Mendelsohns Betragen im Publiko für Sensation
macht. Überhaupt liegt die Sache zu sehr ausser dem
15 Gesichtskreis der meisten.

Der Herzog ist nach Berlin, dort wie natürlich
wohl aufgenommen. Der abgelebte Löwe mag ihn
mit seinem letzten Athem seegnen. Der Fürstinn hab
ich geschrieben und etwas geschickt. Sende mir doch
20 was sie von Frau v. Stein schreibt, du kannst dencken
daß ich neugierig bin. Ich verspreche daß niemand
es sehen, noch dessen dasehn erfahren soll.

G.

2257.

An J. G. Herder.

[Anfang Februar.]

In beyliegendem Blatte wirſt du etwas von Moſes
Mendelſohns Teſtament finden. Ich bin ſehr neu=
gierig auf das Ganze. Die ausgezogne Stelle finde
ich ſehr brav.

Der Garniſon Informator iſt bey mir geweſen 5
und hat dringend gebeten daß bey einer Vakanz
die ſich iezt ereignet für ihn geſorgt werden möge.
Ich weis nicht inwiefern er die nächſten Anſprüche
dazu hat. Könnte man nicht mit der Verbeſſerung
der Garniſonſchule auch ſeine Verbeſſerung verknüpfen. 10
Sage mir überhaupt ein Wort über die Sache die ich
gar gerne los ſeyn mögte.

Es iſt iezt etwas von einer heimgefallnen Beſoldung
da, ehe das auch wieder einen andern Weeg nimmt.

G.   15

2258.

An Charlotte v. Stein.

Was macht meine Beſte? Ich werde dich heute nicht
ſehen. Durch meine Abweſenheit bin ich ſehr zurück=
geſetzt. Mein erſter Rechnungs Monat iſt um und ich
muß heute Abend nothwendig arbeiten und rechnen.

Lebe wohl ſage mir etwas guts.   20

d. 1. Febr. 86.   G.

2259.

An Charlotte v. Stein.

Ich erkundige mich ob meine Geliebte in die Ge=
sellschafft geht? Wonicht, so komme ich gegen sieben.

Schicke mir den Schlüssel den ich dir aufzuheben
gab. Ich bin wohl und grüse dich herzlich.

5   d. 3. Febr. 86.   G.

2260.

An J. F. v. Fritsch.

Ew. Exzell.

werden mir einen gehorsamsten Vortrag mit einer
Anfrage erlauben.

Der Geh. Cammerrath Büttner wird täglich
10 stumpfer und hat am Ende des verflossnen Jahrs,
gleichsam Abschied von dem Collegio genommen und
wird vor der Haud zu Hause bleiben. Die Pacht=
sachen waren sein vorzüglichstes Referat, und ob er
gleich das nothwendigste durch seinen Sohn besorgen
15 läsft, so wünsch ich doch diesen Haupttheil der
Cammergeschäffte in eines thätigen Mannes Händen
um alle Stockungen beseitigt zu sehn.

Er hat auch die Aufsicht über das Archiv gehabt
wofür er 100 f. Emolument erhält. Beyde Geschäffte
20 würde der Geh. Cammerrath Gülicke gern übernehmen,
und der innge Büttner könnte die Aufsicht über das
Schloßbrauwesen überkommen die sein Vater auch
bisher geführt hat.

Es fragt sich also ob man ihn veranlassen dürfe
um völlige Dispensation von der Arbeit nachzusuchen?
und ob man ihm Hoffnung machen könne, daß er die
bisher genossnen Emolumente bis an seinen Todt ge=
nießen solle? Oder ob ihm wenigstens die 100 f. für 5
die Archivs Aufsicht abzunehmen und dem Geh. Cam=
merrath Gülicke zuzulegen seyn mögten?

Ich werde sobald mir Serenissimi gnädigste Ge=
sinnungen darüber bekannt geworden, das nötige zu
besorgen ohnermangeln. 10

Mich mit vollkommenster Ehrfurcht unterzeichnend

Weimar
d. 4. Febr. 86.

Ew. Exzell.
ganz gehorsamster Diener
Goethe.

2261.

An J. F. v. Fritsch.

Zugleich bringe ich den iungen Batsch in Erinne= 15
rung der Ew. Exzell. nicht unbekannt ist und dessen
ich neulich erwähnte.

Beyliegender von ihm auf meine Veranlassung
gefertigter Aufsatz wird ihn noch mehr, als einen be=
scheidnen iungen Manu, der innerlichen Trieb zu seiner 20
Wissenschafft empfindet und sie im Stillen ohne Auf=
munterung immer verfolgt empfehlen.

Die Absicht wäre ihn sobald als möglich nach
Jena hinüber zu bringen, damit er wieder in den
Gang des Akademischen Lebens käme und durch lehren 25

sich üben und gemeinnützig machen könnte. Er würde
zugleich einen Plan zu einem botanischen Garten über=
dencken und vorlegen können und diese drüben fast
gänzlich vermißte Wissenschafft wieder einführen und
5 in die Höhe bringen. Unter seiner Aufsicht könnte
ein Theil des Fürstengartens zu diesem Gebrauch ge=
wiedmet werden und man würde nach und nach so
wohl dadurch daß man das was hier und in Jena
an Pflanzen zerstreut ist versammelte, als auch durch
10 Tausch und andre Gelegenheiten ohne grose Kosten
dem Institute einen soliden Grund geben können.

Sollte alsdenn der junge Dietrich den Durchl.
bey dem Hofgärtner Reichardt in die Lehre gethan,
wie er sich anläßt, gut einschlagen, so würde man
15 in der Folge auch um einen botanischen Gärtner nicht
verlegen seyn.

Zu den nothwendigsten Bedürfnissen würde Batsch
bey seinem Jenaischen Aufenthalte gegen zweyhundert
Thaler brauchen und es fragt sich nur was Durchl.
20 der Herzog ihm an dieser Summe gnädigst bewilligen
wollen, um einen wahrhafft guten und brauchbaren
Menschen aus dem Drucke eines ängstlichen Lebens
herauszuziehen und ihn in eine Laufbahn zu versetzen
wo er sich zum Vortheile der Akademie für die soviel
25 geschieht bilden könne. Von dem gnädigsten Entschlusse
erbitte ich mir einige gefällige Nachricht.

Weimar d. 4. Febr. 1786.

Goethe.

2262.
An Charlotte v. Stein.

Hier Geliebte den Brief wie er an Carlen abgehn
soll. Heut Abend seh ich dich behm Thee und freue
mich deiner.

d. 6. Febr. 86.   G.

2263.
An Charlotte v. Stein.

Laß mich hören meine Gute was du machst? und
was du heute vorhast. Ich sollte heute Abend in das
Conzert, wenigstens um die neue Parforce Horn
Symphonie zu hören, wenn ich meine Cour machen
wollte. Lebe wohl. Liebe mich! Wie hast du geschlafen?

d. 12. Febr. 86.   G.

2264.
An Charlotte v. Stein.

Wirst du denn heute Abend zur Feherlichkeit kom=
men? Ich bitte gar sehr drum. d. 13. Febr. 86.

                                                      G.

2265.
An Charlotte v. Stein.

Ich bin zum Herzog eingeladen sonst käm ich zu
dir. Ich bin wohl und freue mich wenn du es auch
bist und meiner in Liebe gedenckst. Eh ich an Hof
gehe komme ich dir einen guten Tag zu sagen.

d. 15. Febr. 86.   G.

2266.

An Charlotte v. Stein.

Den ganzen Morgen hofft ich auf ein Wort von
dir. Du erfüllst diesen Wunsch du Gute. Habe du
nur mit mir Geduld und laß dich nicht irren wenn
mir's manchmal fatal wird. Du bist mein bestes.
5 Das einzige recht zuverläſſige auf Erden. In die
Comödie will ich gehn.

  b. 18. Febr. 86.   G.

2267.

An Charlotte v. Stein.

Ich weis noch nicht was ich machen werde, bey
Hofe geh ich nicht. Ich mag dem Hofe gern alles
10 zu gefallen thun nur nicht bey Hofe.

Mit Noth und Angſt habe ich einige Pinſelſtriche
gemacht und laſſe nun Rähmgen ziehen die ſollen das
beſte thun. Ich ſuche dich auf, früh oder ſpat. Jetzo
ſchreibe ich an dem Duzend Briefe. Lebe wohl du
15 Liebſte. b. 19. Febr. 86.

                G.

2268.

An Chriſtine Gräſin Brühl.

Vous etes bien bonne charmante amie de vouloir
penser a un ingrat, de lui donner de Vos nouvelles
et de l'assurer de Votre souvenir. Il est vrai que

je ne le merite pas, cependant Vos lettres me font
toujours un plaisir sensible, continues moi Vos bontés
et ne me laisses pas trop longtems dans l'inquietude
sur Votre santé.

On raconte une histoire qui m'affligeroit beau- 5
coup, si elle etoit vraie, c'est que Naumann a fait
une perte considerable qu'on lui a volé quelques
mille ecus. Vous ne m'en parles pas, et je la crois
fausse car surement Vous l'auries scu et Vous m'en
auries dit un mot.   10

J'ai lu les Vers de Mr. Neumann, adressés au
Sprudel et au rochers du Carlsbad. (Il me vient ,
l'idee de parler de Neumann en parlant de Naumann,
on les a vu si longtems s'unir pour chanter Vos
louanges qu'on est accoutumé a les regarder comme 15
freres rivaux inseparables.) J'ai donc lu ces poesies
ou il y a de bien belles choses, surtout l'idee des
pleurs sublimés par la chaleur du Sprudel jusques
au cieux, m'a paru tout a fait neuve et sublime, il
y a encore d'autres mais qui ne valent pas celle la. 20
Mon esperance de Vous retrouver aussi dans ces
strophes a eté satisfaite vers la fin. La Reine de
Rossignols n'auroit pu etre mieux placée et je souhaite qu'elle se porte bien dans son Lorbeernest.

Notre Duc est revenu de Berlin toutafait content, 25
il a vu Darbes et il a eté tres content du peintre
et de ses peintures. On me dit que ce Maitre co-
quin cache tres bien son pied fourchu, qu'il contre-

fait le Sage, le complaisant, le modeste, enfin qu'il
plait a tout le monde. A ces traits je reconnois
mon admirable Mephistophele.

Deux actes de mon opera sont composés par un
homme de genie, d'ailleurs solitaire et inconnu, mais
qui ne fait que revenir de l'Italie. Je serois curieux
de scavoir ce que diroit ma bonne amie de cette
composition. Surement il y a des airs qui ne devroit etre chantés que par Vous. J'attends avec
impatience le troisieme Acte dont la moitie devroit
deja etre arrivée.

On se porte passablement bien ici cet hyver,
Mad. la Duchesse Mere nous donne des inquietudes
depuis quelques iours, elle est malade d'une fievre
dont elle a eté saisie tout d'un coup.

Le printems nous donne les plus belles esperances,
le tems se calme et il paroit que les beaux jours
vont nous surprendre, puissies Vous en sentir toute
l'influence.

Si Vous aimies Vos amis tant que Vous voules
nous le faire accroire, Vous auries plus de soin pour
Votre santé, Vous ecarteries toutes les idées facheuses
et Vous ne Vous occuperies que du plaisir d'etre
aimée de tant de personnes, pui trouvent leur bonheur dans Votre felicité.

Mille Compliments a Maurice et a Lolo. Sans-
doute que ce petit personnage aura grandi.

Aves vous deja formé des Plans pour cet eté,

je ne scais pas encore ce que je pourrois entrepren-
dre, je depends trop des circonstances. Adieu que
Votre amitié ne s'altere jamais, c'est ce qu'on peu
demander a une jolie femme. Adieu.

Weimar ce 19. Febr. 86. G.

2269.
An Charlotte v. Stein.

Ich wünsche daß du glücklicher mit des Juden
Testament seyn mögest als ich, denn ich habe es nicht
auslesen können. Ernsten will ich bedeuten sobald ich
ausgehe, schrifftlich wird es zu weitläufig. Adieu liebe
mich du gehst doch heute in die Comödie, damit wir 10
wenigstens zusammen leiden.   d. 20. Febr. 86.

G.

2270.
An J. G. Herder.

[20. Februar.]

Ich vermelde daß ich das Jüdische neuste Testa=
ment nicht habe auslesen können, daß ich es der Frau
v. Stein geschickt habe die vielleicht glücklicher ist, und 15
daß ich gleich den Spinoza aufgeschlagen und von der
Proposition: qui Deum amat, conari non potest, ut
Deus ipsum contra amet, einige Blätter mit der
größten Erbauung zum Abendsegen studirt habe. Aus
allem diesem folget daß ich euch das Testament Jo= 20

hanniß aber und abermal empfehle, deſſen Innhalt
Moſen und die Propheten, Evangeliſten und Apoſtel
begreiſt.

Kindlein liebt euch.

5 und ſo auch mich. Lebt wohl.

G.

2271.

An Charlotte v. Stein.

Hier meine Liebe die neuſten Acktenſtücke! Wie klein
wird das alles und wie armſeelig. Kann doch nicht
einmal ein armer Jude ohne genect zu werden aus
10 der Welt gehn. Liebe du mich und das recht herzlich,
denn ich bin dir ganz eigen. d. 21. Febr. 86.

G.

2272.

An Charlotte v. Stein.

Gar zu gerne hätte ich dich geſtern begleitet. Es
that mir das Herz recht weh dich alleine gehn zu
15 laſſen.

Ich grüſe und liebe dich und hoffe dich heute zu
ſehen. Lebe wohl. Hier der Rahm. d. 23. Febr. 86.

G.

2273.

An Charlotte v. Stein.

Ich muß zu Hauſe bleiben, es will mir gar nicht
20 recht werden. Schon war ich friſirt und im Begriff

mich anzuziehen. Wie befindest du dich meine Liebe
und was hast du heute vor? Schicke mir meine
Zeichnung und deine Pinsel ich habe Lust. Adieu.
Liebe mich

d. 26. Febr. 86.   G.

2274.
An Charlotte v. Stein.

N. S. Schon am 1ten Jenner dieses Jahrs, habe ich die
Juwelen und Spitzen an Frau von Stein mit dem Postwagen
überschickt — Ich hoffte von Zeit zu Zeit auf antwort des
glücklichen antommens — aber vergebens — da nun die ga=
ranti des Postamts bald zu Ende geht so erbitte ich mir nur 10
zwey Zeilen, um aus der Verlegenheit zu kommen.

Hier ein Wort von meiner Mutter.

Es soll mir sehr angenehm seyn euch heute zum
Thee bey mir zu sehen zu Tisch kann ich euch nicht
behalten. Wenn Imhof mit käme wäre es recht artig 15
ich will es Herdern sagen lassen, ihr müsstet aber bey
Zeiten kommen. Du hast mich doch recht lieb wie ich
dich. Gestern Abend hat mir deine Gegenwart rechte
wahre stille Freude gemacht. d. 28. Febr. 86.

                                         G.   20

2275.
An Kayser.

Weimar den 28ten Febr. 1786.

Wenn wir uns noch eine Zeitlang wechselsweise
erklären, so werden wir uns gewiß verstehen und

vereinigen. Mir sind die Meinungen eines Künstlers,
der das mechanische seiner Kunst verstehet immer
höchst wichtig, und ich seße sie über alles. Es komt
nicht darauf an, was man mit dem einmal ge=
5 gebenen Organe machen will, sondern was man
machen kan.

Sie werden in der Folge sehen in wie fern Sie
mich belehrt haben, und ie mehr wir zusammen
arbeiten, ie übereinstimmender werden wir würcken.

10 Lassen Sie uns ießt vor allen Dingen die erste
Oper endigen, Sie sollen alsdenn einige Stücke, und
eine Übersicht von der zweyten erhalten, und auch
nach Belieben sogleich daran ansangen. Sodann bin
ich bereit auch zu einer ernsthaften Oper zu helsen,
15 über deren Manier wir uns zum voraus vergleichen
müßen. Wir werden am besten thun dem Fußpfad
des Metastas zu solgen, ein erhabenes rührendes Sujet
zu wählen, nicht über sechs Personen zu steigen, weder
allzugroße Pracht noch Dekorationen zu verlangen,
20 für Chöre zu sorgen, und so weiter. Das alles wird
sich finden wenn wir der Sache näher kommen, und
uns durch die Opera Buffa erst mit und an einander
gebildet haben.

Für unser gegenwärtiges Werck laßen Sie sich
25 nicht bange sehn, es wird sich schon forthelfen, es
werden sich Entreprenneurs und Akteurs finden, um
die Aufführung möglich zu machen. Haben sie doch
ießo in Mannheim den Göß von Berlichingen wieder

hervorgesucht, nachdem man ihn zehn Jahr als einen
allzuschwehren Stein hatte liegen laßen.

Der Anfang des dritten Akts ist endlich auch an=
gekommen. Ich bin höchst neugierig ihn zu hören,
ich habe ihn mir noch nicht einmal können am Clavier   5
vortragen laßen. Daß Sie die höchste Raserei unserer
Heldin in den Kahn gestellet, und die Überfarth über
den Cozith gleichsam mit stürmender Hand geschehen
laßen, dagegen die Arie wo sie den Mißethäter vor
Plutos Trohn schlept, auf einen flehenden Vortrag   10
angelegt, und also dadurch den Gang des Dichters
umgekehrt haben, mögen Sie verantworten, oder viel=
mehr wird Ihre Ausführung rechtfertigen. Was Sie
übrigens in dem der Partitur beigelegten Blatte
empfehlen, will ich bestens besorgen, und Ihnen zur   15
Zeit von allem bestimmte Nachricht geben.

Zu der Pantomime nach der Arie, in eurem
finstern Hause, hätte ich folgendes zu erinnern
und zu rathen.

Scapine fällt ohnmächtig in den Seßel, der Doctor   20
bleibt ihr zu Füßen liegen, endlich springt er auf, ist
ängstlich, sie scheint sich zu erholen, er stehet ihr bei,
läuft hin und wieder, bringt ihr zu riechen, sie fällt
wieder in Gebährden des Schmerzens, und stößt von
Zeit zu Zeit Seufzer und ängstliche Laute aus.   25

So wünschte ich daß Sie die gedachte Stelle, in
dem geschriebenen Exemplar der Oper erst korrigirten.

Dieses stumme Spiel kan wenn es nöthig ist

wiederholt werden, und solten Sie es nicht in ver=
schiedenen Theilen mit Reprisen setzen können? wie
es bei Balleten geschiehet, so daß es alsdenn von dem
Akteur und der Aktrice abhienge, ob sie die Panto=
5 mime verlängern oder abkürzen wollen.

Zulezt wo sie in die Töne des Schmerzens aus=
bricht, kan ia der Doktor mit dem folgenden Gesang
einfallen, und es dadurch zu einer Art von Duett
werden.

10 Slapin läßt sich dann von außen hören, sie klagt
und iammert auch noch wenn dieser hereintritt, und
ich dencke es soll keinen übeln Effeckt thuu, wenn Sie
die Interiektionen, ach! weh! weh mir! o Schmerz!
u. s. w. in den übrigen Gesang gleichsam hineinsäen.

15 Ich schicke Ihnen hier eine Arie des vierten Akts,
wie ich sie verändert habe. Vieleicht finden Sie solche
iezt rithmischer, und ich hätte große Lust einige andere
auch auf diese Weise zu behandeln, und sie dadurch
Ihrem Wunsche näher zu bringen. Hätten Sie über=
20 haupt noch etwas über den vierten Akt zu sagen, so
wär es noch Zeit.

  Still ist es, stille

  Stille so stille

  Regt sich doch kein Mäusgen!

25 Rührt sich doch kein Lüfftgen!

  Nichts, Nichts.

  Regt sich doch und rühret sich doch nichts.

  War es der Donner pp.

Ich habe diesen Brief dictirt weil ich nicht wohl
bin und keine Lust zu schreiben habe, und Sie doch
nicht lange wollte warten lassen.

Ihr Vater hat das Geld. Sie wohl auch. Leben
Sie wohl, lieben Sie mich und arbeiten fleisig fort. 5
Weimar d. 1. März 1786.   G.

Grüsen Sie Frau Schulthes.
Noch eins, wie steht es mit dem Italiänischen?
Üben Sie Sich fleisig in dieser einzigen Sprache des
Musikers.   10

2276.

An Charlotte v. Stein.

Es scheint als wenn mir die Arzeney recht wohl
bekommen wollte, es wurde mir gestern Abend nach
8ten noch viel besser. Liebe mich du gutes Herz und
bleibe mir. Ich will so in der Stille fort weben.
d. 1. März 1786.   G.   15

Knebel hat mir sehr schöne Zeichnungen von Kobel
mit gebracht.

2277.

An Charlotte v. Stein.

Es ist mir heute ganz leidlich du bist auch nicht
recht fühle ich an deinem Briefgen. Liebe mich und
laß dir es eine Freude seyn daß ich dich herzlich liebe. 20
d. 3. März.   G.

2278.
An Charlotte v. Stein.

Ich dancke dir für dein Wort, vielleicht komme ich
gegen Mittag gelaufen, sonst habe ich nicht Hoffnung
dich zu sehen. Ich freue mich deiner Liebe, und dencke
an dich. Übrigens halt ich mich stille und treibe
5 mein Wesen. Die Ostindischen Händel hab ich durch.
d. 4. März 86. G.

2279.
An Charlotte v. Stein.

Könnte ich mich doch recht offt deiner Gegenwart
freuen wie gestern Abend, ich habe gut geschlafen und
bin wohl. Knebel will gerne mitfahren. Laß mir
10 doch auch einen Plaz leer daß ich mich allenfalls
einschieben könnte. Liebe mich wie ich dich.
Weimar d. 6. März 1786. G.

2280.
An Charlotte v. Stein.

Dieser Tag ist vorbey gegangen ohne daß ich etwas
von dir gesehen noch gehört hätte. Ich will dann
15 auch so still für mich endigen. Sag mir ein Wort.
Ich war fleisig um das nachzubringen was ich bis=
her versäumte.
Lebe wohl. Liebe mich.
d. 10. März 86. G.

2281

An Charlotte v. Stein.

Sage mir beste wie es mit deiner Gesundheit ist
und daß du an mich denckst und mich liebst.

d. 12. März 86.   G.

2282.

An Christine Gräfin Brühl.

Si les hommes etoit nés avec un peu de con-
science, surement ils seroit confondus et desolés par
la loyauté des femmes. La veste plus que belle que
Vous aves eu la bonté de m'envoyer charmante amie,
me prouve combien Vous etes esclave de Votre parole, ou plus tot combien le devoir de la remplir
Vous est cher.

Mille et mille remercimens pour ce beau present,
j'y reconnois Votre gout, Votre main, Vous meme,
pardonnes! il y a un je ne sai quoi qui Vous
ressemble et qui me fait un plaisir infini.

Les graces ont presidé a ce travail, diroit notre
cher Wieland et j'entends en meme tems Mephistophele s'ecrier: voila de ce Firlefanz enchanteur
qui me fait sauter et rire.

J'ai d'abord envoyé ce chef d'oeuvre au tailleur
le plus entendu et j'attends avec impatience le moment de me voir paré de Vos mains.

Vous aves bien diviné que ce don m'arriveroit
pour un jour de féte et de gala. Mdme la Duchesse

Mere apres une maladie dangereuse nous est rendue
et nous pouvons esperer de la voir bientot entiere-
ment retablie. C'est en me presentant devant Elle
pour la feliciter, pour lui offrir mes voeux, que je
5 porterai pour la premiere fois la piece la plus pre-
cieuse de ma garderobe presente et avenir. Pour
d'autres fêtes je n'en connois pas et je crains fort
que nous en resterons la.

Cette lettre devoit partir il y a quinze jours.
10 Vous pardonneres le retard, la maladie de notre
chere Duchesse nous a tenu en suspends jusqu' ici,
presque tous les jours critiques j'usqu' au 21. ont
été marqués par quelque accident facheux et ce n'est
que depuis avanthier que nous respirons librement.
15 Adieu charmante amie. Bien des compliments
pour Maurice. Notre Duc ne lui a point ecrit, a ce
que j'ai pu scavoir.

Embrasses le bon Lolo plus qu'a l'ordinaire et
que ce soit pour moi que Vous l'embrasses. S'il
20 m'aime un peu c'est parceque je l'aime beaucoup,
imites ce bon exemple. Adieu encore une fois.
Weimar ce 12. Marz 1786.   G.

2283.
An Charlotte v. Stein.

Mir ifts geftern Abend recht wohl gelungen und
ich will fehen, ob es heute wieder fo geht. Doch feh

ich dich vorher. Wenn ich dich nur recht wohl wüßte.
Ich habe Hoffnung mit dem nächsten Buche vorzu=
rucken, wenn ich es auch nicht sobald endige. Der
Anfang ist immer das schweerste das übrige giebt sich
lebe wohl, grüße Stein auf die Reise.

d. 13. März 1786.   G.

2284.

An Charlotte v. Stein.

Einen guten Morgen und hier den Avant coureur
in dem 8ten Blatte wirst du über Werthern etwas
finden das mit dem übereinstimmt was ich dir offt
gesagt habe. Werde nicht müde wenn ich dir offt
wiederhohle daß ich dich herzlich liebe. Gestern Abend
ist an der Operette geschrieben worden.

d. 14. März 86.   G.

2285.

An Charlotte v. Stein.

Ich bitte um dein Mikroscop ich will es mit dem
meinigen verbinden und einige Beobachtungen machen
ich habe Infusions Thiergen von der schönsten Sorte.
Heute Abend seh ich dich bey der Imhof. Ich gehe
noch erst in die Commödie, halte sie aber nicht aus.
Liebe mich.

d. 16. März 86.   G.

2286.

An Charlotte v. Stein.

Ich habe mich recht herzlich gefreut gestern mit
und neben dir zu sehn.

Dancke für das Frühstück. Was mir heute der
Geist zurufen wird weis ich nicht mein Herz spricht
5 aber immer von der Liebe zu dir.

d. 17. März 86. G.

2287.

An Charlotte v. Stein.

Ich bleibe nur zu Hause um dir Freude zu machen.
Die Operette und Wilhelm rucken zusammen. Du
mußt mich recht lieb haben. Heute eß ich beym Herzog
10 und nach Tafel besuche ich dich, Abends schreibe ich
wieder und hoffe Donnerstags dir und Herders etwas
zu lesen.

d. 21. März 86. G.

2288.

An Charlotte v. Stein.

Mit einer Anfrage wie du geschlafen hast, schicke
15 ich den Brief von Miß Gore. Liebe mich obgleich
meine Gestalt sich verändert hat.

d. 23. März 86. G.

2289.

An Charlotte v. Stein.

Da die Boten gehn will ich meiner Geliebten ein
Wort schreiben. Ich bin glücklich angekommen der
Abend war gar schön und ich faud Knebeln unter
den Steinen.

Er grüßt dich recht sehr.   5

Wir schwäzen viel und was ich auch höre und
rede; so sehe ich doch daß es am besten ist dich recht
lieb zu haben.

Gute Nacht. Ich habe allerley Gedancken und
Erfindungen die dich zur Rechten Zeit unterhalten 10
sollen. Adieu.

[Jena] d. 24. März 86.   G.

2290.

An Charlotte v. Stein.

Wie befindet sich meine beste. Es war mir gestern
eine rechte Freude dich vergnügt bey mir zu sehn. Es
schien mir auch als wenn du mich recht lieb hätteft. 15
Heute hab ich viel zu thuu, gehe auch gegen Abend
zur Herzoginn Mutter. Dann seh ich dich wenigstens
einen Augenblick, ich mögte gern an meinem Werckgen
schreiben.

d. 29. März 86.   G.   20

2291.

An den Herzog Carl Auguſt.

Landsmannſchafften und andere Verbindungen der Studierenden können vielleicht nicht ganz ausgerottet, ſie können aber geſchwächt werden.

Aus denen vorliegenden Votis, die ſehr verſchiedene
5 Geſinnungen enthalten und deren wenige mit einander übereinſtimmen, ziehe ich folgendes in's Kurze.

Anhaltende Aufmerckſamkeit und fortdaurende Wür= ckung auf denſelben Zweck können das Übel mindern, ihm Einhalt thun, deſſen Ausbrüchen zuvorkommen.

10 Wie ſollten Männer die ihre Lebenszeit an Einem Orte zubringen, Erfahrung und Gewalt haben, nicht mit jungen Leuten die längſtens alle drey Jahre wechſeln fertig werden können? Aber Uneinigkeit und Läſſigkeit dieſer Häupter, läßt das Übel einſchleichen
15 und einwurzeln.

Die Beſten zu vereinigen, ſuche man die Form des Concilii arctioris auszudehnen und ſeine Gewalt zu vermehren.

Zu dem Prorecktor und den vier Dekanis kounte
20 man noch vier Beyſitzer aus den vier Fakultäten hin= zuſetzen. Z. B. vorerſt: Griesbach, Reichart, Loder, Eichhorn.

Zum Verſuch auf ein Jahr; man würde die Auf= ſicht auf die Landsmannſchafftlichen Verbindungen

13*

diesem Collegio zur Hauptpflicht machen und da es sich
zugleich mit allem dem beschäfftigte was bisher die
Incumbenz des concilii arctioris gewesen, würde solches
durch eine natürliche Folge bald die ganze Disciplin
umfassen.   5

Es bestünde aus 9 Personen, eine Anzahl die weder
zu stark noch zu schwach ist, man könnte sich mehr
darauf verlassen, als auf das bisherige concil. arct.,
es hätte nicht die Unbequemlichkeit einer perpetuirlichen
Commission pp.   10

Zum Anfange würde keine weitläufige Instruc=
tion nötig seyn, wenige Hauptpuncte wären festzu=
setzen.

Wenn obengenannte Männer eine Zeitlang auf
Einen Punckt gemeinschafftlich würcken, wird sich die   15
beste Handelsweise von selbst zeigen.

Dieses neue concilium arctius hätte verbunden mit
dem Prorecktor

1.

Auf vorsichtige Annahme zu halten.   20

Arme kann man nicht geradezu abweisen, so wenig
als Studenten die von einer andern Akademie ohne
Zeugniß, aber zur rechten Zeit anlangen; iedoch Auf=
sicht soll man auf dergleichen Leute mehr haben als
auf andere. Hingegen die zwischen den halben Jahren   25
ankommen, die von einer andern Akademie relegirte,
oder durch ein consilium abeundi entfernte können
eher zurückgewiesen werden.

2.

Wäre die Aufsicht auf das Betragen der jungen Leute der Klugheit des Concil. arct. zu überlassen. Fragt sich ob man die Anzahl der Pedellen vermehren, 5 oder den gegenwärtigen etwas zulegen solle? Das Pro und contra liegt in den Votis.

3.

Die Wegschaffung schädlicher Mitglieder auf die glimpflichste Weise, wäre sodann das Haupt= 10 geschäffte des neuen Collegii.

Das gegenwärtige Conc. arct. hat schon das Recht einen unfleißigen, untauglichen Studenten brevi manu wegzuschaffen, weil aber das Gesetz nur gegen solche gerichtet ist, die keine Collegia besuchen, so ist es durch 15 simulirten Fleis der Landsmannschafftlichen Senioren eludirt worden, und es hat ein solches Consil. abeundi bisher nicht stattgefunden.

Man erstrecke die Gewalt auf die Landsmann= schafftlichen Verbindungen und damit man für Mis= 20 brauch sicher sey, lassen sich verschiedene Bedingungen festsetzen, z. B. daß ein solches cons. abeundi nicht auf einen einzigen Fall gegeben werde, sondern nur solche Studenten treffen könne, deren Lebenswandel schon mehrmal zur Sprache gekommen und die man 25 als schädliche Glieder der Akademie längere Zeit be= obachtet.

Die Vota sowohl derer Glieder die bey einer

solchen Ertheilung des Cons. abeundi zu als derer
die abstimmen, wären zu den Acten zu geben.

Die Majorität von 5 gegen 3, denn der Proreck=
tor hat kein Votum, sicherte an sich schon vor dem
Mißbrauch.

Das Cons. abeundi würde erst nur als Rath, sich
binnen einer gewissen Frist wegzuverfügen, ertheilt.

Im Weigerungsfall erst mit dem förmlichen cons.
abeundi vorgeschritten.

Überhaupt wäre der Prorector mehr an das Conc.
arctius zu knüpfen. Er hätte in Zukunft demselben
die Untersuchungsackten vorzulegen und nicht blos wie
bisher daraus zu referiren.

Um die Untersuchungen förmlicher zu machen,
wären die Verhöre im concil. Zimmer anzustellen.
Dem neuen akademischen Syndico könnte man bey
seiner Annahme zur Pflicht machen, dem Verhöre bey=
zuwohnen und dem Prorector zu assistiren.

Noch manches wird sich bey näherer Prüfung, das
sicherste aber durch einen Versuch finden.

Nach diesen Vorschlägen wäre, wenn sie Beyfall
fänden, ein Projeckt zu entwerfen und an die mit=
nährenden Höfe zu communiciren, und zwar sollte
es nur das allgemeinste enthalten, damit man in
keine Contestationen geriethe und die Sache bald durch=
ginge.

Wäre das Concil. arctius einmal instituirt, so
würde man von hier aus mit demselben immer in

Connexion bleiben und ohne Aufsehn die academische
Disciplin dirigiren können.

Die eingesendeten Vota enthalten noch manche
gute Vorschläge, die theils zugleich mit diesem theils
5 nach und nach in's Werck gesetzt werden könnten.

Nur müßte man sich hüten nicht zu viel thun zu
wollen und nicht zu sehr in's kleine zu gehen.

Von der Verlängerung der Prorectorate schwiege
man noch ganz und brächte diese Einrichtung nicht
10 eher zur Sprache, als bis ein Prorector im Amte
wäre, den man zu behalten wünscht. Gegenwärtig
ist es Hennings, auf ihn folgt der Theologe Schmidt,
auf diesen ein Juriste, unter diesen könnte sich die
neue Form des Conc. arctioris festsetzen, sodann folgen
15 Loder, Eichhorn und Griesbach aufeinander und man
könnte durch Verlängerung dieser drey Prorectorate,
auf mehrere Jahre hinaus vieles Gute schaffen.

d. 7. Apr. 86. G.

2292.

An den Herzog Carl August.

Ich bin recht unglücklich daß ich Ihrer Einladung
20 nicht folgen kann und zu Hause bleiben muß. Ein
Knötgen an dem Zahn der mir vorm Jahr in Neu=
stadt soviel zu schaffen machte und das ich schon
eine Woche dissimulire ist nun zum Knoten geworden,
spannt und zuckt so daß ich mich ieden Augenblick
25 eines übeln Anfalls versehe. Garten und Wiese habe

ich verlassen und bin mit Papieren und Ackten wieder
heraufgezogen. Ihre Expedition können Sie zwar gar
wohl ohne mich vornehmen und ich werde Wetken
der die Sache inne hat hinauf schicken, nur thut es
mir leid daß ich Sie nicht in unsere Grüffte ein= 5
führen soll.

Ihre Frau Mutter grüßt und läßt sagen: sie übe
sich Jhnen entgegen zu kommen, wenn Sie zurück
kehren. Ihrer Frau Gemahlinn ist sie heute schon
entgegen gegangen. 10

Hier ist die Note zurück. Die Situation des fran=
zöschen Ministerii scheint mir sehr richtig geschildert,
und ebendeswegen glaube ich nicht daß etwas zu be=
fürchten ist. Wenn man auch im einzelnen zu
schwancken und der Gegenpartey nachzugeben scheint; 15
so wird man gewiß doch in Hauptpunckten festhalten
und den Kayser nicht gewähren lassen. Wer Franck=
reich bereden will, es könne ohne Schaden in den Um=
tausch von Bayern willigen, glaubt es selbst nicht,
und kein vernünftiger Mensch wirds ihm glauben. 20

Auerhähne und Schnepfen und die Begattung dieses
wilden Geflügels werde ich diesmal weder zu hören
noch zu sehen kriegen, es scheint als wenn mir nur
die Jagd der Infusionsthiere beschieden wäre.

Heute Abend ist das grose Ehrenfest der Schau= 25
spieler. Die Frauen werden gezogen, wir wünschen
Wielanden alle die Metzner. Einsiedel ist sehr ver=
drüslich und die Schröter in Verzweiflung! Der

Baron Charles tractirt die bewußte Rolle mit der
größten Negligenz und will erst drey Tage vor der
Aufführung zu lernen anfangen. Aus seinem Lesen
in der ersten Probe hat man nicht die geringste Hoff=
nung schöpfen können.

Leben Sie recht wohl und vergnügt und behalten
uns empfohlen.

Weimar d. 7. Apr. 86. G.

2293.

An Charlotte v. Stein.

Mein Backen ist dick doch ohne Schmerzen. Ich
brauche ein Mundbad, und dencke es soll vorüber
gehn. Liebe mich. Ich hoffte gestern fast dich noch
zu sehn.

Ich lasse Infusionsthiergen zeichnen. Wollt ihr
etwa Thee bey mir trincken.

d. 8. Apr. 86. G.

2294.

An den Herzog Carl August.

Es thut mir sehr leid daß ich Ihre Parthie ver=
derbe und das Geschäft hindre, mit meinem Übel ist
es geworden wie ich voraus sah, der Backen ist dick
und ich bin genötigt mich mit Kräuterkißlein zu zieren.

Knebel empfiehlt sich, er ist heute nach Jena, sehr
schlecht erbaut von seinem patriotisch theatralischen
Schmaus. Wielanden ist würcklich ein Streich passirt

er zieht ein Loos wen er zu Tische neben sich haben
und eigentlich versorgen soll, er liest Mad. Ackermann
und ist höchst glücklich. Nachher findet es sich daß
Knebel diese Schöne gezogen und wie der Alte sein
Billet besieht ists Herr Ackermann. Er will mit 5
aller Gewalt wieder eine Oper machen, ich glaube er
hat schon angefangen.

Dagegen ist Herder herab gestiegen und hat ein
ABC Buch geschrieben das recht sehr gut und treff=
lich gedacht ist.   10

Hierbey schicke ich die verlangte Charte und wünsche
ein freundliches Leben.

Weimar d. 8ten Apr. 86.

                                        Goethe.

2295.

An Charlotte v. Stein.

Gar süs wäre es mir gewesen dich bey mir zu 15
sehen, allein du bist auch kranck und stille bey dir.
Ich habe den ganzen Nachmittag gezeichnet, es wan=
delte mich wie ein Fieber an.

Nnn noch eine gute Nacht, und laß mir auch ein
Wort von dir hören.   20

d. 8. Apr. 86.   G.

2296.

An Charlotte v. Stein.

Ich bin immer im stillen bey dir und habe nie
sehnlicher gewünscht mit dir unter Einem Dache zu

seyn als iezt. Ich fange nun wieder an zu zeichnen
und will wenigstens auf dem Papier leben. Mein
Backen ist noch ein wenig dick ohne Schmerz wenn
ich dich doch recht wohl wüßte. d. 9. Apr. 86.

5 G.

2297.
An Charlotte v. Stein.

Der Geschwulst vermindert sich und ich bin noch
immer ohne Schmerzen. Sehr wohl wäre mirs wenn
du bey mir seyn könntest. Gestern Abend war Herder
bey mir und wir haben viel durchs Mikroscop ge=
10 sehen. Liebe mich, ich habe dich herzlich lieb.

d. 10. Apr. 86. G.

2298.
An den Herzog Carl August.

Wie gut war es daß Sie mein Übel für dem
gestrigen Ritte bewahrt hat, in Ilmenau mag es
nicht freundlich aussehn. Noch besser ists daß Sie
15 Sich auf dem alten Schlosse wohlbefinden und Sich
dort ein Quartier bereiten. Der Bauinspecktor soll
kommen. Hier folgen die verlangten Ackten und das
Buch. Zugleich das Büchlein aller Bücher das Abc.
Die Briefe werden bestellt.

20 Ich muß zu Hause bleiben, mein Übel dauert
noch, ohne Schmerz. Hier schicke ich einen Traum
aus hiesiger Gegend, und wünsche zur stillen Woche
ein still glückliches Leben.

d. 10. Apr. 86. G.

Vielleicht sind beykommende Bücher Wilhelms eben
in der Jahrs Zeit. Im sechsten werden Sie einige
Schreibefehler entschuldigen.

Den zweyten Feyertag will eine Gesellschafft iunger
Leute auch zu Ehren der wiedergenesnen Herzoginn ₅
essen und tanzen und bittet um Erlaubniß ihr Fest
im hintern untern Zimmer des Commödien Hauses
halten zu dürfen.

2299.

An Charlotte v. Stein.

Hier einige Briefe von den schönen Frauen und
auch meine Berechnung wegen Fritz. Wie lebst du ₁₀
der Tag scheint heute schön zu werden. Wenn du
ausgehst besuchst du mich doch, ich halte mich noch zu
Hause. Liebe mich.

    d. 11. Apr. 86.   G.

2300.

An Charlotte v. Stein.

Ich grüse meine Gute und werde sie heute sehn. ₁₅
Gestern freute mich deine Gegenwart recht herzlich.
Ich habe noch eine Arie zur Operette gemacht. Viel=
leicht komm ich auch ein wenig zu Herders. Die
Oliva sollst du haben. Alle Mährgen sobald sie er=
zählt sind haben den Reiz nicht mehr als wenn man ₂₀
sie nur dunckel und halb weis. Lebe wohl. Liebe mich.

    d. 13. Apr. 86.   G.

2301.

An Charlotte v. Stein.

Einen Guten Morgen meine Beste und den Brief
an die Rheingräfinn. Siehe zu daß du das Memoire
der Oliva von der regierenden Herzoginn erhältst.
Der Herzog hat es weggenommen. Was haft du
5 heute vor. Gegen 12 will ich spazieren gehn, es ist
herrliches Wetter. Adieu.

d. 14. Apr. 86. G.

2302.

An F. H. Jacobi.

Ich weis nicht mehr wo ich mit dir bin lieber
Bruder solange habe ich nicht geschrieben und so vieler=
10 ley ist mir durch den Kopf gegangen. Meinen ge=
wöhnlichen Geschäfften gesellet sich so manche Lieb=
haberey zu daß ich offt nicht weis wo hinaus.

Botanick und Microscop sind ietzt Hauptfeinde mit
denen ich zu kämpfen habe. Dagegen lebe ich auch
15 in einer Einsamkeit und Abgeschiedenheit von aller
Welt die mich zuletzt stumm wie einen Fisch macht.

Hier ist der Fürstinn Brief der einen glücklichen
Humor hat, ich wollte es käm ihr auch der Humor
mir einmal ein Wort zu sagen. Die Silhouette hat
20 mir viel Freude gemacht und dir dancke ich für das
schöne Kupfer und den Pendant.

Eine neue komische Oper von mir die ießo kom=
ponirt wird macht mir viel Freude. Es wird mit
derselben ein Componiste hervortreten, dergleichen sich
nicht viele im Stillen bilden.

Hier ist denn endlich auch einmal meine Note, du 5
schickst das Geld gelegentlich.

Was machst du alter Metaphysikus? Was bereitest
du Freunden und Feinden?

Grüße die deinigen! Liebe mich.

Wenn dir mit Infusionsthiergen gedient wäre 10
könnte ich dir einige Millionen verabfolgen lassen.

Lebe wohl, und schreibe bald.

Weimar d. 14. Apr. 86.   G.

2303.

An Charlotte v. Stein.

[Mitte April.]

Ich hatte gestern Abend das größte Verlangen dich
zu sehn, zumal da ich dir die köstlichste Geschöpfe zu 15
zeigen hatte. Hätte ich nur meinen Vorsaß ausge=
führt, ich wollte nach Hof schicken und dirs sagen
lassen. Ich habe nunmer schon Thiere die sich den
Polypen nahen, fressende Infusionsthiere.

Liebe mich.
                                            20
                                        G.

2304.

An Charlotte v. Stein.

Eben wollt ich dir schreiben um etwas von dir
zu hören. Heute der Tag wird mir ohne dich hin=
gehn. Doch seh ich dich einen Augenblick.

Du bist mir herzlich lieb, und ich habe dir recht
5 schöne neue Sachen zu erzählen. d. 24. Apr. 86.

G.

2305.

An Charlotte v. Stein.

Wie offt hab ich heute gewünscht diesen Tag mit
dir hier zu zu bringen, er war ganz köstlich. Ohne in
Jena anzuhalten, ritt ich gleich nach dem Durchstich
10 und von da nach Lobeda, und fand die gute Bohl,
aber ach wie! Ich muß dir ihre Wirthschafft ihr
Wesen und Zustand im Detail beschreiben es ist ein
seltsam Tableau. Das Saal Thal hab ich noch nie
gesehn in solcher Schönheit, ich bin einen Weeg zurück=
15 gekehrt den ich dich führen muß, es ist an einem
Platze würcklich ein gros Bild.

Nachher hab ich vielerley Menschen gesehen, bin
mit Magister Batsch spazieren gegangen, wo wir über
Pflanzen, Infusionen u. s. w. gar viel gutes gesprochen
20 und beyde gelernt haben. Ich werde die besten Bücher
mitbringen die über das Infusionswesen geschrieben
worden.

Nun bin ich in Paulsens Garten eingekehrt, im
Schloſſe war mir's unmöglich zu bleiben, es iſt ein
köſtlich ſchöner Abend.

Mit Knebeln hoffe ich von dir zu hören.

Liebe mich. Alles bringt mich dir näher und
deutet auf dich hin. Grüße Fritzen und lebewohl.

[Jena] d. 25. Apr. 86. G.

2306.
An J. G. Herder.

[30. April.]

Da Camper noch immer ſchweigt freut mich nur
daß mir der Franzoſe mit lauter Stimme entgegen
kommt. Ich theile des theilnehmenden Prinzen Billet
hir mit und wünſche wohl zu leben.

G.

2307.
An C. v. Knebel.

Den 30. April 86.

Ich ſchicke dir das Mikroſkop, das du durch Hülfe
des Herrn Cammerrath Wiedeburg bald in Ordnung
bringen kannſt. Die Linſe No. 1 fehlt. Ich danke
für deine Liebe und Bewirthung. Morgen geht es
im Regen nach Ilmenau, damit ich der ſchönen Jenai=
ſchen Tage in Ehren eingedenk bleibe. Ich fürchte
für die Maikur. Lebe wohl. Liebe mich.

G.

2308.

An den Herzog Carl Auguſt.

Eichhorn, Griesbach und Loder, welche ich über
dieſe Materie geſprochen ſind gleicher Meinung darüber
und wünſchen alle dreye, daß Sereniſſimus ſich zu
dieſem Schritte entſchließen mögten.

Sie glauben daß Durchlaucht der Herzog ohne
die übrigen Höfe zu fragen gar wohl als Landesherr
als Rector Magnificentissimus eine ſolche proviſoriſche
Verfügung treffen könnten, und glauben überhaupt
daß Durchlaucht viel Gutes ſtiften könnten, wenn
Sie eben dieſe Eigenſchaft eines Rectoris magnificen-
tissimi in Diſciplin Sachen manchmal wollten gelten
machen.

Nach dieſen Vorausſetzungen fragt ſich's ob es
Sereniſſimo gefällig ſeyn ſollte ein Reſcript an die
Academie zu erlaſſen des Innhalts:

Sie hätten ungerne vernommen daß das Übel der
Landsmannſchaftlichen Verbindungen, täglich überhand
nähme und es ſey Ihr Wille, daß gegen ſolche ernſt=
liche Vorſchritte geſchähen.

Die Academie habe alſo dem Prorecktor aufzugeben
daß ſolche conjunction mit dem conc. arctiori, welches
ad hunc actum mit 4 Commiſſarien (welche zu be=
nennen wären) verſtärckt werden ſolle, gegen gedachte
Verbindungen vorſchreite.

Es ſollten die als Glieder derſelben verdächtigen

vorgefordert und von ihnen die eidliche Versicherung
verlangt werden: daß sie wenn sie in keiner Lands=
mannschaftlichen Verbindung sich befänden sie in keine
jemals treten, wenn sie aber schon in eine sich ein=
gelassen solche sogleich aufgeben und solche nie wieder 5
erneuern wollten.

Ueber dieß sey dasjenige was sonst noch dem Prorector denen Beysitzern und Commissarien beygehe
nach bester Einsicht dem Entzweck gemäß vorzunehmen
und auszuführen.   10

Alles höchster dijudicatur und Entschließung über=
lassend.

Weimar d. 30. Apr. 86.

                                        Goethe.

2309.

An Charlotte v. Stein.

Ich wünsche dir und mir Glück zum schönen 15
Wetter. Wenn die Sonne Donnerstags so aufgeht
so wird sich Merkur gar schön präsentiren. Liebe
mich und lebe wohl. Ich habe dich herzlich lieb du
einziges Wesen dessen Zärtlichkeit kein qui pro quo
zuläßt. Adieu.   2

d. 2. May 86.   G.

Nimm doch ja Fritzen mit.

2310.

An Charlotte v. Stein.

Wie sehr habe ich mich beym Erwachen gefreut
daß die Sonne hell schien und daß du das himm=
lische Schauspiel recht schön wirst gesehen haben. Zu
spät fiel mir's ein daß ich durch mein kleines Per=
5 spectiv auch etwas würde sehen können aber ich sah
nur die Sonnenflecken und Merkur war schon ver=
schwunden.

Könnt ich doch den schönen Tag mit dir in Jena
zu bringen, es wird mir aber nicht so wohl werden,
10 eh uns das Carlsbad vereinigt mit dir zu sehn und
ein ruhiges Leben zu führen.

Der Herzog von Meiningen ist hier.

Was der Herzog thun wird weis ich nicht, ich
bleibe bis Ende der Woche. Lebe wohl. Liebe mich,
15 grüße Fritzen. Ilmenau d. 4. May 86.

G.

2311.

An Charlotte v. Stein.

Von meiner lieben habe ich gar nichts gehört,
wenn es ihr nur in Jena recht wohl geworden ist.
Hier ist auf Waldweise gelebt worden, doch ziemlich
20 mäsig. Der Herzog ist auf Meiningen mit dem Herzog
Georg der ihn hier besucht hat. Heute werde ich noch
mit allerley Angelegenheiten zubringen und Morgen

14*

bey Zeiten wegreiten wenn ich fertig werde, wonicht
so komme ich Sonntags.

Laß mich deine Liebe immer gleich finden, es will
mit vielem andern nicht recht mehr fort. Lebe wohl
grüße Fritzen und liebe mich wie ich dich herzlich liebe. 5
d. 5. May 86.   G.

2312.
An F. H. Jacobi.

Ilmenau d. 5. May 86.

Dein Büchlein habe ich mit Anteil gelesen, nicht
mit Freude. Es ist und bleibt eine Streitschrifft,
eine Philosophische und ich habe eine solche Abneigung 10
von allen litterarischen Händeln, daß Raphael mir
einen mahlen und Shäckespear ihn dramatisiren könnte
und ich würde mich kaum daran ergötzen, was alles
gesagt ist. Du musstest diese Bogen schreiben, das
seh ich und erwartete sie, nur hätte ich gewünscht 15
die Species sackti wäre simpler vorgetragen, alles
Leidenschafftliche dabey kann ich nicht billigen und
die vielen Um und Anhänge thun auch nicht gut
wenn man kämpft. Je knapper ie besser. Du wirst
sagen es ist meine Manier, ieder hat die seine! Gut 20
ich muß es geschehen lassen.

Dann lieber Bruder, daß ich aufrichtig sey, das
Strauseney will mir gar nicht gefallen. Als Wort
und Rede mögt es noch hingehn wenn es nur nicht
hinten noch als Siegel aufgedruckt wäre. Wenn die 25

Gegner nur halb klug sind; so machen sie auf den
langhälsigen Verfasser Jagd, der in unendlicher Selbst=
zufriedenheit aus den Büschen heraussieht und im
Schatten sich seiner Superiorität über Elstern und
5 Raben erfreut, und sie haben das ganze Publikum
auf ihrer Seite. Lieber Freund man hat Exempel
daß Adler Eyer im Schoose Jupiters für einem Pferde=
käfer nicht sicher waren.

Wenn Selbstgefühl sich in Verachtung andrer,
10 auch der geringsten ausläßt, muß es widrig auf=
fallen. Ein leichtsinniger Mensch darf andre zum
besten haben, erniedrigen, wegwerfen, weil er sich
selbst einmal Preis giebt. Wer auf sich etwas hält
scheint dem Rechte entsagt zu haben andre gering zu
15 schätzen. Und was sind wir denn alle daß wir uns
viel erheben dürfen.

Daß dir deine edlen Infusionen so gut gerathen
sind, und dir die Thiergen zu Freuden heraufwachsen,
gönn ich dir herzlich und ich würde dich beneiden,
20 wenn ich in meiner Seele einen Wunsch aufkommen
liese nach irgend einem Gut das mir das Schicksal
versagt oder geraubt hat.

An dir ist überhaupt vieles zu beneiden! Haus,
Hof und Pempelfort, Reichthum und Kinder, Schwe=
25 stern und Freunde und ein langes pppp. Dagegen
hat dich aber auch Gott mit der Metaphisick gestraft
und dir einen Pfal ins Fleisch gesezt, mich dagegen
mit der Phisick gesegnet, damit mir es im Anschauen

seiner Wercke wohl werde, deren er mir nur wenige
zu eigen hat geben wollen.

Übrigens bist du ein guter Mensch, daß man dein
Freund seyn kann ohne deiner Meynung zu seyn,
denn wie wir von einander abstehn hab ich erst recht
wieder aus dem Büchlein selbst gesehn. Ich halte
mich fest und fester an die Gottesverehrung des
Atheisten p. 77 und überlasse euch alles was ihr
Religion heisst und heissen müsst ibid. Wenn du
sagst man könne an Gott nur glauben p. 101. so
sage ich dir, ich halte viel aufs schauen, und wenn
Spinoza von der Scientia intuitiva spricht, und sagt
Hoc cognoscendi genus procedit ab adaequata idea
essentiae formalis quorundam Dei attributorum ad
adaequatam cognitionem essentiae rerum; so geben
mir diese wenigen Worte Muth, mein ganzes Leben
der Betrachtung der Dinge zu widmen die ich reichen
und von deren essentia formali ich mir eine adäquate
Idee zu bilden hoffen kann, ohne mich im mindsten
zu bekümmern, wie weit ich kommen werde und was
mir zugeschnitten ist.

Lebe wohl. Vergieb daß ich so hingeschrieben habe
wie mirs eben um's Herz war, ich bin hier so allein
und schriebe wohl noch viel mehr wenn ich mich nicht
scheute ein neu Blat zu nehmen. Leb wohl.

G.

2313.

An Kayſer.

Ich habe nun den ganzen vierten Ackt und wünſchte
ich könnte Ihnen alles gute ſagen was ich darüber
dencke. Auch bey dem Schluſſe hat Ihnen der gute
Geiſt beygeſtanden und ich muß mich in Geduld faſſen
5 daß ich ihn nicht ſobald mit allen Inſtrumenten
hören kann, es wird mir gewiß die gröſſte Freude
ſeyn wenn er einmal ganz vor meiner Seele erſcheinen
wird.

Ich ſehe ſchon wie bewegt mein Sommer ſeyn
10 wird. Der Gedancke den ich letzthin äuſſerte daß ich
Ihnen zu Ende Juni Partitur und Stimmen zurückſchicken wollte, trifft mit Ihrem Wunſche zuſammen.
Vom Juni an werd ich nicht zu Hauſe ſeyn und wir
können vor der Hand die Abſchrifft ſpaaren. Viel-
15 leicht verändern Sie eins und das andre und ich erhalte eine reine Abſchrifft oder mein korrigirt Exemplar
zurück. Nun aber was dieſe Veränderungen betrifft,
dieſe müſſen Ihre Sache bleiben. Sie verſtehen Ihr
Handwerck, was ſoll und kann man Ihnen einreden
20 und Sie meiſtern, wenn Sie fertig ſind, ſehen Sie
Ihre Arbeit noch einmal an und geben Sie Sich
auch noch Rechenſchafft vom Ganzen, dann ſehen Sie
wie ein groſes Publikum es aufnimmt.

Der Dichter eines muſikaliſchen Stückes, wie er
25 es dem Componiſten hingiebt, muß es anſehn wie

einen Sohn oder Zögling den er eines neuen Herren
Diensten wiedmet. Es fragt sich nicht mehr was Vater
oder Lehrer aus dem Knaben machen wollen sondern
wozu ihn sein Gebieter bilden will, glücklich wenn er
das Handwerck besser versteht als die ersten Erzieher.

Was ich übrigens an dieser unsrer ersten gemein=
samen Arbeit gelernt habe, wird das zweyte Stück
zeigen das ich ausarbeite und auch bey diesem wird
wieder zu lernen seyn und so immer weiter.

Was Sie von dem Gange der Oper sagen finde
ich sehr gut. Die Momente sollen nicht so rasch wie
im andern Schauspiele folgen, der Schritt muß schlei=
chender ia an vielen Orten zurückgehalten seyn. Die
Italiäner haben die größten Effeckte mit einzelnen
Situationen gemacht, die nur so zur Noth am all=
gemeinen Faden des Plans hängen. Man verlangt
nicht vom Flecke weil das Ganze nicht interessirt,
weil einem an iedem besondern Platze wohl wird.
Doch hat auch das seine Unbequemlichkeiten, unter
andern ist diese Manier an dem völligen Diskredit
des dritten Ackts schuld. Kluge Köpfe der neuern
Zeit haben dagegen gearbeitet wie der Verfasser der
Filosofi ignoranti und des Re Teodoro pp. Auch da=
von mag das nene Stück zengen, und mag uns Ge=
legenheit geben unsre Begriffe mehr zu entwickeln.

Die Arie: seht die Blässe, wird wohl eine
meiner Favoritten werden. Mit dem Duett bin ich
gar sehr zufrieden, das Rondeau ist allerliebst pp.

Gewiß ich bin Ihnen recht viel Danck schuldig,
an einem glücklichen Ende zweifle ich nicht und wünsche
nur eine glückliche Aufführung. Ihre Gedancken über
meine Vorschläge das Stück zu produciren erwarte ich
5 und habe noch so tausenderley zu sagen. Wenn nur
das Schreiben nicht so eine halbe Sache wäre. Acht
Tage Gegenwart würde ein schöner Genuß, ein schöner
Vortheil seyn. Hätt ich die Italiänische Sprache in
meiner Gewalt wie die unglückliche Teutsche, ich lüde
10 Sie gleich zu einer Reise ienseits der Alpen ein und
wir wollten gewiß Glück machen. Leben Sie wohl,
Sie einziger mir aus meiner Jugend überbliebner,
in unglaublicher Stille herangewachsner. Leben Sie
wohl. d. 5. May 86. Ilmenau.

15   G.

Warum habe ich von dem Terzett nichts gesagt?
Was hilst aber alles namentliche hererzählen, auch
hab ich es so gut wie gar nicht gehört.

2314.

An Christian Friedrich Schnauß.

So wenig mich der Innhalt Ew. Hochwohlgeb.
20 Billets ergötzt hat, so sehr erfreut und rührt mich,
das mir dariun bezeugte Vertrauen. Vielleicht habe
ich Gelegenheit über eins und das andre bald münd=
lich zu sprechen. Fahren Sie fort mir Ihre Freund=
schafft und Gewogenheit zu schencken und glauben daß

ich unveränderlich sey wie Sie mich schon Jahre her
kennen.

Mich mit der vollkommensten Hochachtung unter=
zeichnend

Ew. Hochwohlgeb.

Whß. d. 9. May   ganz gehorsamen
        1786.   treuen Freund und Diener
                                Goethe.

Das kommunizirte Votum sende sobald ich es ge=
lesen mit Danck zurück.   10

2315.

An Charlotte v. Stein.

Ich dancke dir meine Gute für das überschickte.
Es ist Wort für Wort was mir der gute Geist schon
lange sehen lassen und ich habe grose Lust mit Herrn
Vicq d'Azyr mich zu liiren.

Ich wollte nach Jena. Der Fürst von Dessau ist   15
da. Ich wollte noch zu Mittage mit dir essen, und
weis nicht wie es gehn wird ich sehe dich bald. Leb
wohl.

d. 12. May 86.   G.

2316.

An C. v. Knebel.

Schon war gepackt und gesattelt wie dir Sutor   20
sagen wird, als der Fürst von Dessau kam. Ich

bleibe alſo hier. Der Fürſt bezeigte ein Verlangen
dich zu ſehn und der Herzog ſagte mir ich ſollte dirs
zu vernehmen geben. Thu alſo wie du kannſt und
magſt. Gern hätt ich dieſe Paar Tage bey dir zu=
5 gebracht. Lebe wohl. Mündlich mehr. Der Fürſt
geht Montags weg.

Lebe wohl.

d. 12. May 86. G.

2317.

An Charlotte v. Stein.

[Jena, etwa 20. Mai.]

Der Tag war unendlich ſchön beſonders der Abend.
10 Wie ſehr wünſchte ich dich bey mir, du hätteſt rechte
Luſt empfunden zu zeichnen, denn einige neue Gegenden
habe ich geſehen die ſehr reizend ſind. Ich dencke an
dich und freue mich deiner Liebe. In Knebels Stüb=
gen iſt's gar angenehm, wüſſte ich dich nicht drüben
15 ich mögte wohl hier eine Weile bleiben. Adieu. Grüſe
Fritzen und die Schweſter.

G.

2318.

An Charlotte v. Stein.

Wie danck ich dir meine Liebe für das Briefgen,
ich bin hier ſtill und wohl. Ich habe einige Ge=
20 ſchäffte beſorgt und den Wiſſenſchafften obgelegen.
Algebra iſt angeſangen worden, ſie macht noch ein

grimmig Gesicht, doch dencke ich es soll mir auch ein
Geist aus diesen Chiffern sprechen, und wenn ich den
nur einmal vernehme; so wollen wir uns schon durch=
helfen. Einige botanische Kenntnisse sind auch zu=
gewachsen und so gehts dann immer weiter.

Behalte mich nur recht lieb. Über Ernsten bring
ich Starckens Meynung mit.

Die Engländer finden sich hier ganz wohl. Sie
haben ein schönes Quartier bey Griesbach bezogen und
scheinen eine gute Sorte Menschen.

Knebel grüßt und hofft auf eine Übung zur
Italiänischen Sprache. Ich habe eine Stunde bey
Valenti mit abgewartet er hat eine gute Methode.

Mein Mund ist besser, ich hoffe bald wieder
menschlich auszusehn.

An Wilhelm hab ich geschrieben und bey ieder
Seite hoffe ich auf die Freude sie dir vorzulesen.
Einige Sorge hab ich doch für dieses Buch.

Lebe wohl Liebe mich wie du mir im Herzen bist
und bleibst.

Grüße Fritzen und Stein und Ernsten und die
schwesterliche Liebe. Adieu.

Jena d. 21. May 86.   G.

2319.

An Charlotte v. Stein.

Ich muß noch einige Tage bleiben es ist mir so
ruhig und still hier und ich mögte doch die 4 Spezies

in der Algebra durchbringen. Es wird alles darauf
ankommen, daß ich mir selbst einen Weeg suche über
diese steile Mauren zu kommen. Vielleicht treff ich
irgendwo eine Lücke durch die ich mich einschleiche.
Übrigens hat Wiedeburg eine treffliche Methode.

Wir haben dich öffter zu uns gewünscht die Gegend
ist gar annehmlich leider das Wetter nicht zum besten.

Von Personen, Charackteren, Geschichten hab ich
dir allerley zu erzählen. Die Engländer bleiben hier
es sind gute Leute, doch werden sie nicht das Glück
machen wie iener Schweizer.

Ich habe an Wilhelm geschrieben und dencke nun
bald auch dieses Buch soll glücken, wenn es nur nicht
mit allen diesen Dingen so eine gar wunderliche Sache
wäre, es läßt sich daran nicht viel sinnen und dichten,
was freywillig kommt ist das beste.

Vielen Danck für dein Briefgen. Grüße auch
meinen italiänischen Freund. Knebeln verdriests daß
mehrere sind die auch nach diesem Lorbeer laufen.

Heute ist hier Jahrmarckt, leider gar schlecht
Wetter, sonst wäre es doch lustig.

Lebe wohl Donnerstag oder Freytag seh ich dich.
Behalte mich lieb grüße Ernsten, Steinen und die
Schwester.

Jena d. 23. May 86.   G.

2320.

An Charlotte v. Stein.

[Jena, 25. Mai.]

Da ich Gelegenheit finde meiner Guten ein paar
Worte zu schicken; so will ich ihr vermelden daß
ich morgen, wird sein Freytags frühe von hier ab=
gehe.

Wir haben die vier Species durch und wollen nun 5
sehen was geblieben ist; soviel mercke ich es wird
historische Kenntniß bleiben und ich werde es zu
meinem Wesen nicht brauchen können, da das Hand=
werck ganz aufser meiner Sphäre liegt. Doch ohne
Nutzen wird es nicht seyn. 10

Sonst sind allerley Scherze vorgefallen und Knebel
ist guter Lanne.

Übrigens haben wir die schönen Tage mehr ver=
lebt als daß wir viel gethan hätten, doch sind mir
einige Dinge geworden die Wilhelmen zieren sollen 15
wenn auch gleich nicht das nächste Buch.

Lebe wohl nun seh ich dich balde wieder. Grüße
die deinigen. Ich bin recht wohl nur meine Lippe
ist noch nicht in ihre Gränzen zurück. Adieu. Himmel=
fahrt 86. 20

G.

2321.
An den Herzog Carl August.

Unterthänigstes Promemoria.

Bey meinem Aufenthalte in Jena habe ich die wiederhohlten Klagen über das einreisende Landsmannschafftliche Wesen vernehmen müssen, und ich
5 binn auf das dringenste veranlasst worden, höchsten Orts deshalb Vorstellung zu thun.

Obgleich eine nur geringe Zahl der Studirenden als Urheber und eigentliche Triebfedern dieses Unwesens angesehen werden können; so ist doch bereits
10 der gröste Theil der Studirenden theils verführt, theils gezwungen worden sich in solche Verbindungen zu begeben, und die gegenwärtig noch freyen und wohl gesinnten, gehen täglich gut denckende Professoren an, mit der Bitte, daß Anstalten getroffen
15 werden mögten, sie für der Zudringlichkeit der übrigen zu schützen, damit sie nicht auch genötigt seyn mögten, dem Strome zu folgen.

Ein großer Theil der Studirenden ist ietzo in den Ferien abwesend, kommen diese zurück und die neuen
20 akademischen Bürger treten zugleich ein, eh eine Vorkehrung getroffen ist; so wird das Übel immer stärcker und unübersehlicher.

Der iezige Prorector Hennings ist ein guter aber schwacher Mann, das Concilium arctius besteht aus
25 den beyden Schmidt, Gruner und Wiedeburg und diese

zusammen werden wohl schwerlich eine Resolution
fassen, die dem Übel steuern könnte.

Man bittet daher um höchste Hülfe.

Man hält für den Moment für das Beste: wenn
nur Commissionsweise, ad hunc actum, noch einige
Glieder dem conc. arct. zugesellt würden, und wenn
sodann der Prorecktor angewiesen würde, mit diesem
verstärckten Concilio gegen die Landsmannschaften zu
würcken.

Man hält für nötig alle diejenigen, welche der
Landsmannschafftlichen Verbindungen verdächtig sind
und welche von den Pedellen gar sicher angegeben
werden können, vorkommen zu lassen, und solche ohne
Untersuchung und ohne weiteres abzulegendes Be-
känntniß dahin zu bedeuten, daß sie eidlich anzugeloben hätten, wenn sie sich in einer solchen Verbindung befänden, daß sie selbige sogleich verlassen, und
niemals wieder darein sich begeben wollten; befänden
sie sich nicht darinne, so hätten sie nur das Letzte
anzugeloben. Man könnte ihnen ankündigen, daß
man die Widerspänstigen und Übertreter mit Strafen
ernstlich anzusehen nicht länger säumen würde.

Ein thätiger Prorecktor würde dieses von selbst
thun ohne anzufragen, allein der gegenwärtige muß
in Bewegung gesetzt werden.

Man verspricht sich von einer solchen Operation
wenigstens für den Moment alles Gute, diejenigen
welche ungern in die Landsm. Verbindungen getreten,

werden frey), die ietzo noch übrigen Freyen beruhigt
und die neuen bleiben ohne Anfechtung, alles wenig=
stens für den Moment. Man würde sich freylich
sehr betrügen wenn man glauben wollte, daß eine
5 solche Operation nachhaltig seyn könne, allein für
den Augenblick hält man sie höchst nötig um Lufft
zu gewinnen und hofft, daß denen höchsten Herrn
Erhaltern gefällig seyn werde, eine Einrichtung zu
treffen, wodurch in der Folge durch anhaltende Auf=
10 merksamkeit die Rückkehr des Übels verhindert werde.

Was endesunterzeichneter, bey seinem letzten Auf=
enthalte in Jena, über die Landsm. Verbindungen
gehöret, kommt mit dem, was die Akademie berichtet,
vollkommen überein.

15 Man sieht die nunmehr geschehene Operation als
den Anfang einer Cur an, als eine Vorbereitung, die
nur durch das was darauf folgt heilsam werden kann.

Man wünscht vorerst ein geschärftes gnädigstes
Rescript gegen die L. Verbindungen, damit die Stu=
20 diosi sehen, es sey nicht allein der Betrieb der Aka=
mie, oder einiger Professoren, sondern Serenissimi und
der übrigen höchsten Erhalter Ernst.

Wenn Serenissimus noster nicht gegenwärtig, aus
landesherrlicher Gewalt und als Rector magnificentis=
25 simus, ein solches, durch die Akademie anzuschlagendes,
Rescript gedachten Innhalts ergehen zu lassen, sich ent=
schliesen wollten; so würde sich die eilige Communica=
tion mit den übrigen Höfen desto nothwendiger machen.

Diese Communication wäre nun auch, ohne Auf=
schub, wegen der Hauptsache anzutreten, ein Projeckt
in den allgemeinsten Terminis zu kommuniciren und
auf baldige Rescripte deshalb an die Akademie und
auf übereinstimmende Antworten dringend anzutragen. 5

Ist das verstärckte Conc. arctius einmal instituirt
so wird man bald die gedeihlichen Folgen davon spüren.

Inzwischen könnten Seren. noster durch ein gn.
Rescript der Commission, welche gegenwärtig geendigt
hat, und ohne neuen Auftrag nicht weiter beysammen 10
bleiben kann, unter Bezeugung Ihrer Zufriedenheit
über das bisher geführte Geschäfft befehlen, sich noch
ferner mit genauer Aufsicht auf das Landsmann=
schaffts Wesen zu beschäfftigen, überall Erkundigungen
einzuziehen und sich die schädlichen Glieder der 15
Akademie genau bekannt zu machen, damit in der
Folge desto sicherer gegen das Übel gewürckt werden
könne.

 d. 1. Juni 86.

J. W. Goethe. 20

2322.

An Charlotte v. Stein.

Nur wenige Worte. Ich freute mich der schönen
Zeit in der schönen Gegend noch mehr wenn du bey
mir wäreſt, wie vieles mögt ich dir zeigen, es ist
doch hier ein ganz ander Wesen der Natur. Das
Entgen hat trefflich geschmeckt. Knebel grüßt. Ich 5

bin heute früh schon weit umher geritten und schon
bey der Burgemeister gewesen.

Ich werde bey den Herrschafften um ein anſer=
ordentliches Geſchenck für die Enckel an Leinwand,
5 Cattun pp. bitten. Die Menſchen drucken ſich iämmer=
lich. Lebe wohl. Knebel treibt und will ſpazieren
gehn. Adieu Grüſe die deinigen. [Jena] d. 4. Juni 86.

G.

2323.
An Charlotte v. Stein.

Ich bin geſtern zu Hauſe geblieben, und werde
10 auch heute vor Abend nicht auskommen. Ich muß
ernſt machen ſonſt bleiben viele Sachen liegen, da ich
Sonntag oder Montag nach Ilmenau gehe. Bey
Imhofs ſeh ich dich und freue mich darauf. Liebe
mich! Am meiſten freu ich mich auf unſer Zuſammen=
15 ſehn im Carlsbade.

d. 8. Juni 86. G.

2324.
An v. Sömmerring.

Wohlgeborner
Hochgeehrteſter Herr,

Die mir anvertrauten Schädel, nebſt dem Körper
20 in Spiritus, kommen ſpät, aber mit deſto mehr Dank
zurück, ſie ſind mir ſehr nützlich zu verſchiedenen Be=
obachtungen geworden und haben meine Neigung zu

15*

dem schönen Studio nur vermehrt. Nach Ew. Wohlgeb.
hab' ich mich oft erkundigt, und mit Vergnügen ge=
hört, daß Sie sich wohl befinden. Ich bin eben im
Begriffe in's Carlsbad zu gehen und empfehle mich
auf's beste.   5

    Weimar   Ew. Wohlgeb.
den 8. Juni 1786.   ergebenster Diener
                     J. W. v. Goethe.

2325.
An Charlotte v. Stein.

Sage mir wie du geschlafen hast meine Liebe ich
hätte dich gestern gerne begleitet als du gingst. Hier 10
das Köpfgen. Schicke mir doch das kleine Portefeuille
das dir Fritz geschenckt hat, ich will probiren ob es
bequem ist zur Reise.   d. 9. Jun. 86.

                                   G.

Um zwölf Uhr will ich spazieren gehn vielleicht 15
gehst du mit.

2326.
An J. C. Kestner.

Euer Docktor Riedel hat mir sehr wohl gefallen,
und hat überhaupt hier Beyfall gefunden. Schreibt
mir doch etwas näheres über ihn, seine Familie, seinen 20
Charackter, seine Schicksaale und Aussichten, besonders
ein näheres von diesen letzten, vielleicht fände sich
etwas für ihn in unserer Gegend, sagt aber weder
ihm noch sonst jemand davon.

Ich wünſchte ſobald möglich darüber einige Nach=
richt, denn ich gehe mit Ende dieſes Monats in's
Carlsbad, ſchreibt aber nur auf alle Fälle hierher.
Ich bin wohl und liebe Euch. Wann werden wir
5 uns einmal wieder ſehn! Grüßt Lotten und die
Eurigen und behaltet mich lieb.

Weimar d. 14. Jun. 86. G.

2327.

An Charlotte v. Stein.

Durch den Cammerſekretair Güsfeld, der von hier
abgeht kann ich meiner Geliebten ein Wort zu bringen
10 und ihr ſagen daß ich recht wohl bin. Meine Sachen
gehn ſo fort und ich habe Heiterkeit genug ihnen
nachzugehen und nach zu helſen. Das ſchöne Wetter
hilft zu allem. Ich hab auch den Triumph der
Empfindſamkeit bearbeitet und friſch abſchreiben laſſen,
15 ich dencke er ſoll nun producibler geworden ſehn und
eh gewonnen als verlohren haben. Wie lesbar mir
das Buch der Natur wird kann ich dir nicht aus=
drücken, mein langes Buchſtabiren hat mir geholfen,
ietzt ruckts auf einmal, und meine ſtille Freude iſt
20 unausſprechlich. So viel neues ich finde, find ich doch
nichts unerwartetes es paſſt alles und ſchließt ſich an,
weil ich kein Syſtem habe und nichts will als die
Wahrheit um ihrer ſelbſt willen.

Wie ſich das nun vermehren wird daran denck ich

mit Freuden. Behalte mich nur recht lieb damit
ich von dieser Seite des gewohnten Glücks nicht ent=
behre.

Ernst liegt mir am Herzen, besonders wenn ich
dencke was ich den Sommer mit ihm vorhatte. Grüße 5
ihn. Auch Fritzen und Stein und die Schwester.

Lebe wohl. Wenn das Wetter schön bleibt geh
ich wohl über Gotha nach Hause und komme Dienstags
an. Dann wollen wir uns zur Reise bereiten. Adieu
Geliebte. Wenn du doch Wielanden dein Exemplar 10
der Jphigenia zum Durchgehen schicktest, er weis schon
was er damit soll. Die kleinen Gedichte hab ich
unter allgemeine Rubricken gebracht. Lebe wohl und
liebe.

[Jlmenau] d. 15. Jun. 86.   G.   15

Empfiel mich dem Herzog und melde daß ich über
Gotha zurückgehe.

2328.
An Charlotte v. Stein.

Voigt geht zurück und ich grüße dich durch ihn.
Das Wetter läßt sich schön an, ich will morgen auf
Gotha. Hier ist so weit alles in Richtigkeit daß wir 20
reisen können ob ich gleich um der Sachen willen
gern viel länger bliebe. Der Triumph der Empfind=
samkeit ist bis auf den ersten Ackt fertig, den ich zu=
lezt gelassen habe, ich wünsche mir soviel Laune zu
Durcharbeitung der übrigen. Das Stück hat eine 25

Geſtalt, und ich hoffe es ſoll einen beſondern
Effeckt thun.

Nun denck ich an Stella und will nicht ruhen
biß auch die nach meinem Sinne iſt. Du ſollſt alles
5 ſehn und urtheilen. Dieſe Dinge durchzugehn und
wieder in mir zu erneuen macht mich halb fröhlig
halb traurig. Wenn ich es nicht müſſte ich thät es
nicht. Liebe mich! Leb wohl.

Ilmenau d. 16. Jun. 86. G.

2329.

An Charlotte v. Stein.

10 Thue meine Liebe was und wie dir's recht iſt und
es ſoll mir auch ſo ſehn. Behalte mich nur lieb und
laſſ uns ein Gut, das wir nie wiederfinden werden,
wenigſtens bewahren, wenn auch Augenblicke ſind wo
wir deſſen nicht genieſſen können.

15 Ich korrigire am Werther und finde immer daß
der Verfaſſer übel gethan hat ſich nicht nach geendigter
Schrifft zu erſchieſen.

Heute Mittag ißt Wieland mit mir, es wird
über Iphigenien Gericht gehalten u. ſ. w. Lebe wohl
20 und liebe

d. 25. Jun. 86. G.

2330.

An Charlotte v. Stein.

[etwa 26. Juni.]

Ich bin wohl und fleißig und liebe dich durch alles durch. Um 11 Uhr kommt Wieland meine Orest Maske liegt schon da und wird der Alceste aufgeopfert werden. Ich sehe dich heute Abend.

G.

2331.

An Charlotte v. Stein.

[28. Juni.]

Ich vermuthe daß du von mir noch einen guten Abend vermuthest, und es ist mir als wenn unsre Geister sich auf halbem Weeg begegneten. Christian Rosenkreuz Hochzeit habe ich hinaus gelesen, es giebt ein schön Mährgen zur guten Stunde zu erzählen, wenn es wiedergebohren wird, in seiner alten Haut ists nicht zu geniesen.

Adieu Liebste, gieb mir doch die Sammlung meiner Kleinigkeiten heraus, heute Abend hätte ich gern etwas eingeschrieben. Liebe mich denn es steht geschrieben

Woher sind wir gebohren
Aus Lieb.
Wie wären wir verlohren
Ohn Lieb.

Was hilft uns überwinden?
  Die Lieb.
Kann man auch Liebe finden?
  Durch Lieb.
Was läßt nicht lange weinen?
  Die Lieb.
Was soll uns steets vereinen
  Die Lieb.

2332.

An Charlotte v. Stein.

Ich dancke mein bestes Herz! Die Nacht war schön
10 der Morgen auch. Ich freue mich daß du noch einige
Tage bleibst. Ich sehe dich balde.
  d. 28. Jun.   G.

2333.

An F. J. Bertuch.

[Ende Juni.]

Hier sende ich den noch sehr unzusammenhängenden
Versuch der Nachricht damit er mir durch Ihre gütige
15 Theilnehmung lebendiger und ganzer werde. Haben
Sie die Güte quoad materiam et formam was Ihnen
beygeht ad marginem zu notiren. Vielleicht kommen
Sie Morgen Abend etwas früher daß wir das Opus
und einige andre Dinge bereden können.
20   G.

2334.

An F. J. Bertuch.

[Ende Juni.]

Hier ein Entwurf zu meiner Erklärung! Sie
werden die Güte haben ihn in die Nachricht einzu=
schalten. Wenn alles von Leipzig zurückkommt, seh
ich es ohnedies noch einmal durch und kann noch
einige Kleinigkeiten ändern. Könnten Sie mir Ihren 5
Entwurf zur Nachricht eh er nach Leipzig geht zu=
schicken; so würde mir es angenehm seyn, und ich
würde ihn balde zurücksenden.

G.

2335.

An F. J. Bertuch und Georg Joachim Göschen.

[Ende Juni.]

..... Ihnen sind die Ursachen bekannt, welche 10
mich endlich nöthigen eine Sammlung meiner sämmt=
lichen Schriften, sowohl der schon gedruckten, als auch
der noch ungedruckten, herauszugeben.

Von der einen Seite droht wieder eine neue Auf=
lage, welche, wie die vorigen, ohne mein Wissen und 15
Willen veranstaltet zu werden scheint, und jenen wohl
an Druckfehlern, und andern Mängeln und Unschick=
lichkeiten ähnlich werden möchte; von der andern Seite
fängt man an meine ungedruckten Schriften, wovon
ich Freunden manchmal eine Copie mittheilte, stück= 20
weise ins Publikum zu bringen.

Da ich nicht viel geben kann, habe ich immer ge=
wünscht das Wenige gut zu geben, meine schon be=
kannten Werke des Beyfalls, den sie erhalten, würdiger
zu machen, an diejenigen, welche geendigt im Manu=
scripte daliegen, bey mehrerer Freyheit und Muse den
letzten Fleiß zu wenden, und in glücklicher Stimmung
die unvollendeten zu vollenden. Allein dieß scheinen
in meiner Lage fromme Wünsche zu bleiben; ein
Jahr nach dem andern ist hingegangen, und selbst
jetzt hat mich nur eine unangenehme Nothwendigkeit
zu dem Entschluß bestimmen können, den ich dem
Publiko bekannt gemacht wünschte.

Sie erhalten in dieser Absicht eine Vertheilung
meiner sämmtlichen Arbeiten in acht Bänden.

Erster Band.

Zueignung an das deutsche Publikum.
Die Leiden des jungen Werthers.

Zweyter Band.

Götz von Berlichingen.   Die Mitschuldigen.

Dritter Band.

Iphigenie. Clavigo. Die Geschwister.

Vierter Band.

Stella. Der Triumph der Empfindsamkeit. Die
Vögel.

Fünfter Band.

Claudine. Erwin und Elmire. Lila. Jeri und
Bätely. Die Fischerin.

Sechster Band.

Egmont, unvollendet. Elpenor, zwey Akte.

Siebenter Band.

Tasso, zwey Akte. Fauſt, ein Fragment. Mora=
liſch politiſches Puppenſpiel.

Achter Band.

Vermiſchte Schriften und Gedichte.

Von den vier erſten Bänden kann ich mit Gewiß=
heit ſagen, daß ſie die angezeigten Stücke enthalten
werden; wie ſehr wünſche ich mir aber noch ſo viel
Raum und Ruhe um die angefangnen Arbeiten, die
dem ſechſten und ſiebenten Bande zugetheilt ſind, wo
nicht ſämmtlich doch zum Theil vollendet zu liefern;
in welchem Falle die vier letzten Bände eine andere
Geſtalt gewinnen würden. Das übrige werden Sie
nach Ihrer gefälligen Zuſage gütig beſorgen.....

2336.

An Charlotte v. Stein.

Ich wünſchte du könnteſt ſehen wie du mir überall
fehlſt. Wem ſoll ich ſagen was ich dencke? Wem
ſoll ich meine Bemerckungen vertrauen. Der Erb=
prinz von Braunſchweig iſt nun hier, gleicht ſehr
ſeiner Mutter und iſt ein offnes, fröhliches, redliches
Weſen. Der alte Herzog Ludwig iſt auch ange=
kommen, von dem mündlich. Noch läſſt die regierende

Herzoginn uns harren, übrigens ist alles munter.
Der Herzog macht Plane mit seiner Gemahlinn nach
den Wochen nach Eisenach zu gehen u. s. w.

Und ich habe nun den nächsten Plan dich wieder
5 zu sehen.

Mit Göschen bin ich wegen meiner Schrifften
einig, in Einem Punckte hab ich nachgegeben, übri=
gens hat er zu allem ja gesagt, er wird auf einer
Reise nach Wien durch Karlsbald kommen.

10 So mag denn das auch gehn. Herder hat den
Werther recht sentirt und genau herausgefunden wo
es mit der Composition nicht just ist. Wir hatten
eine gute Scene, seine Frau wollte nichts auf das
Buch kommen lassen und vertheidigte es aufs beste.

15 Wieland geht die Sachen auch fleisig durch und
so wird es mir sehr leicht, wenigstens die vier ersten
Bände in Ordnung zu bringen, die vier letzten werden
mehr Mühe machen.

Du hast mir die Epigramme nicht abgeschrieben
20 noch den Brief, vielleicht hast du sie mitgenommen.

Tina wird nicht liebenswürdiger, sie fängt an
sich gehn zu lassen, und das will sie gar nicht kleiden,
sie kennt weder Maas noch Ziel und wird gelegent=
lich höchst gemein und abgeschmackt. Mit Ernsten
25 geht es nicht besser, Fritz dagegen ist lustig und wohl,
hier ein Brief von ihm, er hat sich schon in meine
Stube einquartirt.

Ich selbst bin schon nicht mehr hier, ich mag fast

nichts mehr thuu, ob ich gleich noch zu thun habe
und sehne mich fort. Der Herzog ist noch unruhiger,
und wenn die Fremden nicht wären, er verginge daß
er so lang anshalten muß.

Lebe wohl, liebe mich! Ich komme bald.

Weimar d. 6. Jul. 86.   G.

Da Fritz den Brief wieder aufgebrochen hat, kann
ich dir auch noch ein Wort sagen. Wegen Carlen
freut es mich sehr, er kommt dadurch in den Gang
des Lebens und da er leicht ist wird er auch leicht
durchkommen.

Ich habe mit Schwester und Schwägerinn zu Nacht
gegessen, wir waren ganz allein' und sie sehr freundlich und gut. Knebel mit den Engländern ist hier,
sie thun ihm wohl.

Die Blumen haben mir wieder gar schöne Eigen-
schafften zu bemercken gegeben, bald wird es mir gar
hell und licht über alles Lebendige. Ich habe Herdern
neulich mit der Pflanze, deren Blume zuletzt fort-
fliegt, bey Tafel regalirt, und sie hat ihm viel Vergnügen gemacht.

Lebe nun wohl meine Geliebteste. Da dieser Brief
langsam geht, komm ich ihm wohl balde nach, ich
freue mich herzlich dich wieder zu sehen.

Leider werdet ihr übel Wetter haben, bey uns
regnets täglich.

Grüße Franckenbergs und Ziegesarn aufs beste.

2337.

An Charlotte v. Stein.

Sonntag d. 9. Jul. 86.

Ich bin nun fast so überreif wie die fürstliche
Frucht, und harre eben so meiner Erlösung; meine
Geschäffte sind geschlossen und wenn ich nicht wieder
5 von vorne anfangen will muß ich gehen; nun kommt
dein Brief und vermehrt die Sehnsucht dich wieder=
zusehen. Heute hab ich Götz v. Berlichingen durch=
gegangen, und Wielands und Herders Bemerckungen
verglichen und mich über verschiedne Korreckturen
10 decidirt. Hierbey liegt Herders Zettelgen womit er
mir das Stück zurücksandte; ich fahre nun fort; was
ich hier thue hab ich im Carlsbad zu gut und kann
dort meine Gedancken zur Iphigenie wenden.

Die Schwester und Schwägerinn sind sehr artig,
15 sie haben bey mir gegessen, ich habe ihnen gelesen
und deine Gesundheit ist getruncken worden.

Wielands Frau hat eine Tochter gebohren, er hat
die schöne Gräfinn nicht zu Gevatter gebeten.

Der Herzog Ludwig bleibt biß zur Taufe die wir
20 alle erwarten.

Nun ein Wort von des Afrikaner Einsiedels Nego=
tiation! Er war bey der Werthern Bruder und hat
freundschafftlich mit ihm getruncken. Dieser edle
Bruder ist des Morgens düster, nachmittage be=

truncken und das Resultat der Unterhandlungen ist
sehr natürlich und sehr sonderbar ansgefallen. Münch=
hausen erklärt: daß wenn seine Schwester von ihrem
Manne ordentlich geschieden, mit ihrem Liebhaber or=
dentlich getraut seyn werde, er sie für seine Schwester 5
erkennen und bey der Mutter auswürcken wolle daß
sie auch als Tochter anerkannt und ihr das Erbtheil
nicht entwendet werde. Für einen Trucknen ein sehr
nüchterner Vorschlag. Nun aber unsre Flüchtlinge!
Wie abscheulich! — Zu sterben! nach Afrika zu gehen, 10
den sonderbarsten Roman zu beginnen, um sich am
Ende auf die gemeinste Weise scheiden und kopuliren
zu lassen. Ich hab es höchst lustig gefunden. Es
läßt sich in dieser Werckeltags Welt nichts auserordent=
liches zu Staude bringen. 15

Diese und andre Geschichten verlangt mich sehr
dir zu erzählen, da ich nie recht schreibseelig bin.
Diesmal sitz ich am Kamine und troße der Kälte
und Nässe. Ich bin von tausend Vorstellungen ge=
trieben, beglückt und gepeinigt. Das Pflanzenreich 20
raßt einmal wieder in meinem Gemüthe, ich kann es
nicht einen Augenblick loswerden, mache aber auch
schöne Fortschritte. Da ich meine alte Schrifften
durchgehe, werden auch viel alte Übel rege. Es ist
eine wunderbare Epoche für mich, in der du mir eben 25
fehlst. Heut über acht Tage hoff ich nicht weit von
dir zu seyn. Das schlimmste ist, ich habe in Jena
noch drey Tage zu thun. Hätt ich die Verspätung

unserer Hoffnungen ahnden können; so wäre ich in=
deſſen hinüber gegangen und hätte meine Sachen
vollendet, und wäre von hier gerade auf Carlsbad
abgereiſt.

5 Auf alle Fälle kann's nicht länger als dieſe Woche
dauern und ich bitte dich, mir wenn du dieſen Brief
erhälſt ein Quartier in deinem Hauſe etwa vom 16ten
an zu akkordiren, ich bringe Vogeln mit und brauche
zwey Betten. Wenn ich in deiner Nähe bin iſt mir's
10 wohl. Wäre es in deinem Hauſe nicht; ſo ſieh dich
ſonſt um, du brauchſt aber alsdenn nicht abzuſchließen.

Fritz iſt ſehr luſtig, Ernſt geduldig, mit ſeinem
andern Fuße iſts zweifelhafft, die Chirurgi behaupten
es ſey auch gut ihn aufzumachen, nur getrauten ſie
15 ſich es nicht um der Vorwürfe willen. Ich verſtehe
nichts davon, und da mein Wunſch ihn im Carlsbad
zu wiſſen nicht erfüllt worden; ſo habe ich für den
armen Jungen keinen mehr zu thun. Seine Leidens=
krafft geht über alle Begriffe. Voigt beſucht ihn und
20 ſchafft ihm Bücher, und wie er nur keine Schmerzen
hat iſt er luſtig.

Der alte Herzog — daß ich doch ein Wort von
ihm ſage — iſt eben von den Kindern dieſer Welt,
denen ich ihr Weſen gerne gönnen mag, ich will dir
25 ihn recht mahlen wenn ich komme; Schade daß er
nicht regierender Herr war. Denn ich ſage immer
wer ſich mit der Adminiſtration abgiebt, ohne regie=
render Herr zu ſeyn, der muß entweder ein Philiſter

oder ein Schelm oder ein Narr seyn. Diesen, wäre
er Prinz von Oranien gewesen; hätten sie vergöttert;
so war er des Prinzen v. Or. Verstand, nun haben
sie ihn zum Teufel geschickt. Über diese Materie mach
mich reden wenn ich zu dir komme; Zu schreiben ist's   5
nicht, man sagt zu viel oder zu wenig. Und ich
mögte dir doch gerne mancherley sagen und das be=
stimmteste.

Am meisten freut mich ietzo das Pflanzenwesen,
das mich verfolgt; und das ist's recht wie einem eine 10
Sache zu eigen wird. Es zwingt sich mir alles auf,
ich sinne nicht mehr drüber, es kommt mir alles ent=
gegen und das ungeheure Reich simplificirt sich mir
in der Seele, daß ich bald die schwerste Aufgabe gleich
weglesen kann.   15

Wenn ich nur jemanden den Blick und die Freude
mittheilen könnte, es ist aber nicht möglich. Und es
ist kein Traum keine Phantasie; es ist ein Gewahr=
werden der wesentlichen Form, mit der die Natur
gleichsam nur immer spielt und spielend das manig= 20
faltige Leben hervorbringt. Hätt ich Zeit in dem
kurzem Lebensraum; so getraut ich mich es auf alle
Reiche der Natur — auf ihr ganzes Reich — aus=
zudehnen.

Nnn lebe wohl du Geliebteste einzige, der sich 25
meine ganze Seele enthüllen und hingeben mag; ich
freue mich deiner Liebe und rechne darauf, für alle
künftige Zeiten. Ich bringe dir ein Geschenk in's

Carlsbad mit das dich freuen wird, ich war recht
glücklich es zu finden. Lebe wohl. Ich laſſe den
Brief noch auf weil ich vor Abgang der Poſt noch
auf einen fürſtlichen Erben hoffe. Leb wohl.

5 d. 10. Jul. 86. G.

Es iſt zehn Uhr und noch alles wie es war.

Die Imhof giebt mir ihren Brief mit der Bedingung
daß ich ihn nicht leſe.

2338.
An F. H. Jacobi.

Du biſt in England und wirſt des Guten viel
10 genieſen; wenn du wiederkommſt werde ich nach einer
andern Weltſeite gerückt ſeyn, ſchreibe mir nicht eher
bis du wieder einen Brief von mir haſt der dir den
Ort meines Aufenthaltes anzeigt.

Ich bin indeß ſtille und fleißig. Im Pflanzen=
15 reiche werd ich nach und nach recht einheimiſch; und
da ich, ſo zu ſagen, über die Maner geſtiegen bin;
ſo komme ich von neuen Seiten und auf ſonderbaren
Wegen zur Erkänntniß.

Jetzt plagt michs ein wenig daß ich meine Schrifften
20 herausgeben muß. Es iſt mir von jeher eine unan=
genehme Empfindung geweſen, wenn Dinge, die ein
einzelnes Gemüth, unter beſondern Umſtänden beſchäff=
tigten, dem Publiko hingegeben werden ſollen. Es
ſey denn! da ich's nicht ändern kann. Die herum=
25 fliegenden Nachrichten werden dir das weitere ſagen.

16*

Die Wildenberger Mineralien sind angekommen,
ich dancke dafür; es war nichts ausserordentliches, aber
schöne wohl erhaltne Stücke. Vielleicht bist du so
artig mir aus England etwas mitzubringen.

Noch lieg ich immer hier und warte auf der
Herzoginn Niederkunft.

Lebe wohl. Liebe mich. Weimar d. 12. Jul. 1786.

G.

2339.
An Karl August v. Hardenberg.

Euer Excellenz

haben mir durch Ihren gefälligen Brief einen
neuen und höchst schätzbaren Beweis Ihrer Freund=
schaft gegeben, ich wünschte nur, daß ich dem Herrn
Bruder mehr als geschehen zu seinen Absichten hätte
förderlich seyn können.

Den Anfang unserer Bergbaues hatte er schon
gesehen und sein hiesiger Aufenthalt war kurz bey
übler Witterung.

Indessen habe ich einige angenehme Stunden mit
ihm zugebracht und wünsche, daß sie ihm nicht ganz
ohne Nutzen mögen gewesen seyn.

Unsere liebe regierende Herzogin läßt uns noch
immer auf ihre Entbindung warten und diese Hoff=
nung, die sich immer zeigt und entfernt, läßt bey uns
jetzt fast keinen andern Gedancken Raum. Ich empfehle

mich Euer Excellenz auf das angelegentlichste und bitte freundschaftliche Gesinnungen zu erhalten.

Weimar
d. 12. Jul. 86.

Euer Excellenz
ganz gehorsamster Diener
Goethe.

2340.

An v. Sömmerring.

Nur mit wenig Worten kann ich Ew. Wohlgeb. für die überschickte Disputation danken, die mir sehr lehrreich und angenehm gewesen ist. Desto unan= genehmer war mir die Nachricht, daß die Knochen nicht ganz wohlbehalten angelangt und daß eine falsche Unterkinnlade dem Kameelschädel beigelegt wor= den. Ich kann nicht begreifen wie es zugegangen. Denn ob ich ihn gleich nicht selbst eingepackt, so ist doch nichts ähnliches unter meiner kleinen Knochen= sammlung, auch hab' ich bei allem Nachsuchen und Nachsinnen noch nicht so glücklich sein können den ächten Kiefer zu entdecken. Ich werde aber alle Sorg= falt anwenden um es möglich zu machen.

Fahren Ew. Wohlgeb. ja fort uns von Zeit zu Zeit mit Ihren Beobachtungen und Entdeckungen be= kannt zu machen. Von Herrn Prof. Camper habe ich einen sehr interessanten Brief erhalten.

Geh. Rath Jakobi ist, wie Sie wissen, in Eng= land, was wird er uns mitbringen? Ich bin eben im Begriff in's Carlsbad zu reisen und wünsche von Herzen wohl zu leben.

Weimar			Ew. Wohlgeb.
den 12. Juli 1786.			ergebenster Diener
			Goethe.

2341.

An Charlotte v. Stein.

Mittwoch d. 12ten Jul. So weit sind wir und noch alles stille; es ist eine gute Geduldsprobe für uns alle. Stein hat die besten Hoffnungen und für Mutter und Kind sind wir ruhig. Sehr sonderbar ists mir daß ich durch diese Verzögerung gebunden werde, da ich aber einmal auf diese Entbindung wie auf einen Orackelspruch compromittirt habe; so soll mich nichts zur Unruhe, nichts ausser Fassung bringen. Es scheint ich werde gezwungen Lavatern zu erwarten, es kommen Briefe an ihn schon bey uns an. Wie gerne wär ich ihm auf seinem apostolischen Zug aus dem Wege gegangen, denn aus Verbindungen, die nicht bis in's innerste der Existenz gehn, kann nichts kluges werden. So wie ich dein bin, ists die alleinige Freude iemanden anzugehören; wenn ein Verhältniß nicht aufgehoben werden kann.

Was hab ich mit dem Verfasser des Pontius Pilatus zu thuu, seiner übrigen Qualitäten unbe= schadet. Wir wollens abwarten und unser Auge Licht sehn lassen.

Fritz setzt sich eben zu mir und läßt sich gekochte
Kirschen mit einer recht süßen Sauce herrlich schmecken;
er grüßt dich da er hört daß ich an dich schreibe und
will auch ein Blatt beylegen. Es sind auch schöne
5 Kirschen und Melonen angekommen, wie sehr wünscht
ich sie dir. Ich will sie der Schwester schicken damit
die sich erfreue die deine Abwesenheit so sehr fühlt.

Fritz freut sich sehr daß ich ihn an's Camin zu
mir sitzen lasse, das nicht immer gestattet wird weil
10 er unruhig ist und Unfug macht. So sitzen wir zu=
sammen, die deinigen.

Freytag d. 14ten.

So geht ein Tag nach dem andern hin und Geburt
stockt mit der Wiedergeburt. Diese Tage sind noch
15 an Begebenheiten schwanger, der Himmel weis ob es
gute Hoffnungen sind.

Im Vertrauen! — Herder ist sondirt worden ob
er einen Ruf nach Hamburg an die Ober=Pfarrerstelle
annähme. Er will es nicht ablehnen, und ich kann
20 nichts dagegen sagen. Er verbessert sich nicht, aber
er verändert sich doch, und seines Bleibens ist hier
nicht. Laß niemanden nichts mercken, es ist auch
noch entfernter Antrag. Ich verliere viel wenn er
geht, denn ausser dir und ihm wäre ich hier allein.

25 Ich habe viele, viele Gedancken und bin ein wenig
dunckel drum wirst du heute nicht mehr von mir
hören.

Lebe wohl. Grüße die zu grüßenden. Ich mag

gar nicht dran dencken wie viel Zeit von deiner Cur=
zeit verstreicht. Richte dich ia ein, daß du mit mir
noch bleiben kannst.

Ich höre ungerne auf, muß aber doch enden denn
es wird späte. Leb wohl und liebe.

G.

2342.

An den Herzog Carl August.

[Mitte Juli.]

Hier schicke ich den verlangten Auszug was von
Baumaterialien zu Ihren Anlagen abgegeben worden,
mit der Bemerckung: daß man wünscht Sie möchten
den Betrag davon nicht gleich sondern am Ende des
Jahres im Ganzen der Baukasse restituiren. Die
Ursache davon ist diese: weil alsdann erst der Bau=
schreiber das davon erlangte Geld der Hauptkammer=
kasse abliefern kann, er müßte es also diese Zeit über
bey sich liegen lassen und würde auf diese Weise eine
Art von Kasse kriegen welches nicht gut ist. Er kann
aber wöchentlich Ihnen einen Auszug liefern was an
Jentschen abgegeben worden und kann von Zeit zu Zeit
zusammentragen was zu iedem Bau erforderlich ge=
wesen; so wissen Sie iederzeit wieviel Sie an Mate=
rialien schuldig sind und sehen was am Ende des
Jahrs zu restituiren seyn wird.

Auch liegt ein Brief an Dr. Riedel bey den ich

abſchicken will, wenn Sie und Ihre Frau Gemahlinn
noch des Sinnes ſind.

Zugleich bitte ich den Brief an Miſſ Gore ge=
legentlich einzuſchlieſen.

5   G.

2343.
An Charlotte v. Stein.

Montag d. 17. Jul. Nun weis bald kein Menſch
mehr woran er iſt und es bleibt uns nichts mehr übrig
als die Vernunft gefangen zu nehmen. Deine Cur=
zeit geht vorüber und ich muß auf eine ſchmälige
10 Weiſe dieſe Tage hier verpaſſen. Ich habe auch faſt
nichts mehr zu ſagen, den ich dencke und thue kaum
etwas und alle Empfindungen löſen ſich in's all=
gemeine Warten auf. Ich will heute nach Jena gehn
einige Sachen bey Seite zu ſchaffen. Knebel iſt
15 nicht recht wohl, ich habe lang nichts von ihm
gehört.

Geſtern erhielt ich deinen lieben Brief vom ..
du wirſt nun auch die meinigen haben, einen vom
6ten und einen vom 14ten.

20 Grüſe Dr. Scherer recht vielmals und ſage ihm
es thue mir herzlich leid ihn wahrſcheinlich nicht mehr
zu finden. Grüſe Franckenbergs und Zigeſar. Wegen
des üblen Wetters hab ich dich ſehr bedauert, wir
konnten es ſchlieſen denn es war hier eben ſo. Lebe
25 wohl. Liebe mich du beſte! Wie viel hab ich dir
nicht zu ſagen und zu erzählen. Leb wohl.

                                               G.

2344.

An Charlotte v. Stein.

Endlich meine liebe ist das Kindlein angekommen,
ein Mägdlein und der Prophet gleich hinter drein.
Die Götter wissen besser was uns gut ist, als wir
es wissen, drum haben sie mich gezwungen ihn zu
sehen. Davon sollst du viel hören. Er hat bey mir 5
gewohnt. Kein herzlich, vertraulich Wort ist unter
uns gewechselt worden und ich bin Haß und Liebe
auf ewig los. Er hat sich in den wenigen Stunden
mit seinen Vollkommenheiten und Eigenheiten so vor
mir gezeigt, und meine Seele war wie ein Glas rein 10
Wasser. Ich habe auch unter seine Existenz einen
grosen Strich gemacht und weis nun was mir per
Saldo von ihm übrig bleibt.

Montag denck ich von hier, Dienstag von Jena zu
gehn; wenn es der Wille der Himmlischen ist, die 15
seit einiger Zeit gewaltsam liebreich über mich gebieten,
und so wäre ich Donnerstag Abends bey dir. Wie
lang wirst du mir bleiben?

Stein wird Morgen erwartet. Die Herzoginn ist
wohl. Adieu meine beste. Grüse deinen Bruder danck 20
ihm für seine Sorgfalt für mich. Ich habe seiner
Frau gerathen ihm gerade zu die Confidenz von einer
Thorheit zu machen die sie begangen hat, er soll es
artig aufnehmen sag ihm. NB. Der Prophet hatte
sehr auf dich gerechnet es hat ihn geschmerzt daß du 25

feinen Netzen entgangen bist, es ist mir lieb und leid
daß du ihn nicht gesehen hast. Liebe mich! mein
Herz ist dein!

d. 21. Jul. 86.   G.

Ich mache den Brief wieder auf da ich deine lieben
Zeilen vom 16ten erhalte. Wir erwarten Steinen
in einigen Tagen und könnte wohl wegen Ernstens
Transportirung Resolution gefaßt werden. Nur
stimmt leider Starcke selbst ietzt nicht mit ein, oder
wenigstens verspricht er nicht viel davon. Der andre
Fus ist nicht aufgemacht worden, aber es ist und
bleibt ein trauriger Zustand. Wenn Stein kommt
wird sich's zeigen, ich bin nun selbst irre und unent=
schlossen, so sehr ich vor sechs Wochen entschlossen und
gewiß war.

Lebe wohl. Heute ist das Kind getauft worden.
Herder hat schön gesprochen. Die Herzoginn ist wohl.
Grüße Franckenbergs und Zigesar.

2345.

An J. C. Kestner.

Mit der heutigen Post geht ein Antrag an Dr.
Riedel ob er sich unserm Erbprinzen wiedmen will,
nur im allgemeinen, indeß wird sich nach seiner Ant=
wort das Nähere geben. Sagt noch niemand nichts
davon. Unsre Herzoginn ist glücklich von einer Prinzeß

entbunden, die heute getauft wird. Lavater war hier,
es freut mich daß er überall guten Eindruck gemacht
hat.

d. 24ten werde ich endlich in's Carlsbad abreisen
wenn nicht neue Hindernisse sich in den Weeg legen. 5
Lebet wohl grüßet Lotten und die Eurigen und behaltet mich lieb.

Weimar d. 21. Jul. 86.   G.

Dies in Antwort Eures Schreibens vom 16. Jul.
das ich heute erhalte.   10

2346.
An Seidel.

Aufträge an Seideln.

Er erbricht in meiner Abwesenheit alle unter
meiner Adresse ankommende Briefe.

Wenn darinne etwas vorkommt was die Kriegs-
kommission angeht und eine baldige Expedition er- 15
fordert hat er es an des Herrn Geheimen Assistenz-
rath Schmidt Hochwohlg. zu melden.

Ingleichen in Sachen den Weegebau betreffend an
des Herrn Kammerherrn v. Hendrich Hochwohlg.,

und in Sachen das Bergwerk oder H. Steuerwesen 20
an des Herrn Hofrath Voigts Wohlg.,

in besondern Fällen an Frau Oberstallmeister
von Stein.

Die Gelder, welche von dem Buchhändler Göschen

an mich kommen soll er an den Herrn Kommerzien=
rath Pankſen auf Rechnung übermachen.

Wenn er ſelbſt Geld braucht, hat er ſich an den
Kammermeiſter Löſchner zu wenden.

5   An Herrn Commerzienrath Pankſen ſind für
Rechnung Herrn Joh. Philipp Möller 200 rh. zu
bezahlen.

2 Kaſten und 1 Packet gegen Schein auf das
Archiv.

10   Bücher nach beyliegendem Verzeichniß nach Göt=
tingen.

NB eins hat Waiz.

Weimar den 23. Jul. 1786.

J. W. v. Goethe.

2347.

An den Herzog Carl Auguſt.

15   Die Hoffnung den heutigen Tag noch mit Ihnen
zuzubringen hat mich nicht allein getäuſcht, ſondern
auch um ein Lebe wohl gebracht. Eben war ich im
Begriff Ihnen zu ſchreiben als der Huſar ankam.
Ich dancke Ihnen daß Sie mich noch mit einem freund=
20 lichen Worte beurlauben wollen.

Behalten Sie mich lieb, empfehlen Sie mich Ihrer
Frau Gemahlinn, die ich mit herzlichen Freuden wohl
verlaſſen habe, und leben ſelbſt geſund und froh.

Ich gehe allerley Mängel zu verbeſſern und allerley

Lücken auszufüllen, stehe mir der gesunde Geist der
Welt bey!

Die Witterung läßt sich gut an und ich freue
mich derselben sehr. Leben Sie noch und abermals
wohl.

Jena d. 24. Jul. 1786.

Goethe.

Aus der Zeit

vor der italienischen Reise

Weimar 1775 — 1786.

An F. J. Bertuch.

2348.

Heute früh hab ich vergeſſen zu fragen

Ob Sie auch wegen einer Antwort von Roſten
das nötige beſorgt haben; wenn ſeine Entſchlieſung
etwa käme damit man ihm das Portefeuille das er
5 zur Meſſe wohl braucht, wieder zurückſchicken könne.

Und ob Sie an die Broſſard gedacht haben?

Nochmals glückliche Reiſe, und die beſten Empfeh=
lungen.

G.

2349.

10   Kriegt iemand auſſer der Schröter Beſoldung oder
Zuſchuſſ aus der Chatulle?

G.

An J. F. v. Fritſch.

2350.

So viel ich mich erinnre war die Intention, daſſ
die Brand aſſecurations Deputation zu Eiſenach einen
15 Auswurf machen ſolle wie viel es etwa im Ganzen
betrüge wenn man die Quanta der Bedürftigſten Ein=
wohner daſelbſt etwas herunter ſezte. Ein ſolcher
Auszug könnte leicht in der Stille aus dem ſchon

geführten weitläufigen Protokoll gemacht und so dann
mit Bericht eingesandt werden. Nun lassen sich aber
die Schlussworte gegenwärtigen Rescripts auch so aus=
legen als wenn gleich ein Versuch mit einem Erlaß
oder Herabsezzung gemacht, und so dann berichtet 5
werden sollte, die eigentliche Absicht wird also wohl
näher zu bestimmen seyn.

                                                    G.

An J. G. und Caroline Herder.

2351.

Wenn ich die zu Superlativen zugestuzte Feder
des großen Lavaters und sein phosphorescirendes 10
Dintenfaß hätte, was viel gesagt ist, so würde ich
kaum im Stande seyn, den tausendsten Theil der
Fürtrefflichkeit eines Traums auszudrücken, den ich
gestern gehabt habe und zu dessen Anhörung ich euch
heute Abend einlade. Frau von Stein wird auch 15
kommen und wir sind wenigstens einige Stunden
beysammen.

                                                    G.

An J. G. Herder.

2352.

Deine Auszüge lege ich dem Herzog noch nicht vor.
Bringe mir den Aufsaz der Deputate mit bey Hof 20
und ich sage dir meine Meynung.

                                                    G.

An J. G. Herder oder C. v. Knebel.

2353.

Du haſt wohl gethan mich von der Sache zu be=
nachrichtigen. Freytags bin ich nach fünf Uhr in
Weimar, ſeh in meinem Hauße daß ich mit dir weiter
ſprechen köune. Lebe wohl.

5										G.

An C. v. Knebel.

2354.

Bitte um die Silhouetten! Das Biskuit Köpfgen!
Das Wachs=Profil, den Degen, Hut und was ſonſt
noch möcht bey Euch ſeyn Bruder Herz. Grüßt den
Prinzen freundlichſt.

10										G.

2355.

Ich ſchreibe ſo eben, wenn es fertig iſt kans liegen.
Wenn du mit mir eſſen willſt ſo laſſ mirs gleich ſagen
ſo hohl ich dich gegen Eilf Uhr ab und wir laufen
vorher, oder ich eſſe mit dir wie du willſt.

15										G.

2356.

Gerne will ich wenn du es verlangſt zu dir hin=
auf kommen. Laſſ nur wenig Eſſen machen, denn
die Mäſſigkeit wird heute gut ſeyn. Wir wollen
unſern Aſchermittwochen feyern.

20										G.

2357.

Beyliegendes wollte ich dir schon neulich Mittag zum Nachtische vorlegen, es fehlte aber einiges daran, das heißt bey solchen Producktionen es fehlte viel. Darum nim das Gedicht jetzt um desto freundlicher auf, als du die Resultate unsrer Gespräche darin 5 finden wirst. Lebe recht wohl und fahre fort mich durch Theilnahme zu erfreuen.

G.

An den Herzog Carl August von Sachsen=Weimar und Eisenach.

2358.

Leer und immer leer! O du armes Jeveru warum bist du nicht mit Verlust eines Beines oder Auges 10 zu holen. So werden wir nichts kriegen. indeß gelobt sey Gott der Vater in ewigkeit Amen und sein Sohn

Viva il re di Spavgna a muviau i uioni

An Corona Schröter.

2359.

Wie offt hab ich nach der Feder gegriffen mich 15 mit dir zu erklären! Wie offt hat mirs auf den Lippen geschwebt. Ich habe gros Unrecht, daß ich es

solang habe hängen lassen und kan mich nicht ent=
schuldigen ohne an Saiten zu rühren die zwischen
uns nicht mehr klingen müssen. Wollte. Gott du
mögtest ohne Erklärung Friede machen und mir ver=
5 zeihen. Mein Zutraun hast du wieder, meine Freund=
schafft hast du nie verlohren, auch ienes nicht. Bin
ich irre geworden; so wars so menschlich. Aber
darinne hab ich am meisten gegen dich gefehlt daß
ich dich die lezte Zeit nicht mit einer eifrigen Er=
10 klärung beruhigte. Ich will nicht anführen was
mich entschuldigen könnte, vergieb mir, ich habe dir
ia auch vergeben und laß uns freundlich zusammen
leben. Das Vergangne können wir nicht zurückrufen,
über die Zukunft sind wir eher Meister wenn wir
15 klug und gut sind. Ich habe keinen Argwohn mehr
gegen dich, stos mich nicht zurück, und verdirb mir
nicht die Stunden die ich mit dir zubringen kan,
denn so muß ich dich freylich vermeiden. Noch ein=
mal verzeih mir! Mehr kan ich nicht sagen ohne
20 dich aufs neue zu kräncken. Mein Herz ist gegen
dich gesinnt wie du es wünschen kannst, nimm es so
an. Verlangst du mehr; so bin ich auch bereit dir
alles zu sagen. Adieu! Mögte doch das so lange
schwebende Verhältniss endlich fest werden.

25   G.

Dancke für Kuchen und Lied, und schicke dagegen
einen bunten Vogel.

An Seidel.

2360.

Dem Alten wirst du einprägen: daß er sich
Dienstags bey Zeiten dem Coadjutor, Mitt=
wochs bey Zeiten dem Prinzen August vorstellt.
Es ist mir eben eingefallen daß Mittwochs bey
Franckenberg Gesellschafft ist, wohin der Prinz die 5
Kleine vielleicht bestellt. Sollte in Erfurt ja etwas
vor ihn weiter seyn, (welches ich kaum glaube weil
Häsler nicht da ist), so kann er es auf dem Rückweg
mitnehmen. Vale.

G. 10

An . . .

2361.

Hier sende ich die Verse . . Besorgen Sie gefällig
das Unterlegen und die Abschriften. Letztere wünschte
ich eher zu sehen als sie denen Sängern hingegeben
werden, damit diese nicht wie es so oft geschieht
falsch einlernen. 15

G.

An Charlotte v. Stein.

2362.

Einen guten Morgen und eine Blume.

G.

2363.

In Ermanglung des Wassers das Tanzt und der
Äpfel die singen, oder was sonst den Damen Ver= 20

gnügen machen könnte schick ich einige Blumen ausser
der Jahrszeit, und wünsche offt den Packat und
immer ihn zu solviren oder was sonst das Spiel
wünschenswerthes mit sich bringt.

G.

2364.

Dancke für den guten Morgen, und bitte um die
Erlaubniß mit Ihnen essen zu dürfen.

G.

2365.

Dancke für die Arzney gegen den Unglauben.
Gute Nacht.

G.

2366.

Guten Morgen liebe. Eben dacht ich dran heut
mit Ihnen zu essen. Ich will was kochen lassen und
komme es mit zu verzehren.

G.

2367.

Wenn Sie mich wollen so komm ich heute und
bring von meinem Essen Bohnen.

G.

2368.

Hier Spargel liebste Frau. Ein Wort wies Ihnen
geht, und ob Sie mich nach Tische wollen. Ich
will mit den Burschen essen, der Zerstreuung willen.
Adieu.

2369.

Haben Sie in meinem Nahmen Knebeln gestern eingeladen? und darf ich zu Tische diesen Mittag mich melden?

G.

2370.

Hier ist ein Bild. Sezzen Sie es aufs Camin, denn es muß hoch stehen, und üben Sie die Phisiogno= mick. Adieu beste.

G.

2371.

Ich gehe fort meine Vielgeliebte.

G.　10

2372.

Ich habe die Rolle mit meinem Stück und andern Papieren liegen laffen. Bitte drum.

G.

2373.

Ihnen und Ihrer angenehmen unbekannten Ge= sellschafft noch eine gute Nacht. Ich bin im Stein= reich also ist da kein Gegenstand der Eifersucht.

G.

2374.

Fahren Sie wohl. Ich kanns doch nicht laffen und folg Ihnen nach Tiefurth.

G.　20

2375.

Dancke fürs Frühstück. Wünsche Glück zur Ver=
mehrung der Freundschafft. und schicke hier einige
neue Möbles. Es ist wohl ein Jahr daß ich sie bey
mir nicht mehr ansehe, vielleicht seh ich sie wieder
5 wenn sie bey Ihnen hängen.

G.

2376.

Ich dancke für den süsen guten Morgen. Sie
sind hoff ich wohl und hätte mich gestern zur Spazier=
fahrt angeboten wenn Sie nicht schon eine schöne
10 schwarzverhüllte Begleiterin gehabt hätten. Adieu.
Ich seh Sie heute.

G.

2377.

Ich bin zur Tafel gebeten und hab es nicht mit
Fug absagen können. Wollen wir unser Mahl auf
15 heut Abend verschieben. Es ist auch sehr heis.

G.

2378.

So wenig diese Blumen sagen wollen, so sagen
Sie doch daß ich Sie liebe.

G.

2379.

20 Eben da Sie schicken wollt ich anfragen. Ich
will um sechse kommen und wenn wir Ruhe haben

lesen wir, sonst gehn wir spazieren und sezzen uns
hierhaussen zusammen. Weis der Herzog etwas davon?

G.

2380.

Die Kirschen die ich beym Erwachen finde inter=
essiren mich nur insofern ich sie Ihnen schicken kan. ₅

Gestern ging ich so zeitig weg weil ich ein neu
Drama im Kopf hatte davon ich den Plan zusammen
trieb. Adieu beste.

G.

2381.

Wenn Sie nicht nach Tiefurt gehn hab ich auch ₁₀
nichts unten. Schreiben Sie mir ein Wort daß ich
mich darnach einrichten kan.

G.

2382.

Allein esse ich wenig und still. Erst wollt ich
mit Ihnen essen, dann war mir's aber als wenn ich ₁₅
allein wäre, da mogt ich auch bey niemand seyn.

G.

2383.

Hier den gewöhnlichen Morgen tribut! Zu Mit=
tage seh ich Sie in Tiefurt!

G.   ₂₀

2384.

Ich schicke meine neu angekommne Zeichnungen
daß etwas von mir zu Ihnen gehe und bey Ihnen

bleibe bis ich komme. Ich lauffe spazieren, Sie sehen
es ist das schönste erste Wetter.

G.

2385.

Guten Morgen Liebste. Die ganze Nacht hab ich
von Ihnen geträumt, nur haben wir nie einig werden
können. Adieu. In meiner Seele wills noch nicht
recht helle werden. Daß es Ihnen recht wohl sey!

G.

2386.

Lassen Sie mich immer ausreiten. Sie wissen
daß ich unter wenigen selten was nuz bin geschweig
unter vielen. um Mittag sah ich Sie über die Brücke
kommen und ging Ihnen nach faud Sie nicht und
wollte Ihnen gute Mahlzeit sagen.

G.

2387.

Hier ist das Buch. Mir ist sehr lieb noch vor
Sonnen Untergang was von Ihnen zu sehn ich kan
wohl vergnügt seyn ohne Sie nur wills nie recht
lang währen noch recht von Herzen gehn.

G.

2388.

Hier schickt der Herzog etwas frisches. Sagen Sie
mir wie Sie leben?

G.

2389.

Da sehen Sie was die Waldner schreibt die mir
Sie rauben will antworten Sie doch mir und ihr.

G.

2390.

Sie wären gar allerliebst wenn Sie bey noch hoher
Sonne eine Spazierfahrt machten und mich im Vor=
beyfahren mitnähmen. Sind Sie aber verhindert so
bitten Sie Steinen mir balde einen Wagen zu schicken
der Herzog hats erlaubt.

G.

2391.

Es ist wundersam bis den Augenblick da mich Ihr
Billet aus dem Schlafe weckt hatt ich vergessen was Sie
von der Waldnern sagten. Wie ich von Ihnen an der
Treppe abschied nahm, war mirs als wenn ich Sie
für diesmal nicht wiedersähe. Ich war zu Hause
redete mit den Geistern und ging zeitig zu Bette.
Hier schick ich die Flasche aus der ich tranck. Nehmen
Sie sie mit und täglich davon etwas zu Erfrischung
des Andenckens. Adieu Adieu.

G.

2392.

Wenn meine L. nach Hause kommt soll sie ein
Wort von mir finden. Heute früh habe ich mir viel
Vorwürfe gemacht daß ich nicht zu dir gekommen bin.
Nnn sag ich dir noch einmal lebe wohl.

Auf diesem beweglichen Erdball ist doch nur in
der wahren Liebe, der Wohlthätigkeit und den Wissen=
schafften die einzige Freude und Rnhe. Lebe wohl.
Ich dencke es wird mir wohl gehn, am besten wenn
5 ich dich wieder sehe.

G.

2393.

Dieser Brief hat keine andre Eile als Ihnen einen
guten Abend zu sagen, den ich Ihnen gern mündlich
gebracht hätte. Der Herzog hat mich herausgeführt
10 und will zum Essen hier bleiben. Lassen Sie doch
dem Cammerdiener sagen der Herzog würde nicht im
Closter sondern auf seinem Zimmer schlafen. Wenn
wir zurückkommen und ich sehe Licht bey Ihnen so
komm ich hinauf, Adieu liebstes.

15 G.

2394.

Zahn wird heut Abend mit der Harfe kommen,
die Schröter auch. Willst du die Lieder hören so
komm und bringe mit wen du willst. Etwa auch
deine Mutter. Ich lasse beyde Häsgen und das Feld=
20 huhn braten daß wir alle satt haben.

G.

2395.

Sag mir ein freundlich Wort damit ich zum Leben
gestärckt werde.

G.

2396.

Heute bin ich wieder ein Hofverwandter, sehe aber
meine beste noch vor Tische.

G.

2397.

So dunckel es auch um mich ist, so schön ists,
denn die nächsten Bäume weissagen immer durch ihr 5
weises Ansehn, daß bald Frost und klar Wetter seyn
wird, und so genies ich das Zukünftige im Gegen=
wärtigen. Ich komme noch vor sechs um Ihre Frau
Mutter zu sprechen.

G.   10

2398.

Ich daucke den Göttern daß sie mir die Gabe ge=
geben in nachklingende Lieder das eng zu faßen, was
in meiner Seele immer vorgeht.

Ich hohle Sie ins Conzert ab.

G.   15

2399.

So ists recht schön, ob mirs gleich lieber gewesen
wäre Sie früher und zu Tisch zu sehn. Es wird von
Ihnen abhängen Abends zu bleiben.

G.

2400.

Auch noch um achte komm ich meine Beste. Leben 20
Sie wohl und vergnügt.

G.

2401.

Sag mir doch wie es sich mit dem Fuse anläßt.

G.

2402.

Wenn mich's zu Hause läßt, so schick ich und
lasse holen was mir das liebe anbietet.

G.

2403.

Sag mir liebste Leidende wo möglich etwas tröst=
liches. Ich sehne mich aus den Akten zu dir.

G.

2404.

Ich habe dir gleich früh etwas schicken sollen,
habe aber vergessen was. Melde mir gute Nach=
richten meine Beste, damit ich beym Leben und bey
Lust erhalten werde. Willst du mich zu Tische?

G.

2405.

Die Töchter des Himmels die weitschweifenden
Wolcken sind von dem übelsten Humor und haben
nichts von der lieblichen Beredtsamkeit die ihnen
Sokrates zu schreibt. Adieu.

Hottelstädter Ecke.

G.

2406.

Mich verlangt sehr zu wissen meine beste ob du
dich aus deiner Stille und Trauer wieder heraus=

gerissen haft und deine Seele wieder ins Licht der
Liebe getreten ist, die alle Gegenstände mit dem Glanze
der Colibri Hälsgen scheinen macht.

Adieu. Nach Tisch fahr ich mit dem Herzog nach
Tiefurt, Abends seh ich dich.

G.

2407.

Dancke fürs Frühstück den Hut wirst du schon
haben. Ich bleibe zu hause und suche dich gegen
Abend. Adieu aller beste und einzige.

G.

2408.

An des Herzogs Schreibtisch.

Schon lange paß ich auf ob mir nicht ein Licht
aus deinem Fenster erscheinen wollte. Ich muß nun
ohne dich zu grüßen in die finstern Nächte hinunter
gehn. Adieu. Ich nehme dein liebes Bild mit und
freue mich des nächsten Tags der dich mir wieder=
geben wird.

G.

2409.

Sage mir wo du heute Abend sehn wirst. Ich
mag gern noch einige Stunden fleisig sehn wenn ich
weis daß ich dich finde. Adieu liebste L.

G.

2410.

Wenn du spazieren fährst laß mirs ia sagen. Ich
size zwischen Rechnungen, auch alsdan dein.

G.

2411.

Auf einen Augenblick will ich kommen, und dir wenigstens mit einem Blick sagen was du weißt.

G.

2412.

Also komm ich vor wie nach heute Abend zu dir
5 meine beste. Lebe wohl.
Ich will alles recht schön besorgen.

G.

2413.

Beydes nehm ich mit Vergnügen an. Es wird leidlicher mit mir doch hab ich noch keinen Gebrauch
10 der Welt.

G.

2414.

Mein Sutor hat den Auftrag dir Herders Ant=
wort zu bringen. Schreibe mir doch was die Her=
zoginn und Seckendorfs sagen. Adieu liebste ich freue
15 mich dir noch einen Guten Morgen bieten zu können.

G.

2415.

Ich werde diesen Nachmittag mit Fritzen allein bleiben und zeichnen und schuldige Rähmgen verferti=
gen. Schicke mir doch mein Kästgen und auch das
20 grüne und Gelbe ich weis nicht recht wo es steht.
Diesen Abend will ich zu Wieland gehn und

Musarion berichtigen, dann um acht Uhr bey dir
sehn. Lebe wohl. Ich liebe dich vor allem und
über alles.

G.

2416.

Ich bitte um meine Papiere, frage wie iemand
geschlafen hat, und ob das Alte immer neu wird.
Wenn der Herzog fort ist fahr ich mit dir in's
Theater. Adieu.

G.

2417.

Hier schicke ich den Brief zurück und wünsche das
Vertrauen verdient zu haben.

Welche Freude mir die abgesagte Gesellschafft macht
kann ich dir nicht sagen.

Lebe wohl. Ich habe vielerley zu thun. Hoffte
dich noch vor Tische zu sehn es geht aber nicht.
Adieu theuerste.

G.

2418.

Ich kann meiner L. nur ein kleines Wort schreiben.
Wie sehr habe ich nöthig in deiner Nähe zu sehn!
Wenn ich mich auch entschliesen muß von dir zu
gehen, so möcht ich doch gleich wieder zurück. Lebe
wohl beste. Es giebt allerley zu thun. Adieu. Grüse
Steinen und die Kleine.

G.

2419.

Liebe Lotte. Meinem Herzen nach wär ich ſchon mit dem frühſten bey dir geweſen. Es drängt ſich aber ſo viel zuſammen daß ich kaum einen Augenblick finde um dir dies zu ſchreiben.

5 Sobald mir möglich komme ich. Gehe ia nicht zur Herzoginn.

G.

2420.

Nur einen Blick nach dir und die Hoffnung dich zu Mittage zu ſehen, und Bitte um ein Wort von dir.

10 G.

2421.

Dein Grus trifft mich beym Eſſen, und erfreut mich ſehr. Ich war ſchon in Gedancken bey dir, ich bin dir nicht abweſend. Ich hoffe ich werde die Freundinnen balde los, und bin alsdenn bey dir 15 ſichtbar, wie mit dem Herzen immer.

G.

2422.

In Erwartung des verſprochnen ſchreibe ich dir dieſes. Wie hab ich meinen Tag verlohren und wie mit iedem Augenblicke mich zur dir geſehnt.

20 Nun erhalt ich dein Briefgen und Eſſen.

Nur noch keine Hoffnung auf Morgen. Wie ſehr bedaur ich dich und leide doppelt mit dir. Lebe wohl. Schlafe wohl und denck an den deinigen.

G.

18*

2423.

Ich kann aus dem Conzert gehn wann ich will.
Treff ich iemanden etwa um halb achte zu Haus.

G.

2424.

Eh ich mich den Wogen des Tags übergebe grüs
ich dich noch einmal. Alle Welt freut sich und mir
fehlt das beste zum Tage. Lebe wohl. Denck an mich,
wie ich dich immer doch vergebens suchen werde.

G.

2425.

Noch ist nicht alles fertig aber es wird. Tausend
Danck lebe wohl.

G.

2426.

Schicke mir I. Lotte die Zeichnungen die der Her=
zoginn Mutter gehören.

So schweer es mir fällt will ich heut zu hause
bleiben denn es ist mir höchst nötig. Adieu. Du
hörst noch von mir.

G.

2427.

Man hätte mir auch ausser dem dürren Auftrag
ein freundlich Wort sagen können. Denn ich bin
hier wie dort.

G.

2428.

Immer hoffte ich meine Gute würde sich entschliesen
mich noch durch ihre Gegenwart glücklich zu machen.

Jetzo da es achte schlägt muß ich drauf Verzicht thun.
Ich befinde mich heute Abend recht wohl und will
Morgen wohl wieder reiten.

G.

2429.

Die Schrötern ist zu mir gekommen.

Wir werden spät essen und ich entbehre die Freude
mit meiner besten zu fahren. Diesen Abend bin
ich da.

G.

2430.

Ich habe überlegt daß es gut ist wenn ich nach
Tisch nach Tiefurt reite.

Gegen Abend komme ich wieder und suche dich
auf, wir wollen zusammen spazieren und unsre Ab=
handlungen ausführen.

G.

2431.

Die Schröter hat das Salve Regina von Pergolese
recht schön gesungen, meine Gedancken waren indessen
bey dir.

Wie die Musick nichts ist ohne menschliche Stimme,
so wäre mein Leben nichts ohne deine Liebe.

Gute Nacht. Morgen fangen wir wieder einen
Tag zusammen an. Wenn du nach Belvedere gehst,
bleib ich stille für mich. Sage mir auch noch ein
Wort. Adieu tausendmal.

G.

2432.

Es wird hoffe ich gehen meine Lotte die Leute
sind angestellt, mich treibt auch dazu das Verlangen
dir ein Vergnügen zu machen. Lebe wohl. Ich bin
mit Leuten besetzt.

G.

2433.

Es ist mir doppelt und dreyfach ia tausendfach
unangenehm daß du nicht kommst. daß ich nicht mit
dir in Freuden die Woche endigen und anfangen kann.
Ich lasse heute Abend noch einmal fragen. Adieu. Ich
leide mit dir und habe keine frohe Stunde als wenn
dir's wohl ist.

G.

2434.

Ein böser Ackten Bund den ich heute früh nicht
habe Herr werden können, nötigt mich noch einige
Stunden nach Tische zu arbeiten. Drum bitt ich um
ein wenig Essen. Meine zinnerne Schüsseln sind noch
drüben.

Adieu beste.

G.

2435.

Sey unbesorgt meine Liebe, ich hoffe gewiß wenn
ich nur Geduld habe und diese Crise abwarte, nur
desto wohler und für dich wohler zu werden.

Komm ia bald nach Tische damit ich dir für
deinen Antheil dancken kann.

G.

2436.

Ich size mitten in allerley Arbeit und komme so
bald möglich.   Bleibe mir! bleibe mir!

G.

2437.

Meiner l. Lotte sag ich einen guten Morgen und
frage sie ob sie immer die Freude und der Trost
meines Lebens seyn und bleiben will.   Zu Mittage
geh ich nach Tiefurt, Abends bin ich wieder da und
hoffe mit und bey dir zu seyn.   Adieu tausendmal
und so viel Danck für deine Begleitung gestern Abend.

G.

2438.

Ich bin heute zur Tafel gewesen, und nachher
warteten wieder Leute auf mich und ich konnte meiner
besten nicht guten Tag sagen, nun sitz ich mit Fritzen
und dicktire und er schreibt, und ihn amüsirts mit
unter und er mögte gerne mehr wissen.   Gute Nacht
beste.   Liebe mich.

G.

Den versiegelten Brief sollte ich noch haben.

2439.

In der Stille denck ich an dich und fühle die
Nothwendigkeit deiner Liebe für mich wie in deiner
Nähe.   An Hof kann ich nicht gehn.   Um halb fünfe

will ich zu dir kommen bis dahin stille und fleisig
für mich seyn. Lebe wohl. Ich bin ganz dein. Fahre
fort mich glücklich zu machen.

G.

2440.

Bitte innliegendes niemanden zu zeigen als Steinen.

G.

2441.

Ich möchte gerne wissen was mir heute von dir
bevorsteht. Wie deine Gesellschafft sich präsentirt hat
und ob dein Geist zu mir herausgeschlichen ist.

G.

2442.

Der zurückfahrende Kutscher bringt dir dies Blätt=
gen. Könnt ich in der Eile ein Monogramm erfinden
das dir alles sagte, was ich dir seit gestern Abend
von Gedancken zugeschickt habe. Ich weis kein bessers
als daß ich den Nahmen hersetze des der ganz dein ist.

Goethe.

2443.

Meiner besten wünsche ich einen guten Abend und
hoffe sie, wenn sie aus der Gesellschafft kommt zu sehen.

Da ich einmal in Geschicke bin will ich noch fleisig
seyn.

Lebe wohl. Sage mir ein Wort.

G.

2444.

Ich habe großes Verlangen mit meiner Geliebten
zu essen ich werde deswegen den Überrest des Ferckels
schicken damit er auf dem Roste aufgebraten werden
kann. Hier der Brief. Adieu.

5   G.

2445.

Habe Danck für dein liebes Blättgen das mich in
meinen Arbeiten sehr freundlich begrüßt hat ich sage
dir nur ein Wort des Dancks und die Bitte komme
bald wieder. Ich lebe dir. Adieu meine Liebste.

10   G.

2446.

Unter dem Siegel der Liebe schicke ich dir das
Schreiben. Sage mir deine Gedancken und was du
heute vorhast. Lebe recht wohl.

G.

2447.

15 Ich komme diesen Morgen sobald als möglich
zu dir.

Fritz brachte mir schon die Nachricht von deinem
Übel und mir ward auch gleich so weh.

Adieu indessen beste.

20   G.

2448.

Wie freut mich einzig deine Liebe. Gegen zwölfe
hohle ich dich ab und wir wollen spazieren gehn.

Ich freue mich des schönsten Tages nur wenn ich
ihn mit dir zubringen kann.

G.

2449.

Hier L. Lotte das Papier und einen Einfall ganz
ganz für dich allein. Laß es ia niemand sehn.

G.

2450.

Ich habe von Friz gehört was ich den ganzen
Tag gefürchtet habe, daß du dein Übel nicht los bist.
Wirst du diesen Abend zu hause sehn? So komm ich
wie immer.

G.

2451.

Wie ein grofes Verlangen hatte ich heute mit dir
nach Hause zu fahren. Es war ein rechtes Opfer
das ich den Papieren und Ackten brachte daß ich mich
von dir trennte. Mögte die gute Nacht die ich dir
gebe, dir Ruhe von dem Übel verschaffen. Lebe wohl.
Das Essen hat mir recht gut geschmeckt.

G.

2452.

Wie übel ist es meine Beste da ich wohl und vergnügt bin daß du leidest.

Ich kann nichts geniesen wenn dir übel ist; und
so wird das Glück durch noch eine Hälfte zu einem
gröfern und reichern Ganzen zu werden wieder balan-
cirt. Lebe wohl. ich besuche dich.

G.

2453.

Beygehendes war schon geschlossen als dein Zettel=
gen kam. Es freut mich daß du wieder im Stande
bist Cour zu machen. Mein Gemüth ist nicht dazu
aufgelegt, ich will diesen Abend zu Herders gehen.

G.

2454.

Hier schicke ich einen guten Tischbeinischen Brief.
Ungern seh ich dich erst in der Comödie. Adieu Geliebte.

G.

2455.

Ich will doch lieber zu dir kommen. Ich wickle
mich ein; so können wir doch etwas vornehmen. Etwa
mit der Electrisir Maschine. Lebe wohl liebe.

G.

2456.

Eh deine Gesellschafft kommt muß ich noch ein
Wort von dir haben.

Der Herzog war heute lang bey mir um sich in
einer Sache rathen zu lassen die schon durch Leiden=
schafft bey ihm ausgemacht ist.

Engelhardt hat mein Geschwürgen aufgedrückt und
verkündigt mir noch einen Zahn der wird mir doch
endlich die Schwaben Weisheit bringen.

G.

2457.

Da mir Hufland die Bewegung als die beste
Arzeney anräth; so will ich mich gleich auf die
Beine machen nach Belvedere gehn und meine Bo=
tanische Augen und Sinne weiden. Lebe wohl. Heute
früh da du noch schliefst ging ich schon mit Friß bey 5
dir vorbey.

G.

2458.

Je suis dans la necessité de copier un long dis-
cours francois qui ne m'interesse pas beaucoup. Cela
me met en train d'ecrire et ma plume ne court jamais 10
plus a son aise que quand il s'agit de te dire ce que
tu aimes a entendre. Je te redis donc encore une
fois ce soir que je t'aime exclusivement et que ta
tendresse fait mon plus grand bonheur. Adieu. Je
souhaite comme le Prophete de Zuric que l'encre 15
avec le quel ces lignes sont tracees puisse se changer
en feu pour rendre un faible temoignage de mon
ardeur. Adieu. J'attens quelque mot de reponse
par Friz.

G. 20

2459.

Eigentlich wollte ich nur mit deinem Bruder
sprechen, und dann zu dir gehen.

Willst du aber den Abend dort seyn; so bleib ich,

ober vielmehr ich komme später. Wo du bist ist mir's
am liebsten.

G.

2460.

Ich freue mich recht noch etwas von dir zu sehn.
Fritz und ich haben den Abend ganz friedlich zuge=
bracht.

Lebe wohl gedencke meiner. Morgen mußt du
mich mit Herders besuchen.

G.

2461.

Jezt befinde ich mich ganz leitlich. Fritz schikt
Ihnen dies Räthsel zu rathen.

Ich bleibe immer schön, und bleibe immer blind,
Und mein Gefährte ist die Traurigkeit und Schmerz
Ich bin ein junger Greiß, ich bin ein altes Kind
Nun rathe Leser mich, ich wohne in dem Herz.
Leben Sie wohl.

Goethe.

2462.

Ich dancke dir meine liebe. Ich will erst sehn
wo es heute hinaus will daun laß ich dir's sagen,
wann du mich besuchen sollst. Herders will ich lieber
morgen sehn. Das Übel ist heute noch in der Crise
und es ist am besten ich halte mich still. Lebe wohl
du beste.

G.

2463.

Herders kommen nicht. Und ich traue mir nicht auszugehn. Was sagt meine Liebe. Ich werde mich doch wohl entschliesen müssen gegen Abend zu dir zu gehn.

G.

2464.

Einige Nachricht von deinem Befinden meine Liebe. Ich habe allerley zu schaffen, wie Martha. Sag ob heute dich etwa jemand besucht. Abends bin ich bey dir.

G.   10

2465.

Es freut mich von dir ein Wort zu sehen. An die Seidlern will ich dencken. Vielleicht seh ich dich balde. Es that mir gestern gar zu leid von dir zu gehen. Adieu.

G.   15

2466.

Es ist mir um so mehr leid daß du heute Abend nicht allein bist, da ich morgen Abend Probe bey der Herzoginn habe.

Willst du um 12 Uhr spazieren gehn so komm ich. Ich liebe dich herzlich.   20

G.

2467.

Meiner guten sag ich zum Morgengrus daß ich mich sehr freue sie zu Mittage zu sehen. Wie ist es aber geworden daß Kl. heut nicht bey dir ißt? Liebe!

G.   25

2468.

Meine Liebe wird mich wie immer durch ihre Gegenwart erfreuen. Ich bin recht wohl und ge= dencke dein mit Liebe. Komme auch nicht zu späte.

G.

2469.

Die Herzoginn kommt heute Mittag herein. Ich werde also meine liebe besuchen können wann will sie mich haben.

G.

2470.

Um den Muff zu begleiten schreiben wir beyde noch ein Wort. Fritz hat sich wie Sie sehn recht angegriffen.

Gute Nacht meine beste. Danck für den Besuch.

G.

2471.

So nahe bey dir Geliebte und die letzten Tage nicht einmal mit dir. Gar grosses Verlangen habe ich darnach. Warum kannst du nicht bey mir sitzen indem ich arbeite.

G.

2472.

Einen guten Morgen meine beste, bald wird mir es nicht mehr so wohl. Wenn ich allein sehn werde will ich recht fleisig sehn damit ich mir mehr Freyheit auf die Zukunft verschaffe.

G.

2473.

Zu der morgenden fete schicke ich meiner besten etwas in die Küche und bitte um die Fortdauer ihrer liebe. Adieu du süße.

G.

2474.

Recht sehr gerne will ich mit dir fahren, und dir erzählen wie ich meinen Tag zugebracht und von dir die Bestimmung des übrigen Theils erwarten.

G.

2475.

Es ist mir gar nicht wohl zu Muthe daß ich dich den ganzen Tag entbehren soll. Wenn es meinen Wünschen nachginge du dürftest keinen Augenblick von meiner Seite. Hier das Buch. Der Herzog will der Seidlern noch ein Jahr ihres Gehalts als Hoch= zeits Geschencke geben.

G.

2476.

Herders kommen und ich sehe dich auch bey mir und die Schwester. O du liebe einzige wie habe ich mich gefreut dich wieder zu sehen. Wann geht oder fahrt ihr nach Oberweimar. Ich hätte wohl lust euch zu begleiten und kehrte alsdann zurück. Lebe wohl. Liebe mich.

G.

2477.

Was macht meine liebe? wird sie heute Abend
kommen? Warum hat sie mir nicht ein Wörtgen ge=
schrieben? Ich habe sehr darauf gehofft. Lebe wohl.
Du kommst doch gegen sechse?

5   G.

2478.

Es ist das auch gut und wenigstens ein vortheil=
haftes Interim. Das übrige wird sich finden. Liebe
mich ich krame meine alte Papiere durch sondre und
sehe was zu thun ist.

10   Des Menschen Wesen ist mühseelig
            doch überwiegt das Leben alles
            wenn die Liebe in der Schaale liegt.
Abieu. Ich sehe dich.

G.

2479.

15   Wie befindet sich meine Liebe? sag mir ein Wort?
G.

2480.

Ich dancke dir liebe, und komme noch zu dir.
Fritz war heute so lange artig bis er sah daß ich
nicht nachgeben wollte. Es bleibt beim Sonnabend.
20 auch nicht den Donnerstag wenn dies der eine Tag
seyn sollte. ich erkläre mich drüber näher. Lebe wohl.

G.

2481.

Es kommt die Stunde in der ich leider nicht ver=
gnügt seyn kann wenn ich dich nicht sehe, und fürchte
doch ich werde heut Abend alleine bleiben. Sag mir
wenigstens ein Wort, auch lade ich dich und Stein
auf Morgen Abend. Liebe mich.   5

                                        G. ·

2482.

Hier meine Gute etwas in die Küche, zu Mittage
bin ich beym Herzog, dann such ich dich auf. Liebe
mich wie du mir im innersten Herzen ewig werth
und lieb bist.   10

                                        G.

2483.

Hier schicke ich meine Krabeleyen. Schicke mir sie
zurück wenn du sie durch die Lorgnette betrachtet
hast, damit ich weiter drein kritzle. Lebe wohl und
liebe mich.   15

                                        G.

2484.

Daß ich dich nicht besuche wirst du nicht tadeln
wenn ich dir sage daß mich ein guter Geist anweht
und ich an Wilhelm schreibe. Ich bringe diesen Abend
allein zu in Hoffnung dadurch einen recht guten mit 20
euch zu haben. Ich hoffe es soll gut werden. Nur
auch ein Wort von dir.

                                        G.

2485.

Bis iezo hoffte ich zu dir zu gehen, sehe aber
wohl es ist besser ich bleibe und warte mich ab. Die
gestrige Commödie bekam mir übel. Gern lüde ich
dich ein bey mir einen bissen zu essen und alsdenn
5 auf die Redoute zu fahren. Du müsstest dich freylich
hertragen lassen. Stein käme ia wohl auch. Mach
es wie du kannst und willst ich liebe dich herzlich.

G.

2486.

Diesen Mittag bin ich bey dir und freue mich
10 herzlich darauf du einzige liebe.

G.

2487.

Ich bin solang in der Lufft geblieben daß mir
zulezt gar nicht wohl davon ward und ich nach Hause
gegangen bin und mich ausgezogen habe. Ich dancke
15 dir noch durch dieses Zettelgen für alles Gute was
du heute an mir gethan hast. Werde nicht müde ich
bitte dich und glaube daß ich dich herzlich liebe.

G.

2488.

Du fühlst doch immer wie lieb du mir bist und wie
20 sehr ich mich immer um deintwillen nach Hause freue.

Lebe wohl du gute und grüse Frizeu, Stein und
die Imhof.

G.

2489.

Ich bin doch hereingegangen und da ich meine Gute nicht fand, habe ich Fritzen Botanika dictirt und nun ist Knebel gekommen. Gute Nacht beste. Wie wünsche ich daß es dir besser seyn möge.

G.

Lesarten.

Der siebente Band, von Eduard von der Hellen herausgegeben, enthält die Briefe Goethes vom 1. Januar 1785 bis zu dem Tage seiner Abreise nach Italien, dem 24. Juli 1786.

An diesem entscheidenden Punkt seines Lebens macht auch die chronologische Ausgabe seiner Briefe Halt, um der geschlossenen Gruppe der ersten sieben Bände einen mehrgliedrigen Anhang, ausser den üblichen Lesarten und Anmerkungen, anzufügen, nämlich „Nachträge", „Berichtigungen" und ein „Register". Die Nachträge bieten einige versehentlich ausgelassene, mehrere nachträglich entdeckte und zwei absichtlich bis hierher zurückgelegte Briefe. Die Berichtigungen beziehen sich auf Versehenes in Anordnung und Wortlaut (nicht auch in Orthographie u. ähnl.); sie wurden ermöglicht zum kleineren Theil durch erneute Überlegung und Prüfung, zum grösseren durch nachträgliche Gewinnung früher unzugänglicher Handschriften. Den Schluss macht ein ausführliches Register der Personen, Orte und der Schriften Goethes, soweit sie in den ersten sieben Bänden˙ erwähnt oder angedeutet sind. Das nächste derartige Theilregister wird voraussichtlich dem mit Schillers Tod schliessenden Bande beigegeben werden.

Von denen, die an dieser Stelle, nicht zum ersten Mal, ein Wort des Dankes für bereitwillige Unterstützung dieser Ausgabe finden sollten, hat unlängst der Tod denjenigen hinweggenommen, der vor Allen zu nennen war und ist: Freiherrn Felix von Stein-Kochberg, der es sich nicht verdriessen liess, jahrelang die Handschriften der an seine Urgrossmutter, Charlotte v. Stein, gerichteten Briefe dem Archiv zur Benutzung zu überlassen. Auch Andere verpflichteten zu solchem Dank durch uneigennützige Zustellung ihrer Handschriftenschätze — besonders die Herren Graf Carl Brühl

auf Seifersdorf, Alexander Meyer-Cohn in Berlin, Carl
Meinert in Dessau — und manche anderweitige Unterstützung des Herausgebers ist unter den Anmerkungen
dankend erwähnt. Wissenschaftlichen Beirath und Förde-
rung verdankt er in erster Linie Bernhard Suphan, dem
Redactor dieser Abtheilung.

Wiederholt aus den vorigen Bänden:

Wo unserem Druck Briefe in durchaus eigenhändiger
Niederschrift zu Grunde liegen, wird das unter den „Lesarten" nicht besonders erwähnt, bei den ganz oder theil-
weise dictirten (bezw. copirten) Briefen hingegen wird das
Eigenhändige vom Fremden jedesmal durch genaue Angaben
unterschieden. Nur bei der blossen, ohne weitere Schlussworte unter Briefen von Schreiberhand auftretenden Unterschrift Goethe oder G versteht sich die Eigenhändigkeit von
selbst.

Da Goethe die meisten der dictirten Briefe mehr oder
minder sorgfältig durchgelesen und corrigirt hat, erfordern
die unter den „Lesarten" mit „aus", „über" und „nach" an-
geführten Correcturen besondere Aufmerksamkeit und Erklärung, zumal sie genau zu scheiden sind von solchen, die
der Schreiber selbst darin oder die andererseits Goethe in
eigenhändigen Schriftstücken vorgenommen hat. Letztere
beiden Arten werden durch einfaches „x aus (über, nach) y"
ausgedrückt; wo hingegen Goethe in einen von Schreiberhand niedergeschriebenen Brief oder Brieftheil ändernd ein-
gegriffen hat, wird dieses unterschieden durch g bezw. g^1
vor dem „aus", „über" oder „nach". Es bedeutet g eigenhändig mit Tinte, g^1 eigenhändig mit Bleistift, und im
Falle die Eigenhändigkeit zweifelhaft ist, wird g? bezw. g^1?
gesetzt. Von eigenhändiger Schrift mit Tinte wird solche
mit Bleistift unter allen Umständen durch g^1 unterschieden.
Lateinisch geschriebene Worte des Originals stehen im Text
in Antiqua, unter den „Lesarten" in *Cursivdruck*; in den
Handschriften Ausgestrichenes führen die „Lesarten" in
Schwabacher Lettern an.

Erklärung der häufigsten Abkürzungen s. III, 272.

2040. Vgl. zu 268.   1, 2 ħabe mögen   3 nicht mit *GK* I, 58 in meinen Freuben zu ändern, vgl. Adelung II, 540. Sanders I, 576ᵇ.   5 Gaſte v. Lengefelds, vgl. zu 2037.   6 Fr. vgl. zu VI, 406, 6.   14 Sallust, vgl. zu 2039.   2, 1 bor idŋ   7 der „Ideen" vgl. 14, 18.   8 ħat fehlt.   19 Hofr.   21 Zweck der Reiſe vgl. zu VI, 351, 1.   24 Knebel erhielt laut Tage- buch am 3. Jan. einen Brief Imhoffs (vom 5. Nov. 1784) aus London und schickte ihn am 4. Jan. an Frau v. Stein, die ihn (vgl. 3, 8) Goethe gab.   23 W. Jan.] Dez. die 1785 aus 1784. Am 7. Jan. 1785 vermerkt Knebel im Tagebuch den Empfang eines Briefs von Goethe.

2041. Vgl. zu 378 und 770.   3, 5 Charlotte v. Lenge- feld, vgl. zu 2037.

2042. *GSt²* 568.   3, 8 vgl. zu 2, 24.

2043. Vgl. zu 1929. Bei Wagner S. 3 als erster aller Briefe Goethes an Sömmerring unter dem Datum „7. Jan. 1784."   3, 13 vgl. VI, 410, 28.   18 vgl. VI, 357, 1.   4, 24 in Mainz.   26 aus Wilna.

2044. *GSt²* 572. Zeitbestimmung nach Knebels Tage- buch. Januar 8: „Göthe kommt nach dem Essen. Spazieren mit ihm. Abends im Concert. Gesellschaft bey mir."   9: „Mit Göthe im Cabinet. Nachmittags Büttner, Charte von Philipp.Inseln. Abends bey Loder."   10: „Um 10 Uhr mit Göthe nach Kötschau geritten. Frau v. Stein, v. Schardt u. Herder da. Zu Mittag."

2045. Vgl. zu 89. Collation B. Suphans. Beilage von Kanzlistenhand: Anfrage um Nachrichten über die Seiden- händlerstochter Marie Caroline Stieler aus Hannover zur Prüfung der von ihr gemachten Angaben über ihr bis- heriges Leben.   5, 13 I.   14 Kaſtner   21 vgl. IV, 119, 24 ff. 6, 3 Gottingen   7 im August und September 1784.

2046.   6, 17 Timoleon, ein Trauerspiel mit Chören, Kopenhagen 1785, von Friedrich Leopold.   18 im Gegen- satz zur Übereinstimmung von 1775.

2047. Vgl. zu 239 und 1584. Vermerk Jacobis „empf. d. 10ten Febr. beantw. d. 12ten April."   7, 14 Moses Mendels- ṣohn   18 H. vgl. zu 2006.   19 eines der leihweise übersandten Hemsterhuisischen Manuscripte.   8, 1 vgl. VI, 410, 15. f. 7 vgl. 20, 12. Laut Quittung der Hoffmannschen Buchhand-

lung in Weimar vom 2. Sept. 1785 erwarb Goethe v. Glei-
chens „Abhandlung über die Saamen und Infusionsthierchen"
käuflich erst am 3. Juni 1785. 15 vgl. VI, 403, 2. 16 in
Stärkung zweiter Fall der zu VI, 321, 11 berührten Erscheinung. 22 W.

2048. 9, 3 Auflösung des R. zweifelhaft (Radirte, Ruis=
dael'ſche u. a. möglich) Landſch. vielleicht pluralisch aufzulösen.

2049. 9, 10 aus Eschenholz gedrehter Topf. 12 mit]
mich

2050. 9, 15 m. 10, 1 Knebels Tagebuch 1. Februar:
„Beym Herzog, Göthens Singstück Scherz, List u. Rache.
Herzog. L. da. Abends bey Fr. v. Stein." 3 H.

2051. 10, 8 ſeyn dieſen 9 zu aus zum

2054. 11, 9 Fr. von Schöll ansprechend ergänzt; der
Briefwechsel mit dem Gothaischen Minister war nach Aus-
weis der „Postsendungen" ein ziemlich lebhafter, erhalten
ist wohl nur 2156. Beaumarchais „Mariage de Figaro" erschien 1784; am 19. Februar 1785 erhielt Knebel ihn, laut
Tagebuch, von Goethe; vgl. zu 39, 8.

2055. Hs vom Besitzer, Herrn C. Meinert in Dessau,
freundlichst zur Verfügung gestellt. 12, 6 *Apoph.* 8 *incisiv.*
10 Sommr. 17 Intermax. 19 den — gerechnet nachträglich
am Fuss der Seite, durch Zeichen hieher gewiesen. 23 *incis.*
25 Eleph. 13, 2 endl. Am 3. Juni 1785 kaufte Goethe laut
Quittung der Hoffmannschen Buchhandlung Langes „Abhandlung von Zerschlagung der Bauerngüter." 4 Grund=
ſätzen aus Grundſäzen 9 vgl. VI, 378, 11? VII, 28, 5 f. 11 von
der Weimarischen Cammer, vgl. 22, 11. 16 Daasdorf, vgl.
zu VI, 378, 17. 21 es über ſie

2056. 13, 23 eine 14, 1 friſchen deutlich.

2058. Nach Vermuthung von Fielitz vielleicht aus
Jena; aber Knebels Tagebuch vom 19. Febr. erwähnt statt
Goethes Anwesenheit in Jena den zu 2054 vermerkten
Empfang einer Sendung von ihm. 14, 15 am 16. erhielt
Knebel mehrere nach Weimar abgesandte Briefe zurück, da
die Botenfrau des Wetters wegen nicht gehen konnte.

2059. Vgl. zu 72. Auf der Königl. Bibliothek Berlin
Abschrift mit dem Vermerk „Origin. an Ant[iquar] Hess in

Ellwangen". 14, 18 Manuſcr. der „Ideen", vgl. 2, 7. 19 der 20. Febr. war ein Sonntag.

2060. Hs unbekannt. Nach Burkhardt Grenzboten 1878 S. 227 f. Zum Inhalt vgl. VI, 372, 12 f. 17, 2 unter= thänigſte

2061. Hs unbekannt. Nach Uhde, Hamburger Nachrichten 1877 Nr. 60 Morgenausgabe. (Die Hs dort als eigenhändig bezeichnet, daher hier kleine orthographische Schwankungen jenes Druckes nach Massgabe der Schreibart Goethes ausgeglichen). 17, 18 am 26. Febr. wurde die Herzogin von einem Prinzen entbunden, der gleich nach der Geburt starb. 18, 9 vgl. 10, 11. 16 vgl. zu 2008.

2062. Vgl. zu 268. 19, 7 Fr. 11 vgl. 18, 9. 12 als preussischer Gesandte, vgl. zu 2036. 15 Knebel kam nicht.

2063. 19, 20 bie aus ber

2064. Vgl. zu 268. Zeitbestimmung aus dem Zusammenhang, des näheren durch Knebels Tagebuch: am 4. sandte Knebel an Goethe einen Expressen, der diese Antwort mit nach Jena zurückbrachte. 20, 7 vgl. zu 2149. 8 vgl. 36, 5. 10 Fr.

2065. 20, 12 vgl. 8, 7. 13 Mifroſcopß aus Mifroßſcopß 15 am 3. Februar und 8. März aufgeführt. 16 Marz

2066. Vgl. zu 1929. 22, 4 überſendet : 5 Überſenbung weist auf Eigenhändigkeit der Hs, vgl. zu 887. 1939.

2067. Vgl. zu 491. Ungedruckt. 22, 19 Seren. 23, 3 W.

2068. *GSt* ² 594. Zeitbestimmung durch Vergleichung von 23, 15 mit 25, 5 gesichert. 23, 8 Ding 10 ein aus eine 11 der Hofrath oder der bei der Güterzerschlagung beschäftigte Cammerassessor ? 12 in den Naturwissenschaften, vgl. zu VI, 398, 12.

2069. 24, 1 der Hofrath Büttner 11 auſerorbentl. 16 von Auch an feinere Schrift. 21 vor b. zu ergänzen [Jena]

2070. 24, 23 beinen aus bein 25, 5 vgl. 23, 15. 2069. 9 Marz

2071· Hss der Briefe an Fritz v. Stein unbekannt. Hier nach Ebers u. Kahlert „Briefe von Goethe und dessen Mutter an Friedrich Freiherrn von Stein" Leipzig Weidmann 1846, S. 27 ff.

2074. *GSt*² 599.　26, 15 Mär deutlich 1784. Aber der 14. März 1785 ist gesichert durch eine auf diesen Tag im Fourierbuch vermerkte Hof-Schlittenfahrt und durch die genaue Übereinstimmung der Schrift dieser Nummer mit 2073 und 2076.

2075. Vgl. zu 1584. Vermerk Jacobis „empf. d. 27ten beantw. d. 12ten Apr." 27, 2 Die erste Sammlung der „Zerstreuten Blätter" und der erste Theil der „Ideen" 3 unglaubl.

2077. Vgl. zu 427. Nach Grenzboten 1874, S. 188 f. 28, 1 haben 5 vgl. zu 13, 9. 10 nicht 14 Merck 29, 16 vgl. 56, 19. 17 Sagacität 30, 24 ihro 28 unterthänigst treu=gehorsamst

2078—2080. 31, 4 vgl. 27, 2. 7 H. 9 Augenbl. 16 Mär

2082. Vgl. zu 268. Auf der Hs Bleistiftvermerk „1780" in *GK* I, 11 „1778?" und Düntzer (Freundesbilder S. 545) setzte den Brief in den Anfang 1801. Hier datirt durch Vergleichung mit 31, 4. 7. 32. 1. 33, 10—12 sowie 34, 2. 37, 22. 44, 18. Aber trotz dieser scheinbar unerschütterlich festen Verknüpfung gehört er doch wohl in den April 1786, vgl. 201, 9. 18. 20. 202, 8—10. Knebels Tagebuch bietet keinen Anhalt.

2084. 33, 1 der „Geheimnisse", vgl. zu VI, 333, 14. VII, 33, 15. 34, 5. 12. 35, 1. 37, 19. 38, 7. 19. Ein Notizkalender diente zur Eintragung der Stanzen. 9 Faust Vers 598 Doch morgen, als am ersten Ostertage fehlt noch im „Urfaust" und in der Ausgabe von 1790.

2085. Vgl. zu 268. 33, 10 was für ein „Büchlein?" vgl. zu 2082. Unter dem 23. März erwähnt Knebels Tagebuch „Mémoires du Bar. de Toll." 15 vgl. zu 1. 18 zu nach wohl 34, 3 die 8 nicht ganz deutlich.

2086. 34, 4 vgl. „Postsendungen". 5 vgl. zu 33, 1. 6 Mitr. 7 Fläschgen Pol.

2087. *GSt*² 622. Datirt durch 34, 12 vgl. 33, 1. 15. 34, 5. 37, 19. 14 lassest 17 Herrn wie fast immer H mit Schnörkel, von Schöll N. S. gelesen. Wohl der Kammerherr Eberhard von Holtz in Eisenach.

2088. *GSt*² 610. Datirt wie 2087.

2090. 36, 1 tl. am Zeilenschluss 2 Abhandl. vgl. 9.

2091. Vgl. zu 268.   36, 5 geologische Schriften des Abbé Giraud Soulavie, vgl. 20, 8.   13 Bibl.   14 Linnaische Differt.   20 vielleicht ein Bild Knebels selbst, so dass der Satz Es — mögte als ein im Grunde ernst gemeinter Scherz zu verstehen wäre? am 23. April vermerkt er im Tagebuch: „Mein Porträt an meine Schwester.“   23 ehemalig.   kathol.   24 Pr.   37, 9 Nach träumte mussten zwei kurze bisher ungedruckte Sätze (etwa 4 Druckzeilen) fortgelassen werden, die eine zur Veröffentlichung nicht geeignete Äusserung über den Prinzen Constantin enthalten. Gelegentlich dieses ersten derartigen Falles sei bemerkt, dass in dieser Ausgabe der Briefe Goethes n i c h t s heimlich unterdrückt wird, dass vielmehr die „Lesarten“ in allen Fällen ausdrücklich, wie hier, darauf hinweisen werden, so dass derartige Stellen der Forschung durch die Quellen selbst stets zugänglich bleiben. 19 vgl. zu 33, 1.

2092. 38, 6 meine] m.   7 Schl.   vgl. zu 33, 1.

2094. 38, 18 beim Kirchgang der Herzogin, vgl. zu 17, 18.   19 vgl. zu 33. 1.

2095. 39, 1 m.

2096. 39, 8 vgl. Knebels Tagebuch 12. April: „Préface zum Figaro“, vgl. zu 2054.   10 am 5. April wurde Mozarts „Entführung“ gegeben, daher im Datum 4 statt 5 verschrieben scheint (Fielitz). Vgl. 143, 7 f.   11 tonnen

2097. 40, 2 = Lieb Habers?   4 W.

2098. 40, 8 vgl. Knebels Tagebuch 10. April: „Brief von Seidel. Goethe krank.“ 11: „Expressen an G. Antwort von Göthe.“ 14: „Nachmittags nach Weimar geritten. Göthe besser. Fr. v. Stein da.“ 15: „Abends bey Göthe. mit dem Herzog u. Fr. v. Stein supirt.“   11 gebannt nicht ganz deutlich, bisher getrennt gelesen.

2099. Hs in *HB*. Seidels Hand.   40, 14 vgl. 11, 16. 41, 11 vgl. 12, 11.   19 vgl. dagegen Mosers Äusserung gegen seinen Bruder *M³* 203.   21 f. vgl. 4, 9 f.   24 ihm] dir   25 konnte

2102. Vgl. zu 491. Ungedruckt. Empfangsvermerk „ps. d. 15. April 1785“. Adresse Des Herrn Geh. Raths Freyherrn von Fritsch Exzell.   43, 2 unmaßgebl.

2106. Vgl. zu 268.   44, 9 vgl. zu 1882 f.   nütze aus nüze 10 der in Wege- und Wasserbau-Sachen unter Goethes

Direction stehende Ingenieur- und Artilleriehauptmann.
12 vgl. Knebels Tagebuch 23. April „Auf der Altane“.   14 Er
aus Es   20. 21 ungedruckt.

2110. *G St*[2] 635. Zur Zeitbestimmung vgl. 46, 3. 4 mit
44, 8 f. und Knebels Tagebuch 25. April „Göthe kommt Nachmittag“. Die in 1 genannten Briefe werden Nr. 2111 und
2112 sein: Goethe schrieb sie am 24. und datirte erst am 25.
Ganz analog ist z. B. Nr. 2252 an Kayser vom 23. Jan. 1786
datirt, obgleich Goethe diesen Brief schon am 22. (vgl. 162, 3)
der Freundin zur Lesung schickte.

2111. Vgl. zu 89.   Collation B. Suphans.   46, 8 l.
9 vgl. zu 2045. Doppelt war die Nachricht insofern, als
Kestner seinem Brief an Goethe das Auskunftsschreiben
eines hannoverischen Stadtbeamten beigelegt hatte (erhalten
unter Goethes Briefen an Kestner).   14 Malgen ist Charlottens Schwester Amalie Buff (geb. 1765), Georg ihr acht-
jähriger Sohn.   17 Min. Cab. Bergſecr.   47, 9 W.

2112. Vgl. zu 498.   47, 10 „Scherz, List und Rache“.
48, 2 der aus es   3 da aus wo   10 bey] das b aus ſ   11 völlig
13 Sollten — 22 ungedruckt   19 Sie üdZ   49, 3 Ital.
7—11 ungedruckt   7 Muſſe aus Muſe   das zweite Sie aus
ſie   12 W.

2113. *G St*[2] 636. Aus Jena, was vor dem Datum zu
ergänzen. Zur Zeitbestimmung vgl. besonders Knebels Tagebuch April 26 „Mit Goethe den Morgen spazieren. Nach
Weimar geschickt Fr. v. Stein zu laden“.   27 „Frau v. Stein
kommt nicht. Mit G. bey Paulsen. Spazieren. G. reitet
Nachmittag weg.“

2114. Vgl. zu 268.   50, 8 am 26. April starb Seckendorf
in Ansbach an einem Lungenleiden, nachdem er am
15. Februar in preussische Dienste übergetreten war.   11 der
Bergsecretair   16 W.

2115. 50, 17 wahrscheinlich zu beziehen auf Capitel 8
des 3. Bandes von Zimmermanns „Über die Einsamkeit“, das
gegen den (der Frau v. Stein und Goethe aus dem October
1782 bekannten) schweizerischen Theosophen Oberreit gerichtet war. Vgl. 2116.

2116. Vgl. zu 60. Adresse An Herrn Reich Buchhändler
in Leipzig. Zum Inhalt vgl. 2115.

2117. Vgl. zu 268. 51, 16 Pr. Prinz Leopold von Braunschweig, Bruder der Herzogin Mutter Anna Amalia, opferte am 27. April 1785 sein Leben dem Rettungswerk bei einer Überschwemmung in Frankfurt an der Oder. Vgl. Werke II, 123. 19 Beziehung unsicher, vielleicht begreift Goethe unter diesem Bild seine Nöthe als Kammerpräsident. 20 5] 7 irrthümlich, denn zwischen dieser und der folgenden Nummer müssen mehrere Tage liegen, und am 6. Mai vermerkt Knebel im Tagebuch „Von Göthe Brief, nebst Steinen vom Rosstrapp".

2118. Vgl. zu 268. Kein Empfangsvermerk im Tagebuch Knebels, der vielmehr den 8. mit Goethe in Weimar verlebte und Abends spät nach Jena zurückkehrte. 17 Pfingsten fiel auf den 15. Mai, der Ausflug fand erst Anfang Juni statt. 20 vgl. 122, 14.

2120. *GSt²* 642. Wenngleich nicht ermittelt ist, wohin Goethe sich am 11. Mai 1785 begab, liegt zur Versetzung in 1784 (mit *GSt¹*) kein Grund vor. Keines anderen Jahres 11. Mai passt besser, auch kein 11. März.

2123. Grenzboten 1878 Nr. 45 S. 229 unter dem vermutheten Datum „Ende Mai". Aber am 24. Mai verreiste der Herzog auf mehrere Monate. 54, 17 Seren. 19 Mag. 55, 9 gn. 10 Extr. 12 vergeffen, 14 Sekret.

2125. *GSt²* 647. Zur Zeitbestimmung vgl. 2123. Jedenfalls unmittelbar vor des Herzogs Abreise, also am 24. oder vielleicht am 23. Mai.

2126. Vgl. zu 491. Ungedruckt. Adresse An des Herrn Geheimberath Freyherrn v. Fritsch Exzell.

2127. Vgl. zu 266ᵃ. *M²* 253. Hs unbekannt. 56, 18 W. 19 vgl. 29, 16 f. 57, 2 C. R. 9 Kl. 16—25 von Wagner als „P. S." bezeichnet, vgl. zu 1551. 16 f. vgl. VI, 381, 16 f. 22 Mortif.

2128. Vgl. zu 72. Hs Königl. Bibliothek Berlin. Oben rechts von Caroline Herders Hand „1784 oder 1785". Bisher in den Anfang Juni 1785 gesetzt, hier in Ende Mai, — beides mit Unrecht. Schon 1881 in „Goethe und Spinoza 1783—86" hatte Bernhard Suphan vorliegenden Brief mit Sicherheit in die Zeit vor dem 30. December 1783 gesetzt. Jacobi sandte den ersten Theil seiner 1785 gedruckten Spinoza-schrift, die Gespräche mit Lessing enthaltend, schon Ende 1783 handschriftlich an Goethe, vgl. VI, 219, 9. 231, 7. — So gewinnt auch 58, 12 eine klare Beziehung (auf das Gedicht „Ilmenau“) die in 1785 der Stelle fehlte. Herder beantwortete Jacobis Brief (58, 1) am 6. Febr. 1784 (*HN* II, 251 f.).

2130. 59, 4 die Brüder Christian Gottlob (der Jurist) und Joh. Carl Wilhelm (der Mineraloge).   16 Ilm.

2131. *GSt*[2] 650. Datum gesichert durch den Zusammenhang, durch die 60, 8 ausdrücklich betonte Übereinstimmung des Papiers und durch die 60, 6 zugestandene hastige Schrift. Doch ist statt des 4. Juni auch der 5. möglich.

2132. 60, 11 Wilh. Buch 6 der verlorenen Gestalt. 12 an dem „Roman über das Weltall“, vgl. zu 1770.   15 Emilie v. Werthern, geb. v. Münchhausen, seit 1775 mit dem Kammerherrn v. Werthern-Beichlingen vermählt, von Knebel geliebt, entfloh mit dem Bergrath August von Einsiedel nach Afrika, wo dieser und zwei mitreisende Brüder Goldbergwerke anlegen wollte. Frau v. W. liess sich todt sagen, und an ihrer Stelle ward eine Puppe feierlich beigesetzt. Vgl. zu 66, 2—6. 102, 3. 239, 21.   60, 16 der jüngere Voigt 17 von Das ab feinere Schrift.   20 nicht sowohl Kl. als K. mit dem l-artigen Abkürzungsschnörkel; es ist der wenig beliebte Reisemarschall mit dem Spitznamen „Nobody“. 21 Karlsb.   7 der Oberforstmeister in Ilmenau, über den Goethes Urtheil nach VI, 371, 27 f. jedoch wohl unerschütterlich fest stand.

2133. 61, 21 gätlich bei Goethe ziemlich häufig, nach Adelung „nur in den gemeinen Sprecharten, besonders Niedersachsens“   23 Wilh.   62, 4 Ilm.

2134. Vgl. zu 239 und 1584. Vermerk Jacobis empf. d. 18ten. beantw. d. 10 ten Juli.   62, 5 vgl. zu 2128.   63, 6 auf den im Goethe- und Schiller-Archiv befindlichen Briefen Jacobis (nach 1792) ist kein entsprechendes Siegel.   64, 7 vgl. 65, 1.   64, 16 mit Fürstenberg, Hemsterhuys und Sprickmann; sie kamen erst gegen den 20. September. 18 nach dort wiederholt die Hs die Worte in der Hälfte künftigen Monats   .19 alsbann aus alsbenn

2135. Vgl. zu 72. Hs Kgl. Bibliothek Berlin. 64,23 l. 65,1 die 64,7 in Aussicht gestellte Mahnung verzögerte sich also; Herder hingegen hatte schon vorher, am 6. Juni, geschrieben (*HN* II, 270 f.).

2136. 65,13 alsbann aus alsbenn 23 die beiden vorhergehenden Nummern und den 64,24 erwähnten Brief Jacobis an Goethe. 25 vgl. zu 64,16. 66,2 W. Goethe schenkte also der zu 2132 berichteten Thatsache keinen Glauben, vgl. zu 102,3.

2137. *GSt*² 654. 66,24 Carlsbad am Zeilenschluss, aber so, das zur Endung ꞊er noch hinreichend Raum gewesen wäre. 67,2 hinsichtlich der Composition von „Scherz, List und Rache".

2139. 67,20 „Nur wer die Sehnsucht kennt" vgl. 72,5. sechsten aus sechten 22 W.

2140. Vgl. zu 498. 68,9—13 und 69,15—70,10 ungedruckt. 68,3 vgl. zu 67,2. 69,8 Pantomime aus Pantomine 27 sollen

2141. 70,17 herbeygekommenen] das g aus k 71,4 die Frau des weimarischen Kammerherrn v. Hendrich und Fräulein v. Staff, vgl. Knebels Lit. Nachl. III, 378. 14 zum Wilhelm Meister; auch in der späteren Gestalt der „Lehrjahre" folgt die Charakteristik Hamlets, die Wilhelm vor Serlo und Aurelie entwickelt, fast unmittelbar auf das Lied „Nur wer die Sehnsucht kennt", vgl. 67,20. 72,5. 71,24 zusammen über mit

2142. 72,16 Herder und Chr. G. Voigt mit ihren Frauen und einigen Kindern; auch die Frau des Jenenser Commercienrathes Paulsen gehörte zu den bereits in Carlsbad Versammelten.

2143. Vgl. zu 2071. 73,2 da Fritz von Stein in seinem handschriftlichen Commentar zu Goethes Briefen an die Mutter (zu 84,25) anmerkt, er sei damals „mit dem Kaufmann Streiber von Eisenach" nach Frankfurt gereist, würde ich Straube's als fälschlichen Abdruck der unbekannten Hs beseitigt haben, wenn in der Mehrzahl die Herren nicht wiederum ein Anstoss läge.

2144. 73,17 Knebel hatte am 28. Juli Carlsbad verlassen, Herder am 1. August, desgleichen die anderen Wei-

maraner und, in den ersten Tagen des Monates, Frau
v. Stein. 22 Rheingr. v. Salm W. die schöne Gräfin aus
Neunheiligen. 74, 3 die Fürstin Lubomirska. 5 Gr. Graf
Stanislaus Potocky, wie Knebels Tagebuch zeigt; dort auch
die für diesen Zusammenhang unwesentlichen Namen der
übrigen Gesellschaft. 13 vgl. zu VI, 297, 7—12 u. ö.

2145. Vgl. zu 427. 74, 18 in Pyrmont. Zwischen
22 und 23 kein Absatz, sondern nur weiterer Abstand der
Sätze. 75, 7 die Gräfin Werthern. 14 vgl. 2141. 76, 2
Carl August lernte auf seiner Reise, vermuthlich in Pyrmont, den Engländer Charles Gore kennen und dessen drei
Töchter; 1787 kamen Gores zum Besuch nach Weimar, 1791
zu dauerndem Aufenthalt. 14 im Herbst 1785 entschied
sich Imhoffs Übersiedlung nach Weimar. 19 ihnen 28 statt
der Tageszahl eine Lücke, ergänzt durch Vergleichung von
75, 20 zu 77, 9. Wie 77, 11 zeigt, reiste Goethe in der That
am 16. ab, am Tage nach der Abfassung von 2145, so dass
der 76, 22 ausgesprochne Plan sich erfüllte.

2146. 77, 1 Johanngeorgenstadt über Joachimsthal 4 Freundinn einzige 8 vgl. die Stanze zu den Geheimnissen „Denn
was der Mensch in seinen Erdeschranken" Vers 8. 9 Lubomirska. 12 vgl. Goethe-Jahrbuch VI p. IV.

2147. Vgl. zu 60. Adresse An Herrn Reich vornehmen
Buchhändler in Leipzig 78, 2 es gab bereits mehrere ohne
Goethes Wissen veranstaltete Sammlungen seiner Werke,
unter denen die vollständigste und verhältnissmässig beste
die bei Chr. Fr. Himburg zu Berlin 1779 in dritter Auflage
erschienen war (4 Bände). Erst die Aussicht auf eine
vierte Auflage veranlasste Goethe zu dem durch Brief
2333—2335 bekundeten Entschluss. 3 in vier Bände üdZ
5 über die Bestimmung dieses Prachtexemplars s. 82, 9.
8 konnen 11 Dr.

2149. Hs im Goethe- und Schiller- Archiv. Anrede
und Inhalt bezeichnen als Adressaten den Fürstlichen Amt-
mann, auch Hof- und Consistorialrath Gottlob Theodor
Weber in Jena. Über den beiden letzten Lebensjahren
Kraffts liegt, nachdem sein Briefwechsel mit Goethe er-
loschen, dasselbe Dunkel wie über seiner Vergangenheit.

2151. *GSt* [2] I, 735 entsprechend dem Platz des Billets in den Manuscriptbänden, vor der am 22. Sept. 1781 mit Fritz begonnenen Reise, wozu jedoch eine Anmerkung erklärt, diese Einordnung sei nur in Ermangelung eines andren Platzes beibehalten: die einzigen für diesen Ton möglichen Jahre seien vielmehr 1788 und 1789, in denen aber auch ein fester Anhalt fehle. Allein die zu Nr. 1751 mitgetheilte Äusserung der Frau v. Stein vom 20. Juni 1784 zeigt doch, dass auch schon in der Zeit vor der italienischen Reise Verstimmungen eintraten und dauerten, die für beide Theile den schriftlichen Verkehr wünschenswerth machten an Stelle einer mündlichen Unterhaltung, die beiden nur wehe that. Das Gefühl von der inneren Unhaltbarkeit des Verhältnisses wuchs schon seit Jahren auf, in immerwährender Steigerung bis zur Hegire nach Italien, und das dringende Bemühen, die gewohnten Formeln der Versicherung immer neu zu variiren, verdeckt oft nur künstlich und kümmerlich das unbehagliche Bewusstsein der Unsicherheit, der Kälte und Leere. Jetzt hatte der Carlsbader Aufenthalt der Freundin vollends gezeigt, dass sie den Einzigen nicht mehr ganz für sich fordern konnte. Goethe selbst spricht es 76, 5 f. aus gegen den Herzog, und die matte Bemerkung über Frau v. Stein, die er dieser Äusserung folgen lässt, ist höchst bezeichnend, nicht minder die Seltenheit des unmittelbaren Verkehres: zwei kurze Briefe nur schrieb er ihr in drei Wochen der Trennung, und während der zehn Tage, die der nächsten Trennung vorhergingen, zwei Zettelchen, sämmtlich von der oben bezeichneten Art, zwei oder mit dem vorliegenden drei. Sein Ton darf uns also hier nicht befremden, und die äusseren Umstände, die sonst sich nirgends fügen, passen zu dieser Zeit: am 1. September fuhr Frau v. Stein nach Kochberg, Fritz nach Frankfurt ab, die Worte 80, 4 klingen 86, 18—87, 3. 104, 25 u. ö. in dieser Zeit wieder, und es scheint, als ob auch diese von Goethe (93, 7) ins Werk gesetzte Reise nicht ganz nach Charlottens Sinn gewesen sei. Schwierigkeiten könnte nur die genauere Datirung machen: der schriftliche Abschied scheint sich zunächst mit 2150 und 83, 23 nicht wohl zu vereinigen. Und doch besteht kein

Einwand unter der ungezwungenen Annahme, dass 2151 geschrieben wurde, nachdem die 79, 25 in Aussicht gestellte Begegnung ein unerfreuliches Ende gefunden, dass aber der Abend die Scheidenden doch noch wieder zusammenführte. Dazu stimmt dann Ton und Inhalt der nächsten Briefe, besonders auch die Entschuldigung 83, 24 und 84, 17—20. Übrigens verdient bemerkt zu werden, dass nach der Rückkehr des Hofes aus Pyrmont, zwei Tage vor Goethes Rückkehr aus Carlsbad, das Hofleben eine Veränderung erfuhr, die auf das Verhältniss Goethes zu Frau v. Stein Einfluss haben musste: die Cavaliere, unter ihnen der Oberstallmeister, speisten von jetzt ab nicht mehr regelmässig bei Hof, sondern nur wenn sie geladen wurden.

2152. Vgl. zu 268. Adresse An Herrn Major von Knebel nach Mörlach. 80, 6 l. Br. 8 Lubomirska. 9 in der Hs statt der Zahlen Lücken, hier ergänzt nach 77, 9 f. 10 die Äusserung ist insofern sehr auffällig, als Knebel und Tina zusammen an der Feier des 26. Juli in Carlsbad theilgenommen hatten, vgl. Goethe-Jahrbuch XI, 125. 15 Fr. 13 schwätzen aus schwäzen 81, 2 Bergmstr. 14 vgl. zu 76, 12. 91, 16. 107, 18 und Carl August an Knebel 9. Oct. 1785. 22 beweglichen nach Prinz, d. h. die Reflexion Doch — Erbe ist nachgefügt, nachdem bereits eine neue Zeile mit dem Worte Prinz begonnen war. 24 Fr.

2153. Die Hss der bisher ungedruckten Briefe Goethes an den Grafen Hans Moritz Brühl und seine Gemahlin Christine übersandte der Besitzer, Graf Carl Brühl auf Seifersdorf, im Herbst 1889 dem Goethe- und Schiller-Archiv zur Benutzung. In der Wiedergabe der Hss sind bei diesen französischen Briefen die zu 1970 aufgestellten Grundsätze befolgt. 82, 9 oeures wie VI, 378, 8 oeure Zur Sache vgl. zu 2147.

2154. Vgl. zu 89. Collation B. Suphans. 82, 20 l. 21 in Pyrmont. 83, 4 am 21. Juni war Kestners einziges Töchterchen Charlotte gestorben, kaum zwei Jahre alt; der von Goethe gewünschte Ersatz traf ein am 16. Febr. 1793, nachdem ein siebenter Sohn am 11. Aug. 1786 geboren war (der achte und letzte dann am 16. April 1795). 8 bei Herders war Louise das einzige Mädchen unter sieben Knaben.

2155. 83, 23 f. vgl. zu 2151.   84, 14 die Carlsbader Beute. 16 die alljährlich an diesem Tage stattfindende Ausstellung der Zeichenschule. 22 ausſchreiben! aus aus= ſchreiben, 24 von? 28 vgl. 87, 25.   85, 2 horen

2156. Hs im Besitz des Herrn C. Meinert in Dessau, der sie im Herbst 1889 dem Goethe- und Schiller-Archiv zur Benutzung übersandte. Vgl. Goethe-Jahrbuch VII, 173 wo die Deutlichkeit der Jahreszahl 1785 ohne Grund ange- fochten wird. Der Zusammenhang (Beitritt der kleinen Staaten zu dem am 23. Juli 1785 zwischen Preussen, Han- nover und Chursachsen abgeschlossenen Fürstenbund) er- weist den Gothaischen Minister v. Franckenberg als Adres- saten, von dessen (durch anderweitige Briefe mir bekannter) Hand eine auf 85, 9 f. bezügliche Randbemerkung geschrieben ist „Diese Worte waren ohngefehr: Wie ich mercke werden Sie noch zurückhalten.“   85, 10 v. B. mit Sicherheit nicht der hannoverische Minister v. Beulwitz, sondern der preussi- sche Geheimrath v. Böhmer; dieser war zu Ende August in Weimar gewesen. Damals fand der officielle Beitritt Carl Augusts zu dem Fürstenbunde statt, an dessen Zustande- kommen er seit dem Sommer 1784 lebhaft thätigen Antheil genommen hatte, vgl. VI, 351, 1. 20 Prinz August von Gotha, des Herzogs Bruder, hielt sich vom 30. Aug. bis 22. Sept. in Weimar auf, mit kurzer Unterbrechung am 11. und 12.

2157. Vgl. zu 2071.   86, 3 vgl. 71, 1. 14.

2158. 87, 16 ergötzen aus ergözen 18 für aus vor (deut- lich) 23 wohl in Beziehung auf die Kämpfe der Ostindi- schen Compagnie, an denen der mit Imhoffs erster (geschie- dener) Frau vermählte englische General-Gouverneur Hastings (vgl. VI, 327, 15) betheiligt gewesen war, und auf das da- mals lebhafte, in Herders „Ideen“ vertretene culturgeschicht- liche Interesse für Indien und die ganze Welt des Ostens; vgl. 89, 3 und schon V, 320, 1 f. An Indianiſche statt „indische“ nimmt Fielitz mit Unrecht Anstoss, da das dem Sprach- gebrauch der Zeit entspricht.   88, 1 die neue Verstim- mung über den Herzog hieng auch mit dessen von Goethe nicht getheilter Vorliebe für den Fürstenbund zusammen
s Fritzens aus Frizens

2159. 88, 11 R. v. Franckenb. vgl. zu 2156.   19 vgl.
84, 28. 87, 25.   21 „De l'administration des finances de la
France" und die Gegenschriften Coppons und Dubuat Nan-
cays.   24 von aus an   89, 3 die „Apologues et contes
Orientaux" des Abbé Blanchet, hrsg. v. Dusaulx Paris 1784,
vgl. die Bemerkung zu 87, 23.   7 vgl. zu 2151 am Schluss.
9 Franckenb.   18 vgl. 83, 20.   22 über die Ilm, etwas unter-
halb des Goethischen Gartenhauses.   24 Wilh.   25 vgl.
91, 8. 95, 9. 107, 8. 120, 18 f. 122, 2. VI, 210, 1. 17. 368, 5.   So
wuchs jährlich ein Buch heran, über einiges vom siebenten
aber kam die erste Fassung überhaupt nicht hinaus. Mit
dem vierten Buch der heutigen Gestalt endigt wohl die
alte Arbeit, über deren Verhältniss zur neuen besonders
das zu 1835 angezogene Citat Aufschluss geben kann. Vgl.
auch zu 2141.   26 Wesen üdZ auf der Seitenscheide.   90, 5
„Scherz, List und Rache"   13 Das zweite Blatt des Quartbogens ist durch ungerades Abreissen eines schmalen Streifens am unteren Ende beschädigt; Seite 3 war nicht so
tief hinab beschrieben wie Seite 4, so dass nur von dieser
Worte verloren sind, höchstens zwei Zeilen. Die Worte
wünsche und zu sind verletzt, aber sicher, weitere Buch-
stabenreste entziehen sich der Deutung.

2160. Vgl. zu 268.   90, 21 vgl. zu 88, 21.   91, 3 Fr.
8 vgl. zu 89, 25.   10 vgl. 99, 14.   14 Hemsterh. sie kamen schon
nach wenigen Tagen.   16 H. vgl. zu 81, 14.   20 vielleicht
bestimmter   22 Frau Concordia v. Schardt in Weimar, die
Mutter Charlottens v. Stein, vgl. zu 99, 21.   23 H.   26 mit
aus wie   27 Seckend. der in Weimar schon seit vorgoethischer
Zeit als Kammerherr sowie Regierungs- und Hofrath lebende,
wenig beliebte Franz v. Seckendorf, ein Vetter des im April
1785 verstorbenen Sigismund.   92, 9 vgl. 94, 8.   11 W.

2161. Vgl. zu 239 und 1584. Vermerk Jacobis empf.
b. 17ten. beantw. b. 17ten 18ten 19ten.   92, 12 laut Rechnungs-
buch empfing Goethe am 20. Juli in Carlsbad einen Brief
von Jacobi.   15 Solche Aufzeichnungen sind im Goethe- und
Schiller-Archiv nur aus den Jahren 1790 und 1791 erhalten.
20 Jacobis Schrift „Über die Lehre des Spinoza, in Briefen
an den Herrn Moses Mendelssohn." Breslau, Gottl. Löwe
1785, 216 SS und 6 Vorstossblätter: 1 und 2 Titel und „Vor-

bericht", 3 und 4 Goethes Gedicht „Edel sei der Mensch"
(Werke II, 83. 314) mit der Unterschrift „Goethe", 5 und 6
der „Prometheus" (Werke II, 76. 312) ohne Unterschrift.
Als Verfasser des zweiten Gedichtes konnten also nur der
Inhalt Goethe verrathen und die formelle Verwandtschaft
mit dem ersten. Jacobi merkt beim „Prometheus" an:
„Wer es mir verdenkt, dass ich dieses Gedicht, welches als
Beleg hier kaum entbehrlich war, mit der dabey ge-
brauchten Vorsicht einrücke, der muss dem Übersetzer
der zwey Gespräche, Der klagende Jupiter, und Der be-
schämte Jupiter in Lucians Schriften noch weit stärkere
Vorwürfe machen. Und welchem unter den Lesern dieser
Schrift sind die Werke eines Hume, eines Diderot, das
Systeme de la nature, und eine Menge anderer dieser Gattung unbekannt?" Vgl. 95, 1. 101, 15. 23 ſetzen aus ſezen ia
deutlich, bisher „wie" gedruckt, in arger Sinnverkehrung
93, 15 iſt aus ich 16 Hill aus Königsberg scheint (nach
M^1 436) die grossen Männer seiner Zeit überall aufgesucht
zu haben; im Januar 1785 war er in Rom. Vgl. auch O. Hoffmann, Herders Briefe an Hamann S. 219. 222. 225. 22 W.

2162. 94, 6 auß aus auf 8 vgl. 92, 9. 11 August von
Gotha 14 vgl. zu 88, 21 f. 25 dieser kehrte am folgenden
Tage wieder mit nach Weimar zurück, wo er bis zum 22.
blieb. 27 vgl. „Von und an Herder" III, 294. 95, 1 vgl. zu
2161. 2 S. 11 f. der Jacobischen Schrift. 4 ſetzt aus ſezt
8 Wilh. 9 Wort aus wort vgl. zu 89, 25. 10 in Frankfurt, vgl. 93, 7. 12 ein Treppenbau aus Holz in den Anlagen des Wälschen Gartens (Park), unfern der Steinschen
Wohnung 13 Fr. unendl. 14 Inhaber eines Knaben-
pensionats, worauf 16 anspielt. 15 wir] wird 21 W.

2163. 95, 24 vom Urlaub, daher Goethes vermehrte
Dienstgeschäfte. 96, 1 Forster war von Wilna nach Göttingen gekommen, um seine Braut über Cassel, Weimar,
Halle (wo sein Vater noch lebte) und Berlin heimzuführen;
Goethe hatte ihn 1779 in Cassel kennen gelernt, vgl. IV,
61, 27 f. und Forsters Briefwechsel I, 232 f. Ein Bericht über
diesen Aufenthalt Forsters in Weimar ist nicht bekannt.
4 Amalie Seidler war bis zum Tode der kleinen Prinzessin
von Weimar deren Gouvernante, zog dann zu ihrer Schwester

Ettinger (vgl. zu VI, 287, 18) nach Gotha und heirathete 1786 den Bibliothekar Reichard. Therese Heyne war befreundet gewesen mit Auguste Schneider, der Geliebten des Herzogs Ernst, die am 23. Febr. 1785 von ihren Leiden erlöst war.   5 ießigen aus iezigen   7 Prinz August v. Gotha   11 ihn   23 Gößen aus Gözen   24 so vielleicht ser wie aber Goethe sonst meines Wissens nie für sehr schreibt.

2164. 97, 10 Auch Sprickmann, der Professor und Dramatiker aus Münster, war mit der Fürstin gekommen; Goethe erwähnt ihn auffälliger Weise nur 126, 27.   15 auf der Heimreise von Carlsbad nach Darmstadt   23 Prinz August kehrte am 22. nach Gotha zurück.   98, 12 Frißens aus Frizens

2165. 99, 3 am 6. Dec. 1775.   8 : 9 wie 74, 22 : 23.   13 Wilh. zum Bilde vgl. 91, 10.   14 soll aus solle[n]   15 nicht von Goethes Mutter (vgl. 105, 11 werden finden), aber u. a. wohl von Riese, vgl. 105, 18.   hoffentl. am Zeilenschluss   21 dass Goethe der Freundin gegenüber erst jetzt den längst erwogenen Übersiedelungsplan Imhoffs erwähnt, hängt wohl mit der in 91, 22 angedeuteten Befürchtung zusammen.

2166. 100, 8. 24 „Scherz, List und Rache", vgl. 2181. 101, 7 End=Ursache auf der Zeilenscheide.

2167. Vgl. zu 239 und 1584. Vermerk Jacobis empf. d. 8ten Oct. beantw. d. 9ten.   101, 15—24 vgl. zu 2161.   102, 3 die Begleiterin, Frau v. Werthern, an deren Abenteuer Goethe also jetzt nicht mehr zweifelte, vgl. zu 60, 15. 66, 2.   18 vgl. 87, 4.   27 W.

2168. 103, 11 fürtreffl. am Zeilenschluss   22 auffallend häufige Wiederkehr dieses Berichtes in ähnlichen Wendungen 98, 18. 99, 10. 100, 5. 102, 11. 132, 5.   104, 17 Fr.

2170. Vgl. zu 617.   105, 11. 18 vgl. zu 99, 15.   14 vgl. V, 198, 19.   19 ein Brief Goethes an Riese aus dieser Zeit nicht überliefert, vgl. „Postsendungen"   20 wahrscheinlich „Scherz, List und Rache"   „Die Geschwister" schickte Goethe schon am 6. Nov. 1776 nach Frankfurt (vgl. III, 118, 16); gedruckt wurden sie erst 1787 und aufgeführt, ausserhalb der Weimarischen Liebhaberbühne (21. Nov. 1776) soviel bekannt ist erst in diesem Jahrhundert. Vielleicht aber deutet diese Stelle auf eine Liebhabervorstellung in Frankfurt.

2171. 106, 4 Erfurt 5 ihn aus ihm 8 Frl. Charlotte

2172. 106, 23 verwandten aus Verwandten 107, 8 Wilh. vgl. zu 89, 25.

2173. 107, 18 laut Knebels Tagebuch reiste Frau v. Imhoff am 3. Oct. aus Nürnberg ab; am 8. kam sie in Weimar an, wohin ihr Mann ihr erst im December folgte, vgl. zu 81, 14. 22 Wilh. Mikros. 25 Oktbr.] Sept.

2175. *GSt*² 681. Da die Fürstin am 18. Oct. nach Weimar zurückkam und Goethe am 21. (109, 18) ihr Bekanntwerden mit der Frau v. Stein an Jacobi meldet, ist die ungefähre Zeitbestimmung gesichert. Wahrscheinlich ist, unter Umstellung von 2176 vor 2175, der 18. October. Am 17. scheint Goethe zu der Fürstin nach Jena gefahren zu sein, in der Absicht (108, 16), denselben Abend mit ihr heimzukehren; diese wurde laut 108, 13 nicht ausgeführt, vielmehr erfolgte die Ankunft in Weimar erst am 18. früh, und sogleich nach dieser wohl das vorliegende Billet.

2177. Goethe gab den abreisenden Münsterischen Gästen das Geleit.

2178. Vgl. zu 239 und 1584. Vermerk Jacobis empf. d. 2ten Nov. beantw. d. 14ten. Vorliegender Brief beantwortet den Jacobis vom 9. Oct. (Briefw. S. 90 f.), der u. a. die Vorwürfe enthielt: Goethe sei zu wortkarg gewesen über den Besuch der Fürstin und über Jacobis Spinoza-Schrift. 109, 14 Ihrigen aus ihrigen 18 vgl. zu 2175. 110, 1 Fürstenb. 5 Jacobi schrieb, das Urtheil 92, 20. 21 „klingt so vornehm und lässt so gleichgültig." 13 mit der meinigen üdZ 26 Jacobi hatte eine Kiste mit Wildberger Mineralien an Goethe absenden lassen, nach deren Ankunft er sich am 9. Oct. erkundigte, vgl. 244, 1. 27 darüber nichts in dem angezogenen Brief Jacobis, dem einzigen aus dieser Zeit uns überlieferten.

2179. *GSt*² 685. Zettel genau desselben bräunlichen Papieres wie 2180, wodurch die Beziehung von 111, 4 auf 2178 und damit die Datirung gesichert wird.

2180. *GSt*² 686. 111, 15 1785] 1784. Am 24. Oct. 1784 war Frau v. Stein in Kochberg. Annahme, das Billet gehöre in 1783, ist darum abzuweisen, weil irrthümliches

Schreiben der kommenden Jahreszahl erfahrungsgemäss sehr selten begegnet.

2181. Vgl. zu 498. 112, 9—113, 6 und 113, 12. 13 ungedruckt. Adresse An Herrn Chriſtoph Kayſer Tonkünſtler in Zürch 112, 2 Sie aus ſie 11 unvollkomme (hätte vielleicht nicht angetastet werden dürfen, da die Form durch falsche Analogie zu bewillkommen neben dem später fest gewordenen bewillkommnen sich erklären lässt) 19 Sanger 113, 9 vgl. 151, 20. 10 W. 12 Veränderungen des Textes, die durch die Composition wünschenswerth wurden.

2183. Vgl. zu 1952. Hs unbekannt. Nach Uhde, Hamburger Nachrichten 1877 Morgenausgabe Nr. 57. Der Adressat ergibt sich aus dem Inhalt. 114, 3 die Zeichen „(— ? —)" der Vorlage nach dem Worte Stadtrath drücken wohl einen Zweifel Uhdes aus.

2184. 114, 19 italienische Operette von Salieri.

2186. *GSt*² 692. Die ansprechende, schon in *GSt*¹ gefundene Zeitbestimmung ist einwandlos unter der durch 115, 11 f. bedingten Annahme, dass diese „Gute Nacht" am Vormittag geschrieben wurde, um Abends in Weimar mit einer Gelegenheit einzutreffen. Die Heftigkeit der Liebesversicherungen stimmt, auch im Ausdruck, zu der Umgebung.

2187. *GSt*² 693. Aus Ilmenau, was 116, 5 zu ergänzen. Das überlieferte Datum d. 8. Nov. fügt sich nicht zu 2188, dessen erster Theil am Abend des Tages geschrieben sein muss, an dessen Morgen vorliegender Brief abging. 115, 19 ausgesonnen = den Schluss in Gedanken ausgebildet 21 „Die ungleichen Hausgenossen". Die Tag- und Jahreshefte nennen dieses Singspiel 1789 „schon ziemlich weit gediehen", und 147, 12 f. wird die neue Operette ausdrücklich als zu sieben Personen bezeichnet; vgl. das Register. 116, 1 überliefert ist ein durch Beschneiden auf Quartgrösse gebrachtes, fast ganz beschriebenes Blatt.

2188. Aus Ilmenau, was 116, 6 zu ergänzen. 9 ey aus er 16 Wilh. 20 Studien wohl in schriftstellerisch-technischem Sinne, wie der Zusammenhang wahrscheinlich macht, nicht in dem Sinne, dass die folgenden Bücher Niederschläge wissenschaftlicher Studien enthalten sollten,

117, 8 Albertine v. Staff, die Goethe schon im Dec. 1779 als
Hofdame in Carlsruhe wiedertraf.   14 Goethe war überhaupt noch nie im November in Ilmenau.   20 fie aus es

2189.   118, 13 Ernst sollte Forstmann werden; dass er
nicht in Ilmenau ausgebildet wurde, hatte wohl seinen
Grund in der Person des Oberforstmeisters v. Staff.   Arm
nennt Goethe den 18jährigen jungen Mann seines für unheil-
bar erkannten Leidens wegen, dem er im Juni 1787 auf der
Reise nach Carlsbad erlag.   17 öffters   119, 1 nicht mit
GSt^2 zu verstehen als „Andeutung des Gedankens, Weimar
zu verlassen"; der Zusammenhang beschränkt den Satz
lediglich auf die Fortdauer des Antheils am Ilmenauer Bergwerk. Vgl. hingegen 120, 25 f. 122, 16.   5 Wilh.   6 Theil
nicht nur „Buch", denn die ersten sechs des im Ganzen auf
zwölf Bücher berechneten Romans sollten einen Theil (Band)
bilden, vgl. 138, 6.   19 Herzog Ernst und Prinz August mit
Tischbeins Gemälde „Conradin von Schwaben und Friedrich
von Österreich vernehmen, im Kerker Schach spielend, das
„Todesurtheil" Tischbein hatte das Bild schon im Januar
1785 nach Gotha abgeschickt (M^1 437); im Juni 1784 war
Goethe zuletzt dort gewesen.   22 überschneit die   120, 8 vgl.
122, 4.   10 fo aus fooiel   18 vgl. zu 89, 25.   121, 1 Imh.
10 Wilh.

2190. Vgl. zu 72. Hs Kgl. Bibl. Berlin.   122, 1 nach
Nov. von fremder Hand (Caroline v. H?) „1785"   2 sechste
aus sechfte   3 vgl. zu 89, 25.   4 vgl. 120, 8.   14 vgl. 52, 20.
15 Prinz August v. Gotha   Conradin vgl. zu 119, 19.   18 Wilh.

2192. GSt^2 697.   124, 6 fo w. am Zeilenschluss

2193. GSt^2 698.   Datum gesichert durch Anwesenheit
des böhmischen Grafen Wallenstein vom 9.—20. Nov., dazu
vgl. 125, 4 mit 47, 15. 70, 9. 128, 1. 130, 8.   2 horen   4 *Theod.*

2194. Vgl. zu 268.   125, 9 in Baiern und Tirol   126, 2
Fr. das auch auf Imhof mit zu beziehen ist, da Herr v. Imhoff damals noch nicht in Weimar war.   14 bekannt bekannt auf der Zeilenscheide   18 Fr.   Sie — 20 ungedruckt
Eccard mir unbekannt.   27 vgl. zu 97, 10.   127, 1 vgl. zu 2161.

2195. Vgl. 133, 17 f. und 2205.

2198. Vgl. zu 498. Ungedruckt.   128, 22 besonders
wohl Herders, vgl. 143, 21.   129, 15—17 Variation aus dem

Schluss des zweiten Actes der Operette   130, 5 durch Isenflamm, vgl. 2183.   8 vgl. 125, 5.   10 𝔚.   12 vgl. zu 115, 21.

2199. 130, 16 schwerlich an einer neuen dichterischen
oder wissenschaftlichen Arbeit, sondern an den Stimmen
der Operette (vgl. 129, 28) oder Amtlichem.

2200. Ungedruckt. Grossherzoglich Sächsisches Mi-
nisterial-Archiv. An die gräflich und freiherrlich Wer-
thernsche Familie kamen durch Lehens-Erbschaft Theile
des Rittergutes Daasdorf, die der Herzog durch Kauf am
21. Aug. 1784 in seinen Besitz brachte; dieser Contract be-
sagte, dass es dem Käufer „frey stehen solle, drey Mit-
belehnte zu praesentiren". Das fürstl. Cammercollegium
erinnerte den Herzog unter dem 7. Sept. 1785 hieran. Der
von Goethe vorgeschlagene v. Lyncker musste als Katholik
abgewiesen werden, und der Herzog bestimmte dann neben
dem Prinzen Constantin zwei Andere.   131, 10 iḥn aus eẑ
Bei dieser Gelegenheit ist zu bemerken (mit Beziehung
auf B. Suphans Mittheilung im 5. Jahresbericht der Goethe-
Gesellschaft S. 10), dass auf Befehl S. K. H. des Grossherzogs
Carl Alexander von Sachsen der Inhalt aller amtlichen
Archive des Grossherzogthums, soweit er von Goethes dienst-
licher Thätigkeit zeugt, dem Goethe- und Schiller-Archiv
zur Verfügung gestellt ist. Aus dem sehr umfangreichen,
für die Biographie des Dichters höchst wichtigen Material
kommt auch der Brief-Ausgabe vieles zu Gute, besonders
aus den späteren Jahrzehnten und zwar vor allem durch
die mannigfaltigen Acten der Universität Jena und der mit
ihr verbundenen Institute. Die Auswahl des hiervon der
Brief-Abtheilung Zufallenden wird, dem bisherigen Verfahren
entsprechend, ihre Gesetze weniger in der Forderung reiner
Brief-Form finden (vgl. z. B. die Gattung der Pro memoria)
als in der Bedeutung des Inhalts.

2201. Vgl. zu 239 und 1584. Vermerk Jacobis empf.
b. 13ten. beantw. b. 14ten.   131, 15—17 wird auch durch
Jacobis Antwort nicht erklärt.   20 Mendelssohns „Morgenstunden oder Vorlesungen über das Daseyn Gottes." Berlin
1785.   21 der] ben   132, 6 𝔚.

2203. 132, 10 nach Schölls u. A. ansprechender Vermuthung an die Fürstin Gallitzin, auf Grund von 137, 15

und 173, 18. Wahrscheinlich war auch dieses Schreiben
französisch, wie die beiden folgenden. 132, 10 bein Brief
wird als Concept zu verstehen sein.

2204. Vgl. zu 2153. 132, 16 des Dresdener Componisten, der sich zur Zeit in Kopenhagen aufhielt. 133, 4
das in Carlsbad (am 12. August 1785) zunächst der Melodie
eines französischen Liedes untergelegte, nunmehr von Naumann neu componirte Gedicht „Auf den Auen wandlen wir",
vgl. B. Suphan, Goethe-Jahrbuch XI, 132. 17 Nr. 2205.
24 Lolo ist Brühls einziger Sohn Carl, der später, als General-
intendant der Kgl. Schauspiele in Berlin, mit Goethe befreundet war. 25 W. 28 der Maler, der die Carlsbader
Gesellschaft belustigte. ˙

2205. Vgl. zu 2153. 134, 2 Goethe war am 16. Nov.
zurückgekehrt und hatte den Brief schon am 20. an Frau
v. Stein geschickt. 10 Frühjahr 1782 13 *feront* aus *fera*
21 Ernst und besonders Fritz v. Stein 135, 3 *Kestner* (statt
Kästner) undeutlich, wie *Kettner*.

2206. Vgl. zu 89. Collation B. Suphans. Vermerk
Kestners d. 2. Apr. 86 beantw. 135, 12 K. 13 ein beträcht-
licher Vermögensverlust, dessen Veranlassung, laut Anmerkung in „Goethe und Werther", eine für den Betroffenen
noch besonders schmerzliche war. 136, 5 W.

2207. Vgl. zu 498. Adresse Herrn Christoph Kayser in
Zürch 136, 6 K. 11 mit Herder und Einsiedel in erster
Linie 15 Rez. 17 bey üdZ 137, 2 durch Knebel, vgl.
125, 13. 126, 7. 6. 7 ungedruckt, oben am Rande des Blattes
über Kopf, die Worte Fr. Schulthes von Riemer unleserlich
gemacht.

2208 und **2209.** *GSt*² 707 und 708. Schon vor dem
Bekanntwerden von 2204 an die Gräfin Brühl waren diese
Billets zu 2203 in Beziehung gesetzt und demgemäss datirt.
Nunmehr kann es nur noch fraglich sein, ob 2209 am 5.
oder 6. Dec. geschrieben ist: wenn letzteres der Fall, so ist
137, 15 gestrige = der den du gestern wiederschicktest. —
Auch an Bäbe Schulthess schrieb Goethe am 4. Dec., vgl. 148, 11.

2210. 138, 6 vgl. zu 119, 6.

2214. 139, 16 Franz Ludwig Güssefeld, ein tüchtiger
Ingenieur und Kartenzeichner. 18 den Anfang der Geheim-

nisse, der dann schon in der Goeschenschen Ausgabe (1787 f.) als „Zueignung" verselbständigt ist. 21 𝔚𝔦𝔩𝔥. 22 den Namen einer erst den Büchern 7—12 der alten Fassung angehören-den Person, vielleicht also Lothario, bei dessen Taufe der sogleich (140, 4) genannte Loder Pathe gewesen sein könnte, ohne innere Beziehung; vgl. zu 2216. 140, 2 „Die un-gleichen Hausgenossen" vgl. zu 115, 21. 5 𝔒𝔟𝔣𝔢𝔯𝔳. 6 𝔄𝔟𝔥𝔩. John Hill „Abhandlung von Ursprung und Erzeugung junger treibender Blumen" Nürnberg 1768. 9 𝔞𝔲𝔰𝔣𝔠𝔥𝔩𝔦𝔢𝔰𝔩. am Zeilen-schluss.

2215. *GSt*² 714. ⸜ 140, 21 vgl. zu 2. 23 𝔚𝔦𝔩𝔥.

2216. *GSt*² 715. Die Datirung ergibt sich durch die Gleichheit des Papieres mit dem der beiden vorhergehenden Briefe, durch die Übereinstimmung der Schlussformel 141, 7 mit 142, 3 und durch Goethes derzeitig entschiedene Vorliebe für italienische Componisten: die gute 𝔐𝔲𝔣𝔦𝔠 141, 3 bezeich-net die Operette „Eifersucht auf der Probe" von Anfossi, die am 15. Dec. gespielt wurde.

2217. *GSt*² 677 unter dem 13. October, aber schon mit dem Hinweis auf andere Möglichkeiten, unter denen auch unsere Datirung. Diese allein passt in jeder Hinsicht. Die Herren v. Pöllnitz, ein Hauptmann und ein Oberkammerherr aus Ansbach, waren vom 23. Oct. bis 15. Dec. 1785 des Herzogs Jagdgäste; mit den 𝔫𝔞𝔠𝔥𝔣𝔱𝔳𝔢𝔯𝔤𝔞𝔫𝔤𝔫𝔢𝔫 Morgen kann nur eine kürzere Abwesenheit bezeichnet werden; die lange Abendbesprechung mit dem Herzog fügt sich zu 2218. 141, 14 𝔥. 16 𝔓𝔬𝔩𝔩𝔫.

2219. 142, 6 𝔥. 9 Goethe war am 20. mit dem Herzog aus Gotha zurückgekehrt; der Satz bezieht sich, da eine neue Reise nicht im Plane lag, wohl nur auf die Be-schränkung des Zusammenseins an diesem Tage.

2220. *GSt*² 782. Die mehrfach umstrittene Frage der Datirung wird durch die Briefe an Kayser, besonders den folgenden, für den 22. Dec. mit Wahrscheinlichkeit ent-schieden, unter der Annahme, dass dieses Billet an Stelle des 142, 7 angekündigten Besuches trat.

2221. Vgl. zu 498. 142, 18—146, 25 ungedruckt. Die Hs besteht aus zwei Foliobogen, deren erster den un-gedruckten Theil enthält. Sie tragen oben rechts von

Goethes Hand die Nummern 2 und 3: das vorige also, auf das die Eingangsworte des überlieferten Theiles hinweisen, bestand aus einem mit 1 bezeichneten Bogen oder Blatt. Auch die alten Abschriften der Briefe an Kayser (vgl. zu 498) enthalten den verlorenen Theil nicht; vgl. zu 144, 28. 143, 3 Ein originelle aus origelle 4 Aug üdZ Sie 7 vgl. zu 39, 10. 144, 16 eine üdZ 28 Die Vermuthung, diese Beylage sei mit dem verlorenen Bogen 1 identisch, wäre an und für sich wegen der ungewöhnlichen Zählung widersinnig, wird aber durch 148, 14 höchst wahrscheinlich: dort wird eine Auseinandersetzung über die Arie Arm und elend zurückgezogen, auf die doch hier als auf eine schon fertig geschriebene Beilage verwiesen wird; zu dem Bekenntniss 142, 20 den ich so unvollkommen kenne stimmt sodann die Begründung des Zurückziehens 148, 15. In diesem Falle wäre also Bogen 1 überhaupt nicht abgesandt. 145, 12 auf 13 wie von Herder, vgl. 143, 23. 16 gehört auch) 18 den — preist mit feinerer Schrift zugefügt. 28 geschehe aus sey 146, 7 zu üdZ 14 vortragen] das v aus sp („spielen") 15 Doctors aus Dochters 17 sehr üdZ 23 Hey, den auch Carl August gegen Knebel am 26. Dec. rühmt. 147, 3 betr. 12 „Die ungleichen Hausgenossen" vgl. zu 115, 21. 148, 6 vgl. zu 137, 7. Auch diesen Absatz, 6—11, hat Riemer meisterlich durchstrichen wie alle, in denen das ihm höchst verdächtige „Verhältniss" zu Frau Schulthess berührt ist. 6 Schulth. 14 4ten aus 5ten

2223. 149, 3 H. vermuthlich ist Herzoginn Mutter aufzulösen, vgl. 150, 6.

2224. 149, 6 heil.

2226. GSt² 567 unter Januar 1785. Aber die Stundenangaben vereinigen sich gut mit 2225 und 150, 6 mit 149, 3.' 150, 5 zu vgl. VI, 232, 4. VII, 275, 6.

2227. 150, 10 „Das tartarische Gesetz" Schauspiel von Gotter mit Musik von Benda. 10 um — 11 sehen stark ironisch, vgl. zu 2216.

2228. Vgl. zu 498. Ungedruckt. 150, 15 I. 17 vgl. 146, 23. 151, 2 als nach sin 7 es nach a 14 schriebe deutlich 20 vgl. 113, 9. 22 Accomp.

2229. 152, 1 Kn.

2230. Vgl. zu 268.   152, 11 Mineral.   153, 3 : 4 wie
74, 22 : 23.   9 „Scherz, List und Rache"   22 folle   27 „Die
ungleichen Hausgenossen"   154, 4 vgl. 1308.   12 Jahrs=
zeit nach Zei   21 das nächſte über dieſes   155, 1 vgl. 153, 27.
6 ich — 8 vermindre ungedruckt.

2232. 155, 18 in Folge der neuen Hofordnung (vgl. zu
2151 am Schluss), aber auch wohl ganz neu eingetretener
Umstände, vgl. 160, 10.

2233. 156, 1 m.

2235. Vgl. zu 72. Hs in *HB*.   156, 14 betr.   157, 3
dirigteſt Die beiden völlig unbemittelten Söhne des verstorbenen weimarischen Lieutenants v. Mandelsloh waren
seit 1781 als Cadetten eingestellt und wurden aus der fürstlichen Kriegskasse unterhalten. Als Vorsitzender der Kriegs-
kommission hatte daher Goethe mit ihnen zu thun und
unterschrieb als solcher zwei amtliche Schreiben der Commission an den Herzog in ihren Angelegenheiten, veröffent-
licht Goethe-Jahrbuch XI, 73 f.   5 über Hertz s. Haym
Herder II, 351. Lossius vgl. 95, 14.   18 Vhß = von Hause.
Die 86 aus 85

2236. *GSt²* 729.   157, 25 das überlieferte Datum 1785
ist ausgeschlossen durch 2041, die Annahme eines Schreib-
fehlers gestützt durch die Correcturen 157, 18. 159, 10.

2237. 158, 1 vgl. 204, 10 (Düntzer).

2239. 158, 18 Er nach Die

2240. 159, 1 ſpate   4 Michael Ignaz Schmidts „Geschichte der Deutschen" erschien 1782 f. in 5 Bänden =
10 Theilen, 1785/86 in neuer Auflage. Der letzte Theil enthielt die Geschichte der Jahre 1630—48, behandelte also
auch Bernhard von Weimar.   5 August v. Gotha.

2241. 159, 10 die 86 aus 85

2244. 160, 7. 8 vgl. 159, 5. 161, 11. 170, 1.

2245. 160, 12—15 wohl auf eine Dilettantenleistung bezüglich.   17 K. die Ergänzung nur wahrscheinlich, da
Knebels Tagebuch vom 1. Jan. bis 4. Febr. 1786 fehlt.

2246. 161, 1 reg. H.   4 18] 17 was durch das Fourierbuch als Schreibfehler erwiesen wird.

2248. *GSt²* 741. Der Zusammenhang mit 2247 und
die durch 159, 5. 160, 7 schon vorgedeutete, am 24. Jan. aus-

geführte Reise berechtigen diese Datirung.   161, 11 H.
Abſch.

2249. 161, 16 ſchon   162, 1 Hofgärtner Reichert.
2250. 162, 5 m. liebe   Vgl. 2252.
2251. 162, 13 leibl. m. 16 Schrifften? aus Schrifften,
vgl. 170, 12. 172, 1. 11.
2252. Vgl. zu 498.   166, 17—167, 22 sowie 168, 2 Die—
4 aus und 24 Wenn — 27 zweye ungedruckt.   163, 17 in nach
die 165, 3 abweichen nach wenig 6 ihre über die 166, 17 „Die
ungleichen Hausgenossen" 27 Beginn feinerer Schrift, die
sich bis 168, 4 mehr und mehr vergröbert, um dann wiederum ganz fein einzusetzen.   168, 21 dass Goethe hier
auch Schillers „Räuber" im Sinne hat, darf man vermuthen.
24 das pp nachträglich zwischengedrängt.   169, 1 Cl. 9 *Teoo-
doro* 19 W.

2253. 170, 3 deine = diejenigen meiner {Papiere, zu
denen du im Bedürfnissfall Zugang haben musst; vgl. 175, 3.
5 „Die ungleichen Hausgenossen".

2254. 170, 12 vgl. 162, 16. 17 H. A. O. Reichards, des
Gothaischen Bibliothekars „Theater - Kalender auf das Jahr
1786".   171, 3 umſtändl. am Zeilenschluss. 6 Das aus daß
7 vgl. 170, 5. 17 vgl. 188, 9. 22 von Goethes späterem
Schwager enthielt der Kalender Gedichte auf C. F. K. Kunst
(nicht Kurz) als Clavigo und Sophie Ackermann als Ophelia.
Ackerm. am Zeilenschluss. 23 Kotzebue, zur Zeit schon
Praesident des Gouvernementsmagistrats der Provinz Estland,
hatte sich 1777 in Jena an einem studentischen Liebhaber-
theater betheiligt. Jen. 26 Reich. am Zeilenschluss.   172, 2
vgl. das Bekenntniss 170, 5. 4 der — 5 iſt nachträglich zugefügt mit gleich feiner Schrift. 8 Gotha] G.   10—15 auf
einem Viertel der vierten Seite des bereits zusammengefal-
teten Briefes. 11 Gen. Sup.

2256. Vgl. zu 239 und 1584. Kein Vermerk Jacobis
über Empfang und Erwiederung. Vorliegender Brief beantwortet den Jacobis an Goethe vom 13. und 14. Dec. 1785.
(s. Briefwechsel S. 96 ff.) der im wesentlichen die 131, 20 von
Goethe gestellte Frage beantwortet und von verschiedenen
Recensionen der Jacobischen Schrift „Über die Lehre des
Spinoza" spricht. Eine „Litteratur - Zeitung" wird dabei

nicht genannt, doch kann sich eine Nachschrift darauf bezogen haben, die in die später abgedruckte Copie des
Briefes (s. Einl. des Briefw. S. VIII) nicht aufgenommen
wurde. Gemeint aber kann 173, 2 nur sein die Jenaische
„Allgemeine Literatur-Zeitung“, die am 2. und 9. Jan. 1785
eine anerkennende Recension von Mendelssohns „Morgenstunden“, am 11. Febr. eine ablehnende von Jacobis Spinoza-
Schrift brachte. 173, 6 Jacobi hatte eine ihm günstige,
von Claudius verfasste, vom Hamburger Correspondent ab-
gewiesene Recension an Goethe gesandt mit der Bitte,
ihre Aufnahme in Wielands „Merkur“ zu vermitteln. 8 Tobt
hat war Mendelssohn starb plötzlich am 4. Jan. 1786.
13 M. 16 der Herzog war am 2. Januar abgereist und
kehrte am 1. Febr. zurück. 17 vgl. VI, 309, 16. 18 Gallitzin,
vgl. zu 2203 und 137, 15. 20 Fr. vgl. die Reflexion VI,
402, 17 — 20.

2257. Vgl. zu 72. Hs im Goethe- und Schiller-Archiv.
Ende Januar oder Anfang Februar, da sich Goethe am
20. Febr. bereits einer hier erst erwarteten Schrift über-
drüssig bekennt. Es ist Mendelssohn „An die Freunde
Lessings. Ein Anhang zu Herrn Jacobis Briefwechsel über
die Lehre des Spinoza“ Berlin 1786.

2259. 175, 1 m. 2 Gesellsch. Geht

2260. Vgl. zu 491. Ungedruckt. 175, 9 tägl. am
Zeilenschluss. 14 den Cammerassessor Friedrich Carl
Büttner. 20 G. C. R. 21 konnte 176, 6. 7 Geh. C. R.
8 Seren. 12 W.

2261. Vgl. zu 491. Ungedruckt. Von gleichem Tag
mit dem vorigen und unmittelbar angeknüpft, aber auf
selbständigem Bogen. 176, 23 vgl. 207, 18. 177, 3 fast
üdZ 11 konnen 13 in Belvedere. 25 konne gn. 27 W.
Schon am 7. Nov. 1786 meldet Loder an Knebel „Auch
unser gute Dr. Batsch hat in seiner Materia medica hüb-
schen applausum, und wird von den Studenten gar sehr
geliebt.“

2262. 178, 1 Carl v. Stein hatte als Student in Helmstedt, dann in Göttingen recht flott gelebt; nach Düntzer
(Charlotte v. Stein I, 253) schrieb Goethe ihm im Namen

seines Vaters einen väterlichen Ermahnungsbrief und for-
derte genaue Angabe seiner Schulden, s. „Postsendungen".
Vgl. zu 238, 9.

2263. 178, 7 vgl. 146, 23. 150, 17. 8 vgl. 283, 3.

2264. 178, 11 Grosses Ballfest mit Souper im Redouten-
hause; das Fourierbuch verzeichnet Frau v. Steins, nicht
aber Goethes Anwesenheit.

2267. 179, 13 auf früh 14 vgl. Postsendungen.

2268. Vgl. zu 2153. 180, 6 vgl. 132, 16 f. 11 Neumann, ein öffentlich scheinbar nicht hervorgetretener Poet.
14 *les* üdZ 19 *ma* 21 *aussi* aus *aussis* 22 *vers* aus *a*
25 am 1. Febr. *est*] *et* 181, 3 vgl. 190, 16. 4 von hier
ab schärfere Schrift. „Scherz, List und Rache", von Kayser.
6 *l Italie* 6. 7 *curieux de scavoir ce que* aus *curieux ce que*
indem *de* zwischengedrängt, *scavoir ce* (mit irrthümlicher
Wiederholung des *ce*) übergeschrieben ist 182, 1 vgl. dagegen 154, 21—25. 5 *W.*

2269. 182, 6 vgl. 13 und zu 2257.

2270. Vgl. zu 72. Hs Königl. Bibl. Berlin. 182, 13
vgl. 6. 14 sonnen Fr. 16 Goethe besass das vormals
Herderische Exemplar der Ethik Spinozas, vgl. zu VI, 392, 11.
Auf die citirte Propositio XIX folgt in 4 Zeilen der Beweis,
dann Nr. XX. Der Ausdruck von der Proposition ... einige
Blätter bedeutet also: von dieser Proposition a b. In „Dichtung und Wahrheit" (Werke XXVIII, 288, 20) setzt Goethe
seine Neigung zu diesem „wunderlichen Worte" Spinozas
schon in das Jahr 1774 und bezeichnet Philinens „Wenn
ich dich liebe, was geht's dich an?" als „jenes freche spätere
Wort". Es steht Lehrjahre Buch IV Cap. 10, also noch in
dem Theil, dessen ältere Gestalt zur Zeit des vorliegenden
Briefes schon abgeschlossen war. Vor der ersten Bekanntschaft Goethes mit Spinoza liegt die Äusserung gegen
Charlotte Kestner „Wenn du nicht fühlst, dass ich dich
liebe, warum lieb ich dich?" (Briefe II, 151, 22). Vgl. auch
188, 20.

2271. 183, 7 einige Proben von Spottversen auf Mendelssohn in *GSt²* II S. 615.

2272. 183, 17 Rahm = Rahmen, daneben auch „die
Rahme" in Goethes Gebrauch; vgl. z. B. III, 227, 21.

2273. 184, 2 ħaſt aus ħat

2274. Ein Quartblatt, abgetrennt von einem übrigens nicht aufbewahrten Brief der Mutter Goethes; oben deren übliche Nachschrift, darunter 184, 12—20. (Nachzutragen in Schriften der Goethe-Gesellschaft IV als Nr. 2ᵃ.) geſtern 19 ſtille aus Stille

2275. Vgl. zu 498. 186, 3—188, 10 ungedruckt. 184, 21—187, 21 von Schreiberhand, höchst wahrscheinlich von Götze. 185, 5 Organe aus Organen 10 „Scherz, List und Rache" 12 „Die ungleichen Hausgenossen" 16 ðem] ðen 19 ʒu fehlt 186, 4 vgl. 181, 10. 10 flehenden aus fliehenden 187, 14 hineinſääen 188, 4 Jhr—auch und 7—10 von Riemer durchkritzelt. 6 W.

2276. 188, 15 die 1 aus einer anderen Zahl. 17 Knebel kam am letzten Februar nach Weimar. Vgl. zu 2282.

2277. 188, 20 vgl. zu 182, 17. 21 März ebenso 189, 12. 190, 3. 192, 6.

2278. 189, 5 vgl. Knebels Tagebuch 14. März „An Max Ostindisch. Kalender von Sprengel."

2279. 189, 9 Knebels Tagebuch 6. März „Mit Frau v. Stein und Herzog nach Belvedere." 12 W.

2282. Vgl. zu 2153. 190, 17 Darbes, vgl. 181, 3. 191, 1 die Herzogin Mutter war seit Mitte Februar schwer krank, am 28. Nachmittags fand Knebel, der an demselben Morgen noch „böse Nachricht" erhalten hatte, sie „etwas besser", am 5. März erkrankte sie von neuem heftig, erholte sich aber schnell. Die Angabe 9 *quinze jours* ist also nicht wörtlich zu nehmen, sondern der Theil 190, 4—191, 8 muss an einem der ersten vier Märztage geschrieben sein. Am 10. März (vgl. 14) empfing die Herzogin den Besuch Knebels, der dann am 11. wieder abreiste. 191, 22 W.

2283. 191, 23 die Arbeit am zweiten Theil des „Wilhelm". 192, 2 mit nach ſ 5 vielleicht Steinen

2284. 192, 7 in der Akademischen Buchhandlung zu Strassburg erschien 1785—91 ein wöchentliches Verzeichniss aller Neuerscheinungen des französischen Büchermarktes, mit Angabe des Preises und des Inhalts, unter dem Titel „Avant-coureur", in deutscher Sprache (Düntzer, Archiv f. Lit.

Gesch. VI, 557).   Das betr. Blatt ist bislang nicht aufzu-
finden gewesen.

2285. 192, 16 vgl. 200, 24. 201, 13. 203, 9. 205, 13. 206, 10. 15 f.
207, 19 f. 208, 14. 213, 17.   18 Paesiellos „Infantin von Zamora“.

2286. 193, 4 vielleicht auch hier Ausdruck für dichte-
risches Schaffen, vgl. IV, 11, 15. 16, 12. VI, 97, 22 und auch
den „Gesang der Geister über den Wassern“ IV, 79, 21.

2287. 193, 8 vgl. 192, 11. 12 gegen 2283.   10 dich Abends

2288. 193, 15 vgl. zu 76, 2.   16 Gestalt gebraucht Goethe
vorzugsweise vom Gesicht und der Gesichtsbildung, nicht
von der ganzen körperlichen Erscheinung. Inwiefern sich
seine Gestalt zu dieser Zeit veränderte, ist nicht bekannt,
doch darf man den Ausdruck wohl schon auf seine ge-
schwollene Backe beziehen, vgl. 199, 20. 201, 9 f.

2289. Knebels Tagebuch meldet u. a. am 24. März
„Nachmittags Göthe.   Schön Frühlingswetter“, am 25.
„Schön Wetter . . . Herzog hier.   Nachmittags weg.   Mit
Göthe spazieren“, am 26. „Trüb . . . Nachm. mit G. in Klipp-
steins Garten.   Abends bey Hofrath Loder“, und am 27.
„Göthe reitet nach 9 Uhr weg“.

2290. 194, 17 vgl. zu 191, 1.   18 meinen ist im Text mit
Unrecht in meinem geändert, vgl. 193, 8.

2291. Vgl. zu 427.   Nach C. A. H. Burkhardt, Grenzboten 1878 Nr. 37.   Am 30. Dec. 1785 trug der Herzog neun-
zehn Jenenser Professoren vota singula auf über Mass-
nahmen gegen das Unwesen der landsmannschaftlichen
Verbindungen. Diese vota wurden dann in Weimar seitens
der Geheimräthe Schmidt, Schnauss und Goethe begutachtet.
Der Erstgenannte empfahl die von Goethe 195, 2 und eben-
falls von Schnauss widerrathene gänzliche Ausrottung.
Goethes Gutachten fusst in wesentlichen Punkten auf den
votis von Eichhorn, Griesbach und Loder.   Zur Sache vgl.
2308 und 2321.   196, 1 machen fehlt.   27 consil.   Zur Sache
vgl. 2308 und 2321.

2292. Vgl. zu 427.   199, 19 nach Ilmenau, vgl. 200, 5.
21 vgl. 2141.   200, 7 vgl. zu 2282.   11 fr.   21 von hier
ab feinere Schrift.   28 verdrüsl. nämlich darüber, dass
der Zufall die Paare fügen sollte, nicht die Neigung.
201, 1 vermuthlich Herr v. Imhoff, der seinen Beziehungen

zu England diesen Namen verdanken mochte; Charles Gore
kam erst ein Jahr später nach Weimar. 3 am 22. April
fand zum Besten der Armen eine Liebhabervorstellung
statt vgl. zu 2330. 8 W.

2293. 201, 13 Infusionsth.

2294. Vgl. zu 427. Hs und Druck wie 2026. 201, 16
vgl. 199, 19. 21 Knebel war am 30. März wieder nach Weimar
gekommen; vom 7. April meldet sein Tagebuch „Im Clubb
bis 4 Uhr Morgens" vgl. 200, 25. 22 würcklich vgl. 200, 26
auch IV, 272, 15. 202, 9 „Buchstaben- und Lesebuch" Weimar 1786. 13 W.

Dass Nr. **2082** hieher zu versetzen ist, wurde schon
S. 300 begründet.

2298. Vgl. zu 427. 203, 15 in Tannroda. das zweite
Sich aus sich 18 vgl. 202, 9. 21 Beziehung unbekannt.
Man könnte denken an die „Zueignung" (vgl. 139, 19) und
an „Ilmenau", nur unter der bedenklichen Annahme freilich, dass der Herzog dieses auf seinen Geburtstag 1783 ge-
machte Gedicht damals noch nicht kennen gelernt hätte.
22 Ostern fiel auf den 16. April. 204, 1 Wilh. 4 von hier
ab feinere Schrift; die Bitte wurde gewährt.

2299. 204, 9 von der Rheingräfin Salm (205, 2) und
etwa der Gräfin Brühl. 10 vgl. 158, 1.

2300. 204, 17 zu den „Ungleichen Hausgenossen".
19 vgl. 205, 3 Name der jungen Frau, die in der Halsband-
geschichte bei dem nächtlichen Zusammentreffen die Rolle
der Königin hatte spielen müssen. Vgl. Tag- und Jahreshefte 1789.

2301. 205, 2 vgl. 204, 9. 2 *Mem.* 3 vgl. 204, 19. reg.

2302. Vgl. zu 239 und 1584. Vermerk Jacobis empf.
d. 19ten. beantw. d. 22ten. Der Brief Jacobis, auf den der
vorliegende antwortet, ist nicht erhalten. 205, 9 Br.
17 vgl. 173, 20 Jacobi hatte also Goethes Bitte dadurch erfüllt, dass er ihm den Brief der Fürstin selbst zur Einsicht
sandte. 206, 1 „Scherz, List und Rache" 3 Kayser.
4 vgl. Tasso Vers 304. 14 W.

2303. *GSt*² 687 unter October 1785. Die Beschäftigung aber mit den Infusionsthieren weist das Billet ent-

schieden in den April 1786.   206, 16 Hatte   18 nummer deutlich.

Hierher ist **2330** zu versetzen, s. zur Stelle S. 331.

2304. 207, 2 wird] geht indem ursprünglich beabsichtigt war „geht mir ohne dich hin".

2305. 207, 9 Correction des Saalebettes.   10 die Frau Bürgermeisterin des Dorfes Lobeda bei Jena, eine originelle, dichterisch begabte Frau.   17 zu diesen gehörte auch Friedrich August Wolf, vgl. *GSt*² II, 620.

2306. Vgl. zu 72. Nach B. Suphan, Goethe-Jahrbuch VI, 33. Der Anatom und Physiologe Felix Vicq-d'Azyr hatte in einem Aufsatz des Journal de Paris vom 17. April 1785 das Vorhandensein des os intermaxillare beim Menschen behauptet, ohne Goethes nur handschriftlich in einem Exemplar an Merck, Sömmering und Camper gesandte Abhandlung zu kennen. Prinz August v. Gotha schickte am 27. April eine Abschrift der bezüglichen Stellen an Goethe, welche dieser mit vorliegenden Zeilen Herdern mittheilte. Vgl. zu 2315.   Goethe war am 29. April aus Jena zurückgekehrt und ritt am 1. Mai nach Ilmenau, woraus die Datirung des Billets auf den 29. oder 30. April bestimmt wird; das Lebewohl 208, 11 entscheidet für den letzten.

2307. Vgl. zu 268. Hs unbekannt. Nach *G-K* I, 74. 208, 14 vgl. Knebels Tagebuch 3. Mai „Abends Brief von G. nebst Mikroskop."

2308. Vgl. zu 427. Quelle wie 2291, das auch zur Sache zu vergleichen.   209, 3. 14 Seren.   10 manificentissimi   210, 3 nach)

2309. 210, 16 vgl. 211, 3.   19 Zartlichkeit   22 nach Jena, wohin sie mit den Frauen v. Imhoff und v. Schardt fuhr, um den „Durchgang des Merkurs durch die Sonne" zu beobachten; Herder folgte ihnen mit seinem August. Über Goethes geringeres Interesse für die Astronomie vgl. schon V, 57, 6 f.

2310. 211, 10 vgl. 154, 24. 182, 1.   15 Ilm. May] M aus A

2311. Aus Ilmenau, was 212, 6 zu ergänzen.

2312. Vgl. zu 239 und 1584. Kein Vermerk Jacobis. 212, 8 „Wider Mendelssohns Beschuldigungen" Leipzig 1786. 22 Jacobi „versiegelt" seine Schrift mit Worten „seines Mit-

schächers" Lavater aus dem Pontius Pilatus über die „un-
belehrlichen, unüberzeugbaren, grundschiefen Charaktere",
die nicht beobachten und überzeugt werden sondern nur
widersprechen wollen. Dem Citat folgt eine Schlussvignette:
Hügel, mit Büschen besetzt, aus denen ein langhalsiger
Vogel Strauss sitzend herausschaut; vorn, zwischen ver-
dorrten Stämmen, machen Elstern, Raben und andere Vögel
sich an und auf einem riesigen Ei zu schaffen; die Sonne
bricht aus dichten Wolken hervor.   213, 1 machen nach
ḥal oder ḥel   214, 12—15 die Worte gehören dem Abschnitt
der Ethik an, über den Goethe 182, 16 f. spricht. Est ist die
Demonstratio zur Propositio XXV „Summus Mentis conatus,
summaque virtus est res intelligere tertio cognoscendi genere".
Die Worte 214, 14 *essentiae formalis* hat Goethe eingeschoben.
Auch die Propositio XXIV ist hier zu beachten „Quo magis
res singulares intelligimus, eo magis Deum intelligimus".
18 beren *essentia formali* aus benen   19 ʒu bilben hoffen fann
aus bilben fann   20 werbe aus fann   25 die vierte Seite des
Quartbogens ist so weit herab beschrieben, dass für das
Datum kein Raum blieb; Goethe hat es daher gegen seine
Gewohnheit an die Spitze des Briefes gesetzt, in der hastigen
Schrift des Schlusses, die von dem sauberen Anfang sehr
absticht.

2313. Vgl. zu 498.   215, 9—23 sowie 217, 1—5 lagen
und 16—18 ungedruckt.   215, 1 vierten] fünften ein blosser
Schreibfehler, vgl. die Correctur 148, 14 (auch 216, 21).
215, 10 nicht in dem letzten der uns erhaltenen Briefe
(2275), der nach dem Empfang vom Anfange des dritten
Actes geschrieben ist, während der vorliegende den Empfang
des ganzen vierten meldet. Dass ein Brief von Goethe an
Kayser aus der Zwischenzeit verloren ging, bestätigen die
„Postsendungen" vom 14. April 1786.   22 Ganzen aus ganʒen
216, 12 im nach einem zweiten wie auf der Zeilenscheide.
13 ʒurücgehalten aus ʒurücgehaltner   21 britten] das b aus f
vgl. zu 215, 1.   22 das erste ber aus bie Verf. am Zeilenschluss (Paesiello)   23 *Filosofi* aus *Philosofi*   217, 5 Wenn
aus wenn   10 vgl. 215, 13.   13 vgl. 181, 5. 206, 4.

2314. Hs vom Besitzer, Herrn C. Meinert in Dessau,
freundlichst zur Verfügung gestellt. Adresse Des Herrn

𝔊𝔢𝔥. 𝔑𝔞𝔱𝔥 𝔖𝔠𝔥𝔫𝔞𝔲𝔷 𝔥𝔬𝔠𝔥𝔴𝔬𝔥𝔩𝔤𝔢𝔟. Am 9. Mai kam Goethe aus Ilmenau zurück.   218, 6 𝔙𝔥𝔷 = von Hause.

2315. 218, 11 vermuthlich die ganze Nummer des Aufsatzes im „Journal de Paris", aus dem Goethe durch den Prinzen August von Gotha einige Sätze kennen gelernt hatte, vgl. zu 2306. 14 *d Azyr* 15 vgl. 20.

2316. Vgl. zu 268. Knebels Tagebuch 12. Mai „Brief von Göthe durch Sutor. Einladung nach W. wegen des Fürsten v. Dessau. Antwort." Am 13. Nachm. fuhr Knebel nach Weimar, wohin auch der Herzog von Gotha und der Statthalter von Erfurt kamen. Am 19. geleitete Goethe den Freund nach Jena zurück und blieb dort bis zum 26.

2317. *GSt²* 800. Die Anwesenheit der Frau v. Imhoff in Weimar (219, 16) bedingte die Datirung nach dem October 1785, die Zeichenlust macht den Mai 86 wahrscheinlicher als die andren in das letzte Jahr vor der ital. Reise fallenden Aufenthalte Goethes in Jena; dazu kommt die im folgenden häufig ausgedrückte Liebe Goethes zu der Umgebung Jenas.   219, 13 𝔎𝔫𝔢𝔟.

2318. Vgl. Knebels Tagebuch 21. Mai „Morgens Cammerrath Wideburg hier. Mittags Batsch. Nachmittags mit den Engländern und Göthe nach Burgau spazieren. Abends bey Major Bentheim." Wiedeburg war Professor der Mathematik.   220, 6 vgl. zu 118, 13.   7 𝔦𝔠𝔥 aus 𝔦𝔰𝔱 8 seit kurzem hielten sich in Jena drei Engländer auf: Lord Inverary, Mr. Heron und Mr. Ritchey. 13 Lector des Italienischen an der Universität. 18 das siebente, entsprechend dem Anfang des späteren fünften.

2319. 221, 1 f. zum Bilde vgl. 243, 14 f.   221, 9 vgl. 220, 8.   11 vielleicht einer der Schweizer, die in dieser Zeit Jena berührten, nämlich die sonst unbekannten Herren v. Tillier und v. Mutach aus Bern; gewiss nicht Pfenninger, der am 24. April laut Knebels Tagebuch in Weimar war.   18 Fritz v. Stein, der folglich in 23 nicht wieder genannt wird, vgl. auch VIII, 105, 1.

2320. 222, 5 hiermit endigen die mathematischen Studien Goethes, vgl. 219, 21. 220, 25 sowie V, 34, 11. 183, 6 f. 19. 20 𝔥𝔦𝔪𝔪𝔢𝔩𝔣𝔞𝔥𝔯𝔱] 𝔊𝔯ü𝔫𝔡𝔬𝔫𝔫𝔢𝔯𝔰𝔱𝔞𝔤

2321. Vgl. zu 427. Quelle wie 2291 und 2308, die auch zur Sache zu vergleichen.   223, 21 ift;] ift: 225, 7 hoffe   18 gn.   24 landesherrl.

2322. Vom 3.— 6. Juni weilte Goethe wieder in Jena. 227, 2 Burgemftr. Ohne Knebel; dieser vermerkt im Tagebuch am 2. einen Besuch bei der Bohl, am 3. eine Brief- und Geldsendung an sie.   4 auſerordentl.   6 iammerlich 6 vgl. ebenda 4. Juni „Mittags mit G. allein. Spazieren. Catharr. Abends bey den Engländern, supirt u. Punsch. Kings Geburtstag." Am 5. erwähnt Knebels Tagebuch Goethe nicht, am 6. seinen Abritt nach dem Essen.

2324. Vgl. zu 1929. Wagner S. 9.   228, 4 vgl. 215, 13. 229, 2. 237, 1.

2325. 228, 9 m.   15. 16 g^1.

2326. Vgl. zu 89. Collation B. Suphans. Adresse An Herrn Rath und Archivarius Keſtner nach Hannover fr. Poststempel *de Gotha*. Der Brief ist also in Gotha zur Post gegeben, wo Goethe sich vom 18.—20. Juni aufhielt, und am 12. war er nach Ilmenau abgereist. Daher ist das Datum 229, 7 höchst wunderlich.   228, 16 Ridel, verlobt mit Charlottens Schwester Amalie, war Erzieher bei einem mecklenburgischen Grafen Taube und hatte sich zu Ende April 1786 mit diesem in Weimar aufgehalten. Er wurde zum Erzieher des Erbprinzen Carl Friedrich berufen und trat aus dieser Stellung 1799 in den Regierungsdienst über.

2327. 229, 14 vgl. 230, 22. Ob schon jetzt die Bearbeitung entstand, die 1787 im 4. Band der Schriften (Goeschen) erschien, ist nicht gewiss. Ursprünglich war das Stück als komische Oper geplant (vgl. III, 174, 15), und bei der 1786 herrschenden Richtung der Goethischen Poesie könnte man einen Rückgriff auf diese älteste Absicht vermuthen. Eine nicht opernhafte Bearbeitung, deren Zeit nicht feststeht, hat Düntzer (Neue Goethestudien 69 f.) nachgewiesen.   230, 5 vgl. 241, 16.   10—14 Vorbereitungen der Goeschenschen Ausgabe, vgl. zu 2147. 2335.   13 Rubricken aus Rubriken   16. 17 mit feinerer Schrift in dunklerer Tinte.

2328. 230, 22 gern üdZ Empf. vgl. zu 229, 14.   24. 25 entweder muss man vor zu ergänzen wie, oder der übrigen steht für „der übrigen Stücke". Letzteres ist wahrscheinlicher, da ja in diesen Wochen eine Dichtung nach der anderen zum Zweck der neuen Ausgabe durcharbeitet wurde. Der stilistische Anstoss lässt sich wohl erklären als veranlasst durch Anticipation des Missklangs ber übrigen Stücke. Das Stück u. s. f. 231, 9 J.

2330. *GSt*² 812. Diese Datirung ist falsch, da der Inhalt nicht auf die gemeinsame Arbeit Goethes und Wielands im Juni 1786 zu beziehen ist. Vielmehr sollte zur Feier der Wiederherstellung Anna Amalias im April (vgl. 201, 1 f.) zunächst die „Iphigenie" von Liebhabern aufgeführt werden, mit Goethe als Orest, aber an deren Stelle trat plötzlich aus unbekannten Gründen Wielands „Alceste". Auch diese jedoch ward abgesetzt und am 22. „Die Abenteurer auf Reisen" aufgeführt. Die Datirung von *GSt*³, in Mitte April, ist daher richtig und 2330 nach 2303 zu versetzen.

2331. Zuerst gedruckt von Erich Schmidt in Schriften der Goethe-Gesellschaft II, 1: die Hs fand sich unter den Briefen, die Goethe aus Italien an Charlotte geschrieben und zur Bearbeitung von ihr zurückerhielt. Die Anmerkung S. 365 f. weist dem Billet die Zeit zwischen dem 25. und 28. Juni 1786 zu und setzt den Dank 233, 9 in Beziehung zu der 232, 13 ausgesprochenen Bitte. Die Gründe vgl. a. a. O. Auf den Tag steht dadurch jedoch die Datirung nicht fest, da der Herzog die „Chymische Hochzeit Christiani Rosenkreutz", das Jugendwerk des Johann Valentin Andreae (1459), schon am 20. Juni von Knebel zurückerhielt, dem er das Buch geliehen. Aus dem Brief des Herzogs an Knebel vom 21. Juni ergiebt sich, dass er es bereits vor dem Verleihen gelesen hatte. Man dürfte daher annehmen, dass auch Goethe das Buch vordem gelesen habe. Auf Ansetzung des Briefs vor den 12. Juni 1786, vor Goethes Abreise nach Ilmenau, scheint auch zu weisen, dass Goethe am 15. von der Ordnung seiner kleinen Gedichte unter Rubriken spricht (230, 12), während er sich hier (230, 13) deren Sammlung behufs Vervollständigung von der Freundin ausbittet. Die Bearbeitung der Andreaeschen Verse (abgedruckt a. a. O. S. 366) könnte nur insofern zur Datirung mithelfen, als 233, 5. 6 gesetzt ist an Stelle von „Wa lest man gut Werck

scheinen? In Lieb." Das liesse sich auf eine Abschieds-
stimmung deuten, ein Abschied aber fand sowohl am 12. Juni
statt als am Ende des Monats.   232,8 Chr.   13 Samml.

2332. 233,10 die Abreise nach Carlsbad war auf den
1. Juli verschoben.

2333 und **2334.** Hss in *HB.* Bei der nunmehr ins
Leben tretenden ersten rechtmässigen Ausgabe von Goethes
Schriften war Bertuch betheiligt als Vermittler zwischen
Autor und Verleger. Die Correspondenz der beiden Ge-
schäftsmänner (vgl. Goethe-Jahrbuch II, 395 f.) weist vorliegende Billets in die letzten Tage des Juni, vielleicht auf
den 26. und 28. Vgl. 2335.   233,16 q*uoad* aus q*uod*
17 beygeht] das bey aus ein ("einfällt")   234,5 andern
8 würde üdZ

2335. Göschen kündigte seine Goethe-Ausgabe in se-
parat gedruckten Nachrichten (vgl. 243,25) und vielen Zeit-
schriften an. Den hier nach dem „Journal von und für
Deutschland" (Juli 1786 S. 576) wiedergegebenen fingirten
Brief Goethes leitet Göschen in seiner Ankündigung ein
durch die Worte: „Es sind eigene Veranlassungen, welche
den Herrn Geheimen Rath von Göthe zu dem Entschluss
bewegen, sich der Kinder seiner Muse selbst anzunehmen,
und dem Publikum die erste, ächte und vollständige Ausgabe seiner Werke von eigner Hand, zu schenken. Er erklärt sich selbst ausführlich darüber in einem Briefe an
einen Freund, und es ist mir erlaubt von folgender Stelle
daraus öffentlichen Gebrauch zu machen:"   234,14 vgl. zu
78,2.   18—21 der einzige, dem Goethe diesen Vorwurf, soweit bekannt, mit Recht machen konnte, war Jacobi, vgl.
zu 2161. Der Hinweis 243,19—25 rückt dadurch in ein
besonderes Licht; vgl. aber auch z. B. III, 118, 18. V, 129, 8.

2336. 236,20 Br.   22 Oheim der Herzogin Mutter
Anna Amalia, durch seine verunglückte Rolle als Vormund
und Repräsentant des Erbstatthalters Wilhelms V. von Oranien in der Geschichte bekannt.   23 reg.   6—9 der Eine
Punkt betraf das für etwaige fernere Auflagen an den Verfasser zu zahlende Honorar. In einem starken, auf die Entstehung der Ausgabe bezüglichen Actenbündel bewahrt das
Goethe- und Schiller-Archiv auch den Brief Göschens vom

1. Juli 1786, in welchem dieser Junggeselle die Forderungen Goethes besonders dadurch herabzudrücken sucht, dass er ja nicht nur für sich bitte, sondern „vielleicht für ein geliebtes Weib, vielleicht für ein Kind". In der That verheirathete sich Göschen im Sommer 1788.   8 das erste er aus es   9 vgl. VIII, 14, 11 f.   21 vgl. die ersten Urtheile Goethes über Tina gegen Charlotte v. Stein V, 293, 26 f. Seine Correspondenz mit ihr erlischt nunmehr. Brühls hielten sich vom 30. Mai — 12. Juli in Weimar auf; über ihre Aufnahme vgl. auch Carl August an Knebel 21. Juni 1786.   26 er wohnte dort bis Ende 1786, da er wie seine Mutter bis zu dieser Zeit Goethes baldige Rückkehr erwarteten.   238, 3 vgl. 236, 20 f.   6 W.   9 er war von seinem Vater aus Göttingen (vgl. zu 2262) abgeholt und in Pyrmont dem Herzog v. Mecklenburg vorgestellt; dieser nahm ihn mit sich und machte ihn zum Kammerjunker und Auditor bei der Kammer.   12 Frau v. Imhoff und Frau v. Schardt.   14 vgl. zu 220, 8.   Sie blieben vom 5.—7.   24 : 25 wie 74, 22 : 23.   27 Francfenb. pluralisch zu ergänzen auf Grund von 251, 18.

2337.   239, 7 von Heute ab feinere Schrift. Berl. 8 Wiel.   10 Octavblatt, abgedruckt GSt² 815.   14 vgl. 238, 12. 18 Tina Brühl.   19 vgl. zu 236, 22.   21 vgl. zu 60, 15.   22 Herr v. Münchhausen auf Leitzkau bei Zerbst; dort erfolgte im September 1788 die Trauung.   240, 14 aufer aus außer 241, 8 behufs Drucklegung der Werke nahm Goethe den Canzleisecretär Vogel mit nach Carlsbad und entliess ihn, als er seine Reise fortsetzte.   11 alsbenn aus alsdann   13 die Wurzel von Ernsts tödtlichem Leiden war Knochenfrass im Fuss, vgl. zu 118, 13.   16 vgl. zu 230, 5.   22 vgl. zu 236, 22. 27 Admiftration   242, 2 vergöttert nach ihn   243, 4 fürftl. 6.—8 g¹.

2338. Vgl. zu 239 und 1584. Ohne Vermerk Jacobis. 243, 16 zum Bilde vgl. 221, 1 f.   19—25 vgl. zu 234, 18—21. 244, 1 vgl. zu 110, 26.   7 W.

2339. Nach einer Abschrift der eigenhändigen Hs durch G. v. Loeper Goethe-Jahrbuch II, 241 abgedruckt und in die naturwissenschaftliche Correspondenz verwiesen. Dass aber der damalige Braunschweigische Kammergerichtspräsident

und spätere preussische Staatskanzler v. Hardenberg Adressat
des Briefes ist, zeigen die „Postsendungen". Goethe und
Hardenberg waren sich zuerst in Leipzig bei Oeser im
Zeichenunterricht begegnet, dann 1784 in Braunschweig.

2340. Vgl. zu 1929. Wagner S. 10.		245, 23 ℜ.

2341. 246, 8 der berühmte Geburtshelfer Georg Wilhelm Stein aus Kassel, den Goethe merkwürdiger Weise
ebenso kurzweg „Stein" nennt wie den Mann der Adressatin.
14 vgl. 250, 2. Lavater kam aus Bremen; einen Ruf als
Prediger dorthin hatte er abgelehnt, besuchte aber die Stadt,
da er gerade seinen Sohn nach Göttingen zur Universität
brachte. 17 auß über bey 247, 9 und 10 ſißen aus ſißen
20 dagegen über daʒu Unter dem Brief von der Hand der
Empfängerin (offenbar aus späten Jahren, der Schrift nach)
„Diesen Brief erhielt ich in Carlsbad wo er erst mit mir
zugleich seyn wolte, aber erst die Niederkunft der Herzogin
abwarten."

2342. Vgl. zu 427. Schrift, Papier und Redeweise
machen wahrscheinlich, dass die alte Notiz auf der Hs „Im
Jahr 1786" richtig ist, wenngleich nicht verhehlt werden
darf, dass die Bitte 249, 3 schlecht in diese Zeit passt. Es
liesse sich 248, 7—21 auch auf spätere Bauten und 23 — 249, 2
ebensowohl auf die Verhandlungen mit Ridel betreffs Nieder-
legung seiner Erzieherstelle im Jahre 1799 beziehen als auf
seine Berufung. Diese (vgl. 2326) wurde eingeleitet durch
eine Anfrage Goethes vom 21. Juli 1786 (vgl. 251, 19 und
Postsendungen), deren Beantwortung Goethe am 2. Sept.
von Carlsbad aus an den Herzog schickte (VIII, 13, 3).
248, 14 abliefern über reſtituiren

2343. 243, 13 vgl 240, 27. Schon am nächsten Abend
rief die Nachricht von der endlich nahen Entbindung der
Herzogin Goethe nach Weimar zurück. 17 das Datum fehlt
20 wohl ein Mineraloge, der auch im Juli 1785 mit Knebel
(laut dessen Tagebuch) von Carlsbad aus vulkanische Berge
besuchte. 22 Francenb.

2344. Prinzessin Caroline, die spätere Erbprinzessin
v. Mecklenburg-Schwerin, wurde am 18. Juli 1786 Abends
geboren. Gleichzeitig traf Lavater in Weimar ein (vgl.
246, 14), mit dem Fürsten v. Dessau. 14 Montag d. 24sten

16. 17 gebieten und 21 ihm] ihn vgl. 241, 7—11.   251, 11 vgl.
241, 14.   17 vgl. Herders Werke ed. Suphan XXXI, 552.

2345. Vgl. zu 89. Collation B. Suphans. Zur Sache
vgl. 2326 und 2342.

2346. Hs im Besitz des Herrn L. W. Seidel, Buch-
händlers in Wien. Copie Erich Schmidts. 252, 11—253, 4
von der Hand des Adressaten, 253, 5—14 *g*   252, 18 Jngl. betr.
20 H. oder J? = Herzogliches oder Ilmenauisches?   253, 8
den Inhalt dieser beiden Kasten hat Goethe auf S. 1 eines
Foliobogens verzeichnet, der sich im Goethe- und Schiller-
Archiv befindet (vgl. VIII, 79, 13 und Schriften der Goethe-
Gesellschaft II. 412).

Darnach enthielt Kasten I:
Briefe von ☉ [das aus den Tagebüchern bekannte Zeichen
         für Frau v. Stein.   Vor Briefe ein haken-
         förmiges Zeichen.]
Abschriften meiner Wercke.
Tagebuch und anmerckungen [Anm. über Personen, Charakteri-
         stiken, Reflexionen? vgl. IV, 159, 4. 292, 25.]
Correspondenz von 85.
Mineralogie Oryktologie
Botanick Infusions Thiere [durchstrichen]
Osteologia comparativa

    und Kasten II:
Privatbriefe von 73 — 85 incl. [vgl. IV, 192, 1 f. VI, 91, 8 f.
         96, 12 f. 435. VII, 92, 15.]
Verschiedene Gedichte von mancherl. Verfassern.
Abgethane Geschäffte und sonst *Varia*.
Calender mit dem Tagebuche von 76 —
Einige Krafftiana
Pleffigs Correspondenz [vgl. zu VI, 99, 14.]
Freymaurer Schrifften.

2347. Vgl. zu 427. Der Herzog hatte, wie er am
24. Juli an Knebel schreibt, Goethe an diesem Tage nach
Jena begleiten wollen. Pflichten gegen seinen abreisenden
Gast, den alten Herzog Ludwig von Braunschweig, und neu
eintreffender Besuch verhinderten ihn jedoch daran, überhaupt Abschied von Goethe zu nehmen, so dass er Knebel

bat ihm seinen Abschiedsgruss auszurichten. Laut Knebels
Tagebuch fuhr Goethe am 25. Juli, Morgens 5 Uhr, aus Jena
ab nach Carlsbad und Italien.

Aus der Zeit vor der italienischen Reise.

Die Gründe, welche die Zusammenstellung der undatirbaren Briefe und Billets zu besonderen Gruppen empfehlen,
habe ich schon IV, 335 f. auseinandergesetzt. Die vorliegende erste solcher Gruppen umfasst die undatirbaren
Schriftstücke, die mit grosser Wahrscheinlichkeit dem Zeit-
raum von Goethes Eintritt in Weimar bis zur Abreise nach
Italien angehören, soweit solche nicht schon dem dritten
Bande dieser Ausgabe eingestreut sind.

2348 und **2349.** Vgl. zu 541.   257, 2 der Kunsthändler
in Leipzig, mit dem Goethe seit 1778 in Verbindung stand
5 könne aus können   6 vgl. 867 und Goethe-Jahrbuch IV,
198 f. VI, 353 f.   In Briefen aus der Schweiz 1779 redet
Goethe Bertuch noch mit „du" an; in den folgenden Schreiben, deren erstes vom 8. Nov. 1781, mit „Sie". Corona
Schröter war seit Nov. 1776 in Weimar.

2350. Vgl. zu 491. Ungedruckt. Die Schreibart (ff am
Schluss) weist mit Bestimmtheit auf die Zeit vor Frühjahr
1781. Während des ganzen hier in Frage kommenden Zeit-
raums bestand die „Fürstlich Sächsische zur Direction des
Brand-Assecurations-Instituti in dem Fürstenthum Eisenach
gnädigst verordnete Deputation". 257, 14 Dep. Eisen.
258, 2 laſſen aus läſſt   4 Erlaſſ aus Erlaß Unter dem Brief
„Dieses ist auch die Intention gewesen und habe ich es
näher bestimmt. S." Dass diese Notiz von Schnauss her-
rührt, dem Collegen Goethes, zeigt die Handschrift. Vielleicht ist der vorliegende Brief an diesen gerichtet, dann
Fritsch als dem gemeinsamen Chef vorgelegt und so bei
dessen Papieren verblieben.

2351. Vgl. zu 72. Hs unbekannt. (*HN* I, 83.) Nach
einer Abschrift in Kanzler Müllers Archiv. Dieses Billet
kann nicht vor dem Herbst 1783 und muss an demselben
Tage geschrieben sein wie das ganz unbestimmbare 2458.

2352. Vgl. zu 72. Hs Königl. Bibl. Berlin. Ungedruckt. 258, 19 $\mathfrak{H}$.

2353. Hs in *HB*, wo sich mehrere Schreiben an Herder, keines an Knebel befinden. Nach dem Ton des Billets muss einer von Beiden der Adressat sein. Man könnte annehmen, es sei am 1. Mai 1780 an Knebel geschrieben, unter Vergleichung von 937 und 939 aber es kann ebensowohl an Herder gerichtet sein im Zusammenhange mit 1927, so dass der beredete Freitag der 16. April 1784 wäre.

2354. Vgl. zu 268. Hs unbekannt. Nach C. A. H. Burkhardt, Grenzboten 1874 Nr. 6. Vor dem Zerwürfniss zwischen Knebel und Prinz Constantin geschrieben (Mai 1780), vermuthlich nach einer Aufführung in Tiefurt, wo der Prinz seit dem 20. Mai 1776 wohnte.

2355. Vgl. zu 268. Hs im Goethe- und Schiller-Archiv, Eigenthum der Grossh. Bibl. Weimar. Die Schreibart weist vor Frühjahr 1781. 259, 13 Eilf nach Ne

2356. Vgl. zu 268. Hs auf der aargauischen Kantonsbibliothek zu Aarau. Nach Goethe-Jahrbuch I, 289. Ohne Adresse, aber gewiss nicht (wie *GSt²* 40 angenommen wird) an Charlotte v. Stein gerichtet, sondern an Knebel. Das Billet kann sowohl am 10. Febr. 1780 geschrieben sein wie am 1. März 1786. Mehrere Umstände machen ersteres Datum wahrscheinlicher. Knebels Tagebuch 10. Febr. 1780 „Fr. v. Stein, Fr. v. Schardt und Göthe speissten Mittags hier" d. h. in Tiefurt, wobei freilich das hinauf bedenklich wird (verlesen für hinaus?); ebenda 1. März 1786 „Abend Göthe". Weiter spricht für 1780, dass 259, 19 vielleicht eine nachträgliche Feier des Aschermittwochs gemeint ist, und 1780 fiel dieser Tag auf den 9. Febr., 1786 auf den 1. März selber. Endlich reiste Knebel im Sommer 1780 in die Schweiz, so dass die Auffindung der Hs in Aarau sich bei Datirung des Billets in dieses Jahr eher erklären lässt, als wenn es vom Jahre 1786 wäre.

2357. Hs im Besitz Albert Cohns. Nach Goethe-Jahrbuch VII, 172. Man hat das Billet unter Beziehung zu dem Gedicht auf Miedings Tod in das Frühjahr 1782 setzen wollen. Dieses Gedicht aber erhielt Knebel laut Tagebuch nicht durch Goethe selbst, sondern, am 2. Mai 1782,

durch Fräulein v. Göchhausen. An das Gedicht „Ilmenau"
vom Herbst 1783 lässt sich eher denken; wann Knebel es
kennen lernte, ist mir nicht bekannt (vgl. zu 2128 und
2298). Doch kann dieses Billet auch der Zeit nach der
ital. Reise angehören.

2358. Vgl. zu 427. Ungedruckt. Ein Streifen, 14 : 6
Centimeter gross; von einem umränderten Quartblatt, das
im übrigen verloren, unten links abgeschnitten. Rückseite
des Streifens unbeschrieben. Inhalt dunkel, doch darf man
der Vermuthung Raum geben, dass er sich auf die Vorbereitungen des Fürstenbundes bezieht, für den es auch Jever
(Oldenburg) zu gewinnen galt. In 260, 10 liegt eine Anspielung auf die von Goethe öfter beklagte Waghalsigkeit, mit
welcher der Herzog unbedeutendes, ja werthloses zu errei-
chen suchte. Goethes Ansicht, dass der Herzog seine Kraft
ohne entsprechenden Nutzen für sein Land der Sache des
Fürstenbundes widme, ist bekannt, und so mag sich der
leise Spott dieses Billets erklären. Die richtige Lesung der
wild geschriebenen Schlusszeile ist nach vielen Versuchen
Vieler von Bernhard Suphan gefunden und der Druck darnach zu berichtigen: *e muoian i cuioni* = „und sterben
mögen die Schufte".

2359. Hs in *HB*. Über die Unmöglichkeit dieses
Schreiben zu datiren vgl. IV, 335. Doch ist zu sagen: wenn
es aus orthographischen Gründen nicht vor 1781 geschrieben sein kann, so kann es doch auch schwerlich, seiner
Stimmung nach, viel später fallen.

2360. Überliefert unter den Briefen an Knebel, vgl.
zu 268. Die bisherige Datirung in Febr. 1782 ist ganz halt-
los, ebenso die Beziehung des 𝔄lten 262, 1 auf Wieland, der
sich 1782 den genannten Persönlichkeiten nicht mehr vor-
zustellen brauchte. Ich wollte das Billet auf die Reise
beziehen, die Seidel im Herbst 1783 (vgl. zu Nr. 1760 und
1798) über Erfurt und Gotha machte, um die Mad. Darsain-
court heimzugeleiten. Auch die Anrede und der Ton schienen auf Seidel zu weisen, nicht auf Knebel, der Weg des
Billets in dessen Hand aber liesse sich aus seinem Interesse
für den Inhalt begreifen. Dass manches dabei doch noch
unerklärt bleibe, übersah ich nicht, wohl aber, dass Dalberg

erst im Frühjahr 1787 Coadjutor von Mainz wurde, während Goethe in Italien war. Der Brief ist also überhaupt mit Unrecht der vorliegenden Gruppe eingereiht.

2361. Hs im Besitz des Herrn Dr. med. W. Stricker in Frankfurt a. M., von ihm abgedruckt in Beiträge des Vereins für Geschichte und Alterthumskunde zu Frankfurt a. M. 1881 S. 249. Adressat und Zeit nicht zu ermitteln. Nur um verschiedene Möglichkeiten anzudeuten, verweise ich auf V, 183, 3 f. 185, 3. 189, 18. VII. 90, 5. 129, 27.

2362—2489.

Die 128 undatirten Billets an Charlotte v. Stein sind abgedruckt in der Reihenfolge, die sie in den Kochberger Manuscriptbänden einnehmen. Sie werden der Vereinfachung halber im · Apparat zusammenfassend behandelt. Ich erinnere an das zu 378 Gesagte und füge hinzu, dass die dort beschriebenen sieben Kochberger Manuscriptbände in folgender Vertheilung die Jahrgänge enthalten (vgl. *GSt*[2] Einl. S. VI):

Band	Jahrgang	Anzahl der Nrn.
T	1776	100
	1777	81
	1778	111
II	1779	67
	1780	174
III	1781	258
IV	1782	265
V	1783	156
	1784	142
VI	1785	163
	1786	92
	1788	4
	1789	3
VII	1796—1826	132
I—VII	1776—1826	1748

Für die folgende grosse Tabelle kommen Band II—VI mit den Jahrgängen 1779 — 1786 in Betracht, da ja Band

I mit 1776 — 1778 im dritten Bande dieser Ausgabe noch nach anderen Grundsätzen behandelt wurde. Die Tabelle hat den Zweck, durch ihre dritte Spalte die von früheren Herausgebern gemachten Datirungsversuche auffindbar zu machen und durch ihre zweite die Willkür zu veranschaulichen, in welcher die undatirbaren Billets den datirten eingestreut sind, bald einzeln, bald in Gruppen irgendwo, so dass z. B. auf 1779 und die erste Hälfte 1780 gar keine undatirten zu fallen scheinen, indem sie mit in der zweiten Hälfte 1780 untergebracht sind. So dient die Tabelle zur sinnfälligen Rechtfertigung meines völlig ablehnenden Verhaltens gegen die Ordnung der Kochberger Manuscriptbände, das unter den Lesarten der Bände IV—VII mehrfach durch Beispiele begründet wurde.

Spalte I nennt die Nummer unserer Ausgabe, II Band und Nummer des Manuscripts, III Band und Nummer der Fielitzischen Ausgabe (GSt^2).

2362	1780, 76	I, 399	2383	1780, 116	I, 375
2363	79	522	2384	119	370
2364	80	388	2385	120	461
2365	81	389	2386	122	411
2366	84	392	2387	123	456
2367	87	475	2388	124	412
2368	89	427	2389	127	406
2369	90	418	2390	136	372
2370	91	534	2391	1781, 156	732
2371	94	405	2392	160	771
2372	96	402	2393	162	684
2373	97	386	2394	201	724
2374	100	378	2395	204	710
2375	103	384	2396	205	670
2376	104	385	2397	208	513
2377	105	471	2398	210	654
2378	106	391	2399	213	545
2379	110	459	2400	214	544
2380	111	455	2401	218	667
2381	114	398	2402	221	722
2382	115	397	2403	224	749

2404	1781, 234	I, 760	2443	1784, 128	II, 552
2405	237	598	2444	129	553
2406	238	764	2445	130	550
2407	239	714	2446	131	554
2408	1782, 2	II, 68	2447	1785, 1	566
2409	4	4	2448	4	570
2410	10	8	2449	5	571
2411	13	9	2450	11	576
2412	14	10	2451	12	577
2413	16	149	2452	13	578
2414	17	42	2453	14	579
2415	21	332	2454	17	582
2416	22	32	2455	20	508
2417	24	11	2456	21	625
2418	26	19	2457	22	628
2419	31	25	2458	23	591
2420	32	26	2459	24	583
2421	41	129	2460	25	584
2422	42	37	2461	26	609
2423	46	41	2462	27	606
2424	52	29	2463	45	604
2425	55	51	2464	50	613
2426	56	45	2465	51	614
2427	61	56	2466	52	752
2428	129	215	2467	70	637
2429	155	166	2468	71	638
2430	156	167	2469	76	640
2431	157	168	2470	80	723
2432	212	220	2471	83	646
2433	218	228	2472	84	662
2434	255	264	2473	121	682
2435	257	401	2474	122	683
2436	1783, 25	291	2475	128	688
2437	72	334	2476	129	678
2438	83	345	2477	141	703
2439	127	394	2478	142	809
2440	128	392	2479	144	704
2441	138	402	2480	1786, 26	751
2442	1784, 82	70	2481	27	753

2482	1786, 36	II, 762	2486	1786, 56	II, 784
2483	41	766	2487	57	785
2484	45	773	2488	58	781
2485	46	768	2489	59	786

Zur weiteren Vereinfachung werden auch die eigentlichen „Lesarten“ der Nummern **2362—2489** in einer Folge zusammengestellt.

265, 20 fie   266, 2 b.   5 fie aus Sie   18 gewohnlichen
21 angekommne] die Endung nur angedeutet, aber so zu lesen
267, 1 fie   2 schonste   5 getraumt   11 um nach heut   13 und
16 ihnen   17 will nie   268, 10 ihr   269, 17 Schr.   270, 6
weifes] das w aus ft   8 Fr.   271, 15 Humor nicht rein
ausgeschrieben   18 Hottelft.   272, 1 haft üdZ   4 H.
274, 23 St. Kl.   275, 6 zu vgl. zu VI, 232, 4. VII, 150, 5.
9 B aus b   276, 15 den   17 hatte   277, 16 S.   278, 16 z
aus S   279, 2 Bleibe aus Bleiben   5 Sie   280, 5 niemanden nicht rein ausgeschrieben   11 Blattgen   281, 2 Überrefts   3 das zweite auf üdZ   6 das aus was   282, 4 einen
deutlich, Einfall undeutlich   7 Fr.   283, 11 El.   15 um
nach und   284, 11 de te] te te   285, 12 schon   286, 12 Seidl.
287, 15 mit nach bey   16 fizen aus fizen   288, 12 H.   13 Seidl.
Hochz.   18 dich aus mich   19 Oberw.   289, 11 überwiegt aus
übertrifft   290, 19 Wilh.   291, 2 mich deutlich, = „pflege
mich“, vgl. III, 97, 3 und „Lehrjahre“ Buch 4 Cap. 9 (also
der älteren Gestalt schon angehörend) „wenn der Patient
sich ruhig hielte und sich abwartete“.

Die folgende Auswahl von Anmerkungen zu einzelnen
Nummern ist möglichst beschränkt, da es nicht zweckmässig
erschien, über die vergeblichen Datirungsversuche zu berichten, die zu jedem Billet in ausgedehnter Weise gemacht
wurden.

2363. 262, 19. 20 Anspielung auf einen Spruch in Gozzis
dramatischem Märchen „Das grüne Vögelchen“ (Schöll),
von dem 1778 eine deutsche Übersetzung in Bern erschien
(Gozzis Theatral. Werke III, 59). Dort wird der Barbarina
verheissen, im Besitz der genannten Dinge werde sie keine
Göttin um ihre Schönheit zu beneiden brauchen.   263, 2. 3
„Pagat“ und „salviren“ sind Kunstausdrücke im Tarockspiel;

unter Vergleichung von IV, 174, 22 wäre daher für dieses
Billet an den Anfang 1780 zu denken.

2368. g^1. Auf der Rückseite von der Hand der Empfängerin:

> den Eindruck den . . . gemacht hat
> auf was Art die . . unglücklich werden
> die Tiranney macht einige grofe M. die meiften aber unedel
>   um einen glücklich zu machen macht er unendliche unglücklich
> der Zweck der Menschheit ift mehr Liebe zu handhaben als
>   Gerechtigkeit
> Gerechtigkeit komt erft wen Liebe leiden . .

Da diese Sätze deutliche Anklänge enthalten an Herders
Predigt vom 9. Febr. 1783 (Werke ed. Suphan XXXI, 520 f.,
vgl. zu Brief 1699), dürfte man die Datirung in jene Zeit
recht wahrscheinlich nennen, — wenn nicht die Spargel in
den Anfang eines Sommers wiesen. Frau v. Stein benutzte
ein älteres Billet des Freundes zu diesen Notizen, denn die
Anrede Sie schliesst die umgekehrte Annahme aus, dass
Goethe einen frühestens am 9. Febr. 1783 von der Freundin
beschriebenen Zettel zu einer Mittheilung an sie benutzte.
Vielleicht gehört das Billet in den Frühling 1779, da in
ihm Spargelsendungen (IV, 36, 12) und Aushebungsgeschäfte
zusammentreffen.

2370. Darunter mit Bleistift, vielleicht von der Hand
der Empfängerin „1780 Goethens Büfte“.

2371. Darunter ebenso „1780 in Tieffurth“.

2373, 2375 und **2376** scheinen zusammenzuhängen. Die
264, 15 erwähnte Beschäftigung mit der Mineralogie weisst
auf die Zeit nach der Schweizerreise von 1779.

2380. Die bisherige Beziehung auf den Ursprung des
„Tasso“ ist durchaus willkürlich.

2385. Das Tagebuch vom 3. Sept. 1780 macht Datirung
auf den 4. möglich, ohne jede Sicherheit.

2388. Vgl. zu 734. Hs ein Zettel für sich.

2391. Da 268, 17 von einer Abreise der Freundin, nicht
Goethes, die Rede ist, sind die bisherigen Datirungen hin-
fällig; das Billet ist sehr oft möglich in der Zeit bevor sich
das du in der Anrede festsetzt.

2392. Verbindung mit 2151 ist nicht ausgeschlossen

2393. Der 25. August 1780 ist möglich, vgl. Tagebuch. (Aus Belvedere).

2394. So verlockend es wäre, das Billet auf den 12. August 1781 zu setzen, an dem laut Tagebuch Corona Schröter Abends bei Goethe Rousseaus Lieder sang, so entschieden verbieten das die beiden Häschen und das Feldhuhn, ähnlich wie bei 2368 die Spargel.

2398. Man darf an die Zeit der ersten Tassodichtung denken. Wenngleich die Scene des 5. Aufzuges, die den Vers 3433 enthält, gewiss nachitalienischer Zeit angehört, ist doch dieser Gedanke ohne Frage schon ein Grundton in der Seele des Tasso von 1780.

2405. Die Anspielung auf die „Wolken" des Aristophanes macht wahrscheinlich, dass dieses Billet in 1780 gehört, in dem Goethes aristophanische „Vögel" entstanden.

2414. In *GSt*² auf den 14. Febr. 1782 gesetzt, unter Vergleichung von Goethes Tagebuch. An diesem Abend aber war Gesellschaft bei Goethe, worauf der Inhalt nicht passt.

2415. 273, 17—20 geben keinen Anhalt. Von „Musarion" erschien 1784 eine verbesserte Ausgabe in den „Auserlesenen Gedichten" I, deren Vorrede vom 16. April 1784 datirt ist. Bernhard Seuffert machte mich aufmerksam auf Wielands Äusserung im Teutschen Merkur 1784 Mai S. LXVI, dass er sich seit mehr als drei Jahren mit „dieser letzten Auspolirung" der Musarion beschäftigt habe. Die Heranziehung Goethes zu dieser Arbeit fällt jedenfalls in deren letzte Stadien, und so darf man unter Vergleichung von VI, 219, 7 an den December 1783 denken.

2432. Im Juni 1782 liess Goethe sein Gartenhaus zur Wohnung für die Freundin herrichten, im October desselben Jahres in seinem Stadthaus Umbauten vornehmen. An diese Zeiten, aber nicht nur an diese, könnte die Datirung anknüpfen.

2437. Die Ähnlichkeit mit 1758 führt ohne Sicherheit auf den Juli 1783.

2438. Vgl. VII, 130, 16. 132, 10. 137, 9. 15. Anfang December 1785 gehört also zu den Möglichkeiten,

2442. In *GSt*[2] unter Berufung auf V, 288, 4 auf den
20. März 1782 gesetzt. Aber auf andere Reisen passt das
Billet ebenso gut, da es Goethes Gewohnheit war, dem
heimkehrenden Kutscher einen Gruss an die Freundin mit-
zugeben. V, 288, 5 wird der Verlust des Billets befürchtet,
das Fielitz im vorliegenden wieder zu erkennen meint;
ebensowohl kann es wirklich verloren sein.

2449. Die bisherige Beziehung auf den Maskenzug
zum 30. Jan. 1784 entbehrt allen Anhalts.

2453. 283, 3 vgl. 178, 8. **2458.** vgl. 2351.

2461. Ganz von der Hand Fritzens v. Stein, auch die
Namensunterschrift.

2465. Vgl. 2475 und zu VII, 96, 4. Beide Billets werden in 1785 fallen, an dessen 26. Mai die Genannte sich
verlobte. Die Hochzeit war am 3. Febr. 1786.

2466. Beziehung auf eine der Proben von Kaysers
Composition von „Scherz, List und Rache" bietet keine
Gewähr.

2467. 286, 24 die Auflösung Klinckowström ist sehr bedenklich, Klauer unmöglich. Vielleicht darf man an Knebel
denken, indem man das scheinbare Kl. als K mit dem
üblichen, unter die Zeile geschwungenen l-artigen allgemeinen Abkürzungsschnörkel auffasst.

2475 Vgl. zu 2465.

2478. November 1782 ist nicht unmöglich, vgl. VI,
96, 12 f. 99, 1 f.

2485. *GSt*[1] und [3] setzen dieses Billet auf den 9. Jan.
1784, *GSt*[2] auf den 3. März 1786. Zu beiden Zeiten fühlte
sich Goethe nicht wohl, an beiden Abenden war Redoute,
an beiden Vorabenden Comödie. Da auch das Material
keinerlei Ausschlag gibt, hat man die Wahl zwischen diesen
— und vielen anderen Tagen.

Postsendungen.

(vgl. IV, 380.)

1785.

März
28. Frau v. Bechtolsheim, Eisenach.
Sömmerring, Mainz.

April
4. Kayser, Zürich.
20. v. Franckenberg, Gotha.
Merck, Darmstadt.
Frau Schulthess, Zürich.

Mai
14. *. . . . . , Frankfurt.

Juni
26. Frau v. Stein, Carlsbad.

Juli
7. Frau v. Stein, Carlsbad.

August
7. Frau v. Stein, Kochberg.
17. [Beyer] Schneeberg.

October
[Frau v. Stein] Kochberg.
*. . . . . , Nordhausen.
*. . . . . , Eisenach.

December
23.? Prinz August, Gotha.
v. Franckenberg, Gotha.
Loder, Jena.

Ohne Adresse.

Januar 2. 2. 2. 2. 4. 8. 9.* 9*. 10. 10.* 14. 19. 19. 19.* 28.*
28.* 30. 30. 30. 30.*
Februar 12 Briefe, 1 Packet ohne jegliche Tagesangabe.
März 3. 3. 6.* 11. 11. 11. 11. 11. 11. 11. 29. 29. 29. 30. 30.
30. 30. 31. 31. 31. 31. 31. 31. 31.*
April 2. 2. 7. 7. 7. 9.* 12. 12. 12. 24. 24.
Mai 1. 1. 1. 3. 3.* 6. 10. 10. sodann unter dem 14. ohne
nähere Tagesangabe 12 Briefe, 1 Packet.
Juni 7 Briefe, 1 Packet, 4 Kisten ⎫ ohne jegliche
Juli 8 Briefe, 1 Packet, 1 Kiste ⎬ Tagesangabe.
August 12 Briefe, 6 Packete, 3 Kisten ⎭
September 12. 19. 19. 19.* sodann unter dem 20. ohne nähere
Tagesangabe 21 Briefe, 1 Packet.
October 14 Briefe, 4 Packete ohne jegliche Tagesangabe.
November 1. 1. 1. 1. 1. 1. 1.* 12. 12. 19. 23. 27. 27.*
December 16 Briefe, 2 Packete ohne jegliche Tagesangabe

1786.

Januar
2. . . . . . , Gotha.
   Streiber, Eisenach.
5. Herbst, Pösneck.
17. Streiber, Eisenach.
   Plessig, Wernigerode.
19. v. Franckenberg, Gotha.
26. [Frau v. Stein] Weimar.

Februar
1. Loder, Jena.
6. [Carl] v. Stein, Göttingen.
   Richter [?].
9. Comte de Beust [?].
10. Streiber, Eisenach.
20. v. Hellfeld, Eisenach.
   Ettinger, Gotha.
   Mad. la Comtesse de Brühl,
      Seyfersdorf.
   Plessig, Wernigerode.
   v. Franckenberg, Gotha.

März
2. Fürst v. Dessau, Dessau.
3. v. Franckenberg, Gotha.
6. *Prinz August v. Gotha,
      Gotha.
13. Mad. la Comtesse de Brühl
      [Seyfersdorf].
   Mad. la Comtesse de Wer-
      thern [Neunheiligen].
   Plessig, Wernigerode.
   *v. Bibra, Meinigen.
17. Schlosser, Emmendingen.

April
1. Mad. Schulthess, Zürch.
   Streiber, Eisenach.
3. v. Franckenberg, Gotha.
13. Eck [?].
14. Prinz August v. Gotha,
      Gotha.
   Herzog Ernst v. Gotha,
      Gotha.
   v. Trebra, Zellerfeld.
   Plessig, Wernigerode.
   Kayser, Zürch.
   Mad. la Rhingrave de
      Salm, Grumbach.
17. Mad. Gallo, Cassel.
   v. Franckenberg, Gotha.

Mai
1. Prinz August v. Gotha,
      Gotha.
8. Mad. la Comtesse de Brühl
      [Seyfersdorf].
12. v. Franckenberg, Gotha.
15. *Mad. de Bechtolsheim,
      Eisenach.
19. Schlosser, Emmendingen.
   Mad. la Rhingrave de
      Salm, Grumbach.
22. *desgl.
29. Streiber, Eisenach.
   *v. Franckenberg, Gotha.

Juni
3. Mad. Schulthess, Zürch.
12. Mad. la Comtesse de Wer-
      thern [Neunheiligen].

Juni

  *Prinz August v. Gotha, Gotha.

23. v. Taubenheim, Schleusingen.

  Hartmann, Stuttgart.

  Streiber, Eisenach.

  Herzogin Charlotte v. Gotha, Gotha.

25. v. Frankenberg, Gotha.

28. . . . . . , Eisenach.

Juli

3. *Kayser, Frankfurt.

  *Ettinger, Gotha.

  *Hofrath Weber, Jena.

Juli

7. Mad. la Baronne de Stein, Carlsbad.

10. desgl.

14. desgl.

19. desgl.

  v. Hardenberg, Braunschweig.

21. Mad. la Baronne de Stein, Carlsbad.

  Streiber, Eisenach.

  Frau Schulthess, Zürch.

  Kobell, München.

  Kestner, Hannover.

  Heyne, Göttingen.

24. Schlosser, Emmendingen.

  Riedel, Göttingen.

Ohne Adresse.

Januar 1 (mit Geld).   April 17*. 24.*   Mai 15.* 29*. Juli 17.*

Angekommene Briefe sind notirt in den Rechnungen der Postanstalten, die für 1786 in ungewöhnlicher Vollständigkeit vorliegen: im Januar 17, Februar 25, März 21, April 16, Mai 14, Juni 26, (1.—24.) Juli 16. Es ist daher in diesem Jahre zum ersten Mal ein Urtheil möglich über das Verhältniss der bisher unter der Rubrik „Ohne Adresse" vermischten Gruppen angekommener und abgesandter Briefe zu einander (vgl. meine Bemerkung III, 318 f.). Man wird zu dem Schluss berechtigt sein, dass auch in den früheren Jahren 1778—1785 (in welchen die Postrechnungen weniger adressirte Briefe aufführen als 1786) die Masse der angekommenen Briefe innerhalb der als „Ohne Adresse" aufgeführten eine sehr grosse gewesen ist.

Anhang.

Nachträge zu Band I—VII.

215ᵃ.

An Jakob Jonas Björnstahl.

[Frankfurt, 9. oder 13. April 1774.]

Si vous aves envie Monsieur de voir notre Bibliotheque j'aurai l'honneur de venir Vous prendre a deux heures, le Bibliothecaire m'a promis de s'y trouver a ce temps. Un mot de reponse s'il Vous plait.

₅ Goethe.

266ᵃ.

An Merck (Frankfurt, 4. December 1774).

s. Band II Seite 327.

306ᵃ.

An F. H. Jacobi.

[Frankfurt, März 1775.]

Ein liebes Weibgen sagte von den Freuden, nach allerley unter anderm, nein! Mit dem Hühnerblut das ist eckelhafft, und wenn die Vignette nicht wäre man könnte das ganze Buch nit brauchen; aber
₁₀ so liest man immer fort, und meynt es wär auch was so liebs im Buch drinne.

Stosgebet.
Vor Werthers Leiden
Mehr noch vor seinen Freuden
Bewahr uns lieber Herre Gott.

327ᵃ.
An F. H. Jacobi (Frankfurt, April 1775).
s. Band III Seite 326.

345ᵃ.
An H. Buff.
Lieber,   5

Ich bitte schreiben Sie mir wieder einmal wies
Ihnen geht, und das nicht kurz. Ich bin in der
Welt ein bissgen auf und abgefahren Zeither, und
hoffe es wird Ihnen wohl seyn, im Studenten Stand,
der sein gutes und böses hat, wie die übrige Erden= 10
wirthschafft zusammen. Adieu. Was hören Sie von
Lotten. Schreiben Sie doch dem Papa wem er die
4 Iris abzugeben hat, ich hab ihn ersucht in Ihrer
Abwesenheit die Mühe zu übernehmen. d. 9. Aug.
1775 Franckfurt.   15
Goethe.

430ᵃ.
An G. A. Bürger.
[Weimar, März 1776.]
Da hast du wieder ein Paar Briefe. Laß dirs
in deinem Wesen leidlich seyn daß dirs auch einmal
wohl werde. Freu dich der Natur, Homers und deiner

Teutschheit. Uebersezz wenn dirs recht behaglich ist.
Es ist alles übrigens Stückwerck in der Welt ausser
der Liebe, wie St. Paulus spricht 1. Cor. 13. Cap.

Goethe.

481ᵃ.
An Jacob Michael Reinhold Lenz.

[Sommer 1776.]

Hier ist der Guibert die andern Bücher sind nicht
zu haben.

Da ist eine Louisdor.

Deine Zeichnungen sind brav fahre nur fort wie
du kannst.

Leb wohl und arbeite dich aus wie du kannst
und magst.

G.

498ᵃ.
An Charlotte v. Stein (Mitte August 1776).
s. Band III Seite 288.

545ᵃ.
An v. Einsiedel.

[November? 1776.]

Zwar gesättigt bin ich aber ich bin in Weines
Noth und aus denen theatralischen Eselskinbacken
mit denen man rohe Philister todtschlägt springt der
edle Quell nicht. Schicke mir aber was altes denn
eure neuen Weine haff ich wie die neue Literatur.

G.

808ª.
An den Herzog Carl August.
P. P.

Ew. pp. haben mittelst gnädigsten Rescripts vom
19. Januar des jetztlaufenden Jahres mir die Direction
des hiesigen Land=Straßen=Baues, so wie solcher in
vorigen Zeiten Höchstdero Cammer Praesident von Kalb   5
über sich gehabt, und nachhero die Aufsicht über das
hiesige Stadt=Pflaster Bauwesen und der um die Stadt
gehenden Promenaden zu übertragen, huldreichst geruht.

Durch dieses in mich gesezte gnädigste Vertrauen
von dem ohnbegrenztesten Eyfer belebet, habe ich, um   10
den Befehlen Ew. pp. überall die schuldigste Folge
leisten zu können, von dem dermahligen Bestand der
Straßen=Bau=Casse erforderliche Erkundigung ein=
gezogen, solchen aber, der aus dieser, wegen in vorigen
Jahren geschehenen Baue und Besserungen, gegangenen   15
Vorschüsse halber für dieses Jahr von sehr geringer
Erheblichkeit befunden.

Wegen zweckmäßiger Verwendung nur bemerckter
Casse bleibenden Gelder habe ich nun, mit Zuziehung
des Ingenieurs und Artillerie Hauptmanns de Castrop   20
diejenige Disposition, welche Ew. p. ich hierdurch im
Anschluß unterthänigst überreiche, getroffen.

Aus solchen wird Höchstdenenselben gehorsamst
vorgetragen werden können, wie daß die Haupt= und
allzusehr ins Geld gehende Reparaturen vorerst noch   25
ausgesezt zu lassen und in diesem Jahre nur die ge=

ringere, nicht allzuviel betragende höchstnöthige Besse=
rungen um deswillen vorzunehmen sehn werden, weil
nach Abzug des gedachten Vorschusses und der jähr=
lichen ordinairen Posten das sehr mäßige Quantum
5 von 1555 Rthlr. 9 gr. 11 ₰ zu Unterhaltung sämt=
licher Heer=Gleits=Straßen übrig bleibt, mithin auf
jede einzelne Straße nur ein sehr weniges verwendet
werden kann.

Ew. pp. höchsten Entschließung und huldreichster
10 Genehmigung unterwerfe ich jedoch alles dieses in
demjenigen Gehorsam, in dessen Gefolg ich nach Ab=
lauf des Jahres schuldigst nicht verfehlen werde, eine
Bilance von den vorgenommenen Straßen=Bau, und
Reparaturen nebst einer Specification derjenigen Stücke,
15 wohin die aufgegangene Kosten verwendet worden,
nicht minder anderweites Verzeichniß von denen Land
Straßen und Brücken die im folgenden Jahre durch
neue Besserung in Stand zu sezen und was nach Be=
schaffenheit der Umstände und des Cassen Etats neu zu
20 bauen sehn möchte, in tiefster Ehrfurcht vorzulegen.

Geruhen doch übrigens Ew. p. die devoteste Ver=
sicherung von mir anzunehmen, daß auch bey dieser
mir gnädigst übertragenen Incumbenz Höchsderoselben
höchstes Interesse ich überall nach allen meinen Kräfften
25 zu befördern, und dadurch diejenige ohnverbrüchlichste
Treue zu bewähren suchen werde, mit welcher ich zu
ersterben die Gnade habe
                                                Ew. pp.

Weimar d. [25.] Aprill 1779.

808 b.

An Castrop.

Die Esplanade wird nicht allein in den Haupt=
gängen sehr verfahren sondern sie wenden sogar durch
den Rasen und fahren die Pfäle um. Sehen Sie es
doch an, laſſen die Pfäle wieder ſezzen und ſagen
mir ihre Gedancken.   5

G.

962 a.

An C. v. Knebel.

Weimar den 4. Junius 1780.

Reiſe=Route durch die Schweiz.

Nr. 1.

Wenn du nach Stuttgart kommen ſollteſt, ſo ſuch' 10
den Expeditionsrath Hartmann auf, der zu Expedi=
tionen ganz vortrefflich iſt. Sein Bruder iſt in
Gotha beim Prinzen Auguſt. Er hat uns bei unſerm
letzten Aufenthalt viel Gefälligkeit erzeigt. In Schaf=
hauſen den Herrn Im Thurn, einen ſtillen aber ſehr 15
verſtändigen und gefälligen Mann und Freund von
Lavatern. Du grüſſeſt ihn und ſeine Frau wie alle
folgenden, die ich dir in Ehren nenne. Sein Weibchen
iſt ein gar feines gutes hypochondriſches Weſen. Er
wird dir alles ſehr gerne zeigen. Verſäume nicht von 2
da über Stein auf Conſtanz zu gehen. Es liegt ſehr
glücklich, ſo verfallen es an ſich ſelbſt iſt. An dem

Wege liegt Clarisek, wo jeßo Kaufmann wohnt. Ver=
meide diesen Menschen, wenn's auch Gelegenheit gäbe
ihn zu sehen. In Costniz selbst, wenn du schön
Wetter hast, wirst du gewiß Lust haben zu bleiben.
5 Die verschiedenen Theile des Sees zu sehen muß höchst
angenehm seyn, wir konnten nichts davon genießen.
Von da auf Frauenfeld wo ein altes Weib wegen
ihres außerordentlichen Gedächtnisses merkwürdig ist.
In Winterthur besuchst du den Maler Schellenberg.
10 In Zürch überlaß ich dich Lavatern. Von da laß
dich auf Richterswiel führen zum Doktor Hoz, ein
sehr braver und liebevoller Mann. Wenn du von da
aus einen recht interessanten Weg machen willst, so
mußt du alles zu Fuße gehn. Du packst, wenn du
15 mir folgen willst, schon zu Zürich so viel zusammen,
als du auf 14 Tage brauchst, und richte dich nur
sehr leicht ein. Denn unter Wegs zieht man die
alten Hemden und Strümpfe durchs Wasser und zieht
sie den andern Morgen wieder an. Deinen Koffer
20 spedirst du mit einem Fahrzeuge auf Luzern, wo er
dich erwarten kann, du aber gehst von Richterswiel
auf Maria=Einsiedel, wo dir das prächtige Gebäude
in der Wüste, der Fürst, den du besuchen mußt, der
Schaß und die ganze klösterliche Einrichtung sehr
25 wohl gefallen werden. Von da geht ein beschwer=
licher Stieg nach Schwiz hinunter, wo man aber die
schönste Aussicht antrifft. Ich rathe immer zu solchen
Touren, wenn sie auch nur einige Stunden sind,

ganze Tage zu nehmen und sich ja nicht zu über=
treiben und zu übereilen. Es gilt dieses für alles
was noch kommt. In Schwiz ist das Hedlingerische
Medaillen Cabinet zu sehen, auch Zeichnungen von
diesem trefflichen Künstler. Von Schwiz geht man
nach Brunnen am vier Waldstätter See und fährt
auf Flüelen. Dieser Weg ist mit das größte was
man auf der ganzen Reise zu sehen kriegt. Unterwegs
steigt man einen Augenblick in Tells Capelle aus.
Von Flüelen geht man zu Fuß auf Alldorf. Von
da ein sehr schönes Thal hin bis zu dem Fuß des
Gotthards, wo ich dir rathe am Steg zu übernachten
und den andern Morgen bei guter Tagzeit hinauf zu
steigen, aber auch alsdann nicht weiter als Wasen zu
gehen und diesen Weg, dergleichen du nicht wieder
finden wirst, recht zu genießen. Alsdenn auf den
Gotthard zu den Capucinern und wenn du dich recht
umgesehen hast, so steig alsdenn den Berg wieder
durch eben den Weg herunter. Wenn ich jemals in
die Gegend käme, ohne daß mich etwas drängte, so
würde ich mich eine ganze Zeit daselbst aufhalten,
welches dir vielleicht so wohl werden wird. Du
kommst, wie ich gesagt habe, den alten Weg bis
Flüelen zurück, setzest dich auf den See und fährst
grad auf Luzern. Daselbst besuchst du den General
Pfeiffer, der das merkwürdige Modell von der um=
liegenden Gegend gemacht hat, den du vom Herzog
und mir grüßen und versichern kannst, daß es uns

sehr leid gethan hat, seine Bekanntschaft nicht zu
machen. An der bisher beschriebenen Tour, die sich
in wenig Tagen zwingen läßt, kann man viele Mo=
nate kauen und nach deiner Art zu sehn würd' ich
5 dir fast rathen, diese Gegenden mit einem sachten
Genusse recht einzuschlürfen. Ich bin die beiden Male
nur wie ein Vogel durch, und sehne mich immer
wieder hin. Wäre nun deine Zeit verstrichen oder
du hättest genug, so könntest du über Solothurn und
10 Basel, an welchem letzten Orte dir Herr Gedeon Burk=
hardt gewiß gefällig sehn wird, wieder nach Deutsch=
land eintreten. In Emmendingen besuchst du meinen
Schwager, nachdem du vorher bey Freiburg die Hölle
gesehen hast und versäumst nicht in Colmar Pfeffeln
15 zu besuchen und das übrige versteht sich von selbst.

Nr. 2.

Hättest du aber in Luzern noch Zeit und Lust
dich auszubreiten, so schlag ich dir noch eine Tour
vor, wovon ich zwar einen Theil nicht, und einen
20 andern nicht auf die Art gemacht habe, doch kannst
du versichert sehn, daß er dich trefflich vergnügen
wird. Du schickst deinen Koffer wieder von Luzern
auf Bern, nimmst wie das vorigemal ein kleines
Packet mit und fährst auf dem See von Luzern auf
25 Stansstad im Canton Unterwald. Von da gehst du
auf Stans, sodann aufs Kloster Engelberg und kommst
über den Engstliberg im Canton Bern ins Hasliland.

Grund, nennen sie, wie ich mich erinnere ein sehr
kleines eingeschränktes Thälchen, wodurch die Aar
fließt, von da machst du dich auf Meiringen, von da
auf Tracht, am Brienzer See, fährst zu Schiff auf
Interlacken, gehst auf Untersewen, das Thal hinein auf
Gründelwald um die Gletscher zu sehen. Von da, wo
möglich über den Berg nach Lauterbrunnen um den
Staubbach und die hintern Gletscher, dem Steinberg
gegen über, zu sehen. Dann auf Untersewen zurück,
zu Schiff über den Thunersee, wo du im Vorbeigehen
an der Beatenhöhle halten läßt und kommst auf
Thun. Frage daselbst nach einem Peter Kocher, der
unser Schiffer und Führer auf der Reise war und
den wir was ehrlichs zum Narren gehabt haben.
Wenn du ihm einen Gruß von uns bringst wird er
eine kindische Freude haben. Von Thun fährst du
in einem Miethwagen nach Bern, vielleicht triffst du
Retourchaisen an. In Bern bringst du dem Haupt=
mann Sinner, Sohn des Avoyérs, viel Complimente.
Sagst Herrn von Kirchberger von Gottstedt sehr viel
Gutes von mir. Es ist dieses ein verständiger und
braver Mann, besuchst den Maler Aberli und Herrn
Pastor Wyttenbach der ein eifriger Bergläufer und
geschickter Naturkundiger ist, und siehst was dort
zu sehen ist, was dir ein jeder leicht anzeigt. Willst
du hier deine Reise schließen, so gehst du von
hier auf Solothurn, Basel und so weiter. Hast
du aber da noch Lust dich tiefer einzulassen, so

will ich dir noch einen Weg vorschreiben, von dem
du dich aber mußt alsdann nicht abwendig machen
lassen, weil man die Gegenden, durch die ich dich
führen will, in zwanzigerlei Combinationen besuchen
5 kann und jeder der dir räth, die Sache anders an-
sieht. Da ich aber das Ganze kenne, versichre ich
dich, daß auf meine vorzuschlagende Weise, die meisten
und interessantesten Gegenstände an einander ge-
lettet sind.

10 ## Nr. 3.

Von Bern auf Murten, Auenche, Pajerne, Moudon,
Lausanne. Diesen Weg kannst du im Wagen machen.
In Lausanne suchst du Matthäi auf, der bei dem
Grafen Forstenburg Hofmeister ist. Von Lausanne
15 miethest du Pferde und gehst auf Lutri, Culli,
Vevay, Villeneufe, Aigle, wo die Salzwerke zu sehen
sind, Bex und von da nach St. Moriz ins Wallis.
Auf Martinach wo du auf dem Weg die Pissevache
siehst. Von da rath ich dir bis Sion das Land hin-
20 auf zu gehen, dich auf dem Schlosse Turbillon um-
zusehen und alsdenn wieder zurück auf Martinach.
Hier mußt du deine Pferde verlassen und die weitere
Reise zu Fuß antreten. Du wirst am besten thun
wenn du zu der ebengedachten Tour gleich in Lau-
25 sanne Pferde miethest und sie alsdenn von Martinach
zurück schickst. Von Martinach steigst du einen sehr
beschwerlichen Weg, doch immer besser zu Fuße, als
auf Maulthieren, über Trient nach Valorsine und

Chamouni. Dort wendest du einige Tage an, um die
Merkwürdigkeiten der Eisberge mit Bequemlichkeit zu
sehen. Gehst auf Maulthieren bis Salenche, von da
auf Cluse, siehst zwischen diesen beiden Orten, wenn
du zu halsbrechendem Klettern Lust hast, die Caverne 5
de Balme, weiter auf Bonneville und Genéve. Besuche ja die Herrn Hubert, Saußure und Bonnet, die
all auf ihren Landgütern sind. Beide letzte kannst
du auf deiner Reise nach Lausanne sprechen. Ver-
säume nicht in Fernay die Fußtapfen des Alten zu 10
verehren und kehre über Nion, Rolle, Morges nach
Lausanne zurück. Von da grad auf Yverdun, von
Yverdun auf Neufchatell. Willst du von da aus die
merkwürdigen Thäler des Vallengin besuchen, so erkundige dich dort herum, ich bin nicht da gewesen. 15
Von Neufchatell auf Biel, von da durchs höchst interessante Münsterthal auf Basel; freilich ist dieses Nr. 3
eine sehr wichtige und weitläuftige Tour. Es könnte
seyn, daß dir nur gelegen wäre den Genfersee zu
sehen, also liesest du von Lausanne aus den Weg 20
durchs Wallis fahren und gingst grad auf Genéve,
wieder auf Lausanne zurück und so weiter auf Yverdun. Indeß muß ich das wiederholen, was ich schon
gesagt habe, wenn du dieser meiner Anweisung wie
einer Ordre folgst, so entgeht dir in der Nähe der 25
Gegend wo du dich herumdrehst gewiß nichts sehr
merkwürdiges. Dagegen wenn du dich irre machen
läßt und einen Ort vor den andern nimmst, so bist

du entweder zu unangenehmen Hin und wiederreisen
genöthigt oder du verwickelst dich in die gebirgige
Gegend. Nicht, daß ich, da mir das Land so bekannt
ist, nicht noch zehnerlei Arten vorschlagen wollte, doch
5 muß am Ende eine gewählt seyn und für dich halt
ich diese für die beste. Deine Sache wird nunmehr
seyn dir von Lavatern ein kleines Zettelchen geben zu
lassen, wen und was du noch an den verschiedenen
Orten zu sehen hast; ferner dich, ehe du jede Station
10 antrittst, wol um die Weiten zu erkundigen, dich
nicht zu übereilen und auf Wind und Wetter acht
zu geben. Nur im flachen Lande zu fahren, übrigens
Pferde und Maulthiere vorzuziehen und in ganz ge-
birgigten Gegenden lieber gleich zu Fuße zu seyn.
15 Man bezahlt die Maulthiere und geht nachhero doch.
Die Verschiedenheit des Geldes wird dich sehr chila-
niren und überhaupt müssen die phantastischen Fuß-
gänger in der Schweiz theuer bezahlen. Es ist nöthig
mit den Boten und Trägern, Schiffern und wen
20 man braucht voraus zu akkordiren, man giebt ihnen
doch immer zu viel. Man muß vermeiden gegen
Bettler, Kinder u. s. w. unterwegs zu freigebig zu
seyn, wie man meistentheils zu thun pflegt, wenn
man guten Humors ist, denn der Kerl, der mit dir
25 geht, sieht gleich daß es ein Herr ist, dem's auf ein
paar Thaler auf oder ab nicht ankommt und das
pflanzt sich von Wirthshauß zu Wirthshauß, von
Boten zu Boten fort. Dich nicht zu übereilen und

wenig aber gut zu sehen ist was ich dir vorzüglich
rathe. Auf meiner erſten Reiſe machte ich nur die
Tour die hier unter Nr. 1 ſteht; und hatte nach
meinen damaligen Umſtänden genug. Die zum Dic-
tionaire de la Suisse gehörende Charte mußt du dir 5
in Schafhauſen oder Zürich gleich zu verſchaffen
ſuchen, ſie iſt ſehr gut und zum Verſtändniß meines
Reiſevorſchlags unentbehrlich. Lebe wohl.

Goethe.

1330ᵃ.
An J. F. v. Fritſch.

Eine wunderbaare Angelegenheit, wovon ich Ew. 10
Exzell. bey meiner Zurückkunft Nachricht geben werde,
nötigt mich heute nach Jena zu gehen ohne daß ich
voraus ſagen kan, wie bald ich wieder kommen werde.

Behalten mich Ew. Exzell. in gnädigem Andencken.
Ich bedaure daß mir die Umſtände nicht erlauben 15
noch perſönlich aufzuwarten. v. H. d. 28. Oktbr. 81.

Goethe.

1921ᵃ.
An Johann Georg Lenz.

[April 1784.]

Sollten an einigen foſſilen Elephanten=Reſten in dem
Herzogl. Cabinette Überſchriften ſeyn, die neue Örter an=
zeigten, wo ſie in Deutſchland gefunden worden, ſo erbitte 20
ich mir die Nachricht davon aus: und, wenns möglich wäre,

aus der ehemaligen Walchischen Bibliothek ein paar Bro=
chüren, die ich hier nicht auftreiben kann, zur Einsicht:
Spleyssii Oedipus Osteologicus und Beyschlag de Ebore
fossili, Commercium Nunningii et Cohausenii und Herr=
mann de Sceleto seu de Ossibus Maslae detectis wenn es
auch von dem letzten nur die deutsche Ausgabe wäre.

––––––––

Obige Nachrichten und Bücher die ein Freund
wünscht bitte ich mir bald zu überschicken.

Goethe.

2039ª.

An C. v. Knebel.

[1784.]

Du bist mir wie der Morgenstern des Tages, den
ich hier verlebt habe! Wir rufen keine Stnnde davon
zurück; laß uns zusammen nehmen was geblieben,
was geworden ist und es nutzen und genießen eh der
Abend kommt.

Lesarten
der Nachträge zu Band I—VII.

215ª. Ungedruckt. Hs auf der Universitätsbibliothek zü Lund, von Herrn Dr. Fritz Arnheim aus Berlin aufgefunden und durch Ludwig Geiger dem Goethe- und Schiller-Archiv für diese Nachträge zur Verfügung gestellt. Adresse *A Monsieur de Biörnthal*. Die Zeitbestimmung, gleichfalls vom Entdecker der Hs gefunden, ergibt sich aus Björnstahls Reisetagebuch (Stockholm 1780—84 sechs Bände in schwedischer Sprache). 353, 3 v. Lichtenstein.

266ª. Vgl. die Collation III, 325.

306ª. Hs vormals im Besitz des verstorbenen Freiherrn v. Maltzahn, jetzt im Goethe- und Schiller-Archiv. Durch ausdrücklichen Vermerk im ersten Druck (Zoeppritz „Aus F. H. Jacobi's Nachlass“ II, 284) steht die Provenienz der Hs fest und mit ihr als Adressat F. H. Jacobi oder allenfalls seine Frau Betty. Sonst würde man geneigt sein, an Lavater zu denken, denn die Hs, ein in der Breite beschriebener Streifen, enthält unter den neben einander stehenden Theilen 353, 6—11 und 354, 1—4 zwei männliche Carricaturköpfe im Profil, von Goethe mit der Feder gezeichnet. Die Zeitbestimmung in Frühjahr 1775 ist zweifellos, der März ist wahrscheinlich, (vgl. II, 242, 17) und somit kann der Zettel eine Beilage zu Nr. 306 gewesen sein. 353, 7 anderm aus anderŝ 9 fonnte

345ª. Ungedruckt. Hs im Besitz des Grafen Anton Prokesch von Osten in Gmunden, dessen Vater sie 1832 in Rom von August Kestner zum Geschenk erhielt; hier nach einer freundlichst üdersandten Copie Erich Schmidts aus dem Sommer 1890. Adresse An Herrn Johann Buff der Wissenschafften befl. in Giesen. 354, 9 Stand aus stand 13 vgl. Postsendungen 10. August 1775. 15 die 17 mit dem Siegel ausgerissen Erfurt

430ª. Strodtmann „Briefe von und an G. A. Bürger"
I, 293 mit dem Vermerk „Aus Bürger's Nachlasse. Auf die
Rückseite eines Couverts geschrieben." Der Zusammenhang
mit anderweitigen Correspondenzen Bürgers erweist die
Richtigkeit der Strodtmannschen Datirung „Frühjahr 1776",
und diese wird dadurch näher bestimmt, dass Bürgers
Brief an Goethe vom 9. März 1776 (Strodtmann I, 282)
unserm Billet vorangehen, der an Wieland aber aus dem
April 1776 (ebenda 299) ihm folgen muss.

481ª. Ungedruckt. Hs wie 306ª. Guiberts „Essay gé-
néral de tactique" erschien 1772, deutsch 1774 in Dresden. —
Bernhard Suphan wies darauf hin, dass wahrscheinlich J. M.
R. Lenz der Adressat sei: W. v. Maltzahn besass Lenzische
Handschriften, Lenz hielt sich für ein taktisches Genie, und
er zeichnete, wovon u. a. eine Landschaft aus dem October
1776 im Goethe-National-Museum Kunde gibt. In den
Sommer dieses Jahres wird das vorliegende Billet gehören,
kurz nach dem Beginn von Lenzens Waldbruderleben in
Berka (27. Juni). Dass Goethe ihn dorthin mit Büchern
und Geld versorgte, ist auch sonst bekannt (vgl. Froitzheim
„Lenz und Goethe" 1891 S. 44), und im Mai 1776 las Goethe
selbst in Guiberts Taktik, vgl. III, 67, 18.

545ª. Hs im Besitz C. A. H. Burkhardts, vgl. Goethe-
Jahrbuch XI, 71. Das Jahr 1776 darf als gewiss angesehen
werden, als wahrscheinlich der November dieses Jahres,
vgl. III, 121, 24 und die umliegenden Nummern.

808ª. Ungedruckt. Grossherzogl. Sächs. Haupt- und
Staats-Archiv. Concept von Canzlistenhand mit Randsig-
natur Ⓖ. Zweiffellos hat Goethe dieses Schreiben nicht
dictirt, sondern einem Unterbeamten in Auftrag gegeben.
Streng genommen gehörte es daher nicht in das corpus der
Briefe Goethes, durfte jedoch den weniger strengen Nach-
trägen (vgl. zu 962ª und 2039ª) wohl eingereiht werden,
da es im Bunde mit 808ᵇ charakteristisch genug für Goethes
Verhalten in amtlichen Dingen ist: neben sorgfältigem
Interesse selbst für unscheinbares Detail das Bestreben,
sich vom umständlich-formellen nach Möglichkeit zu ent-
lasten und somit selbst ein „Programm" wie das vorliegende,
Versicherungen so persönlich scheinender Art fremder Aus-

führung zu überlassen. 357, 17 in folgenden Jahre wurde
singularisch berichtigt, da der Zusammenhang die Einrichtung einjährigen Etats erweist. 27 die für unser Sprach-
gefühl verkehrte und lächerliche Wendung war durchaus
kanzleigerecht (vgl. I, 104, 7) und hat ihre Analogie auch
in der Umgangssprache, vgl. Wendungen wie V, 308, 1.
329, 5.

808ᵇ. Ungedruckt. Hs kürzlich vom Goethe- und
Schiller-Archiv erworben. Des Inhaltes wegen zu 808ᵃ gestellt, womit eine bestimmte Datirung nicht ausgesprochen
werden soll. Adresse Herrn Hauptm. Castr.

962ᵃ. Ungedruckt und für diese Nachträge aufgespart
(vgl. zu 808ᵃ), da Goethe nicht im vollen Sinne als Verfasser angesehen werden darf. Vielmehr muss man sich
die Entstehung dieser Nummer ähnlich der von 853 denken,
wo Goethe einen Bericht Seidels mit Zusätzen versah. Nur
in sofern ist zu unterscheiden, als dort eine selbständige
Erzählung Seidels die Unterlage zu bilden scheint, hier
hingegen eine auf Veranlassung Knebels im Auftrag Goethes
verfasste Arbeit, in der von vorn herein die Absicht herrscht,
des Auftraggebers Urtheil auszudrücken, nicht das eigne.
Ein scharfer Beweis wird hierfür nicht zu erbringen sein,
kein Leser aber wird sich hier echtem Goethe gegenüber fühlen, und eine andere Mitarbeiterschaft als die Seidels ist nicht
zu denken. Die Überlieferung freilich bringt nichts hinzu,
als dass der Aufsatz sich nicht unter den Handschriften der
Briefe Goethes an Knebel (vgl. zu 268) befindet, sondern nur
in einer Abschrift des Kanzler v. Müllerischen Archivs vor-
liegt. Er nimmt dort die ersten 5 von 36 Blättern eines Folio-
heftes ein, das unter der Aufschrift „Auszüge aus Knebels
und Goethes Briefen" eine ziemliche Anzahl von Abschriften
und Auszügen aus dem Berliner Manuscript enthält, im
Ganzen correct und richtig datirt, — dazu 2039ᵃ und vorliegende Nummer. Eine Anzahl von Correcturen in derselben sind unverkennbar bei einer Vergleichung der Handschrift entstanden, ihre Ergebnisse daher in unserm Abdruck
verwerthet, ohne dass der Apparat damit belastet wäre.
Auch ist dieser frei geblieben von Versuchen, innerhalb des
Aufsatzes die Stellen zu bezeichnen, an denen ausdrückliche

Anweisung Goethes, Benutzung eines goethischen Entwurfes oder gar eigenhändiger Zusatz vermuthet werden kann.

Knebel reiste am 5. Juni 1780 in aller Frühe von Tiefurt ab, nachdem er am 4. in Weimar Abschied genommen und den Abend bei Anna Amalia verbracht hatte. Sein Tagebuch enthält keinen Empfangsvermerk über unseren vom 4. Juni datirten Aufsatz: Knebel nahm ihn wohl an diesem Tage persönlich von Goethe entgegen. Auch Carl August schickte dem Reisenden, unter dem 8. Juni, ein Reiseprogramm als „den versprochenen Wegweiser" nach (vgl. dessen Briefe an Knebel und Herder, hrsg. v. H. Düntzer 1883 S. 9f.).

360, 3 bietet die Vorlage Heideggerische statt Heblingerische Dieser Irrthum muss Seidel zur Last fallen, da er von Goethe nicht denkbar ist und noch weniger von einem späteren Abschreiber verschuldet sein kann, der die verwechselten Personen nicht kannte. Ähnlich steht 362, 22 Alberti statt Aberli und darnach in Klammern *Sandrat* corrigirt aus *Sandcart*: auch hier scheint ein Irrthum Seidels vorzuliegen. 361, 19 *Avoyérs* für *Envoyés?*

1330ᵃ. Ungedruckt. Die Hs (vgl. zu 491) fand sich nach Abschluss von Band V unter späteren Briefen von Fritsch an Goethe. Zur Sache vgl. V, 207, 11—210, 5 366, 16 v. H. wofür sonst Bhß = von Hause.

1921ᵃ. Hs zur Zeit im Besitz des Antiquariats Otto Aug. Schulz in Leipzig, hier nach C. A. H. Burkhardt, Goethe-Jahrbuch XI, 71. Der erste Absatz von Seidels Hand, augenscheinlich Copie aus einem Brief des „Freundes" (367, 7). Dass dieses Merck war, zeigt Campers Bitte an ihn vom 28. März 1784 (M¹ 417), er möge ihm den „Oedipus osteologicus" mitbringen bei seinem bevorstehenden Besuche, und Mercks Bitte an Sömmerring vom 4. Mai 1784 (Wagner, Sömmerring I, 286), er möge ihm diese Broschüre eilig aus der Göttinger Bibliothek verschaffen: „wo ich weiss dass das Buch ist." Zwischen diesen Briefen muss der vorliegende seinen Platz haben: Merck versuchte den „Oedipus" durch Goethe aus Jena zu bekommen, dieser aber erhielt von dort nicht das Buch selbst sondern, vermuthlich durch Büttners Vermittlung, den Bescheid, dass es in Göttingen

sei; hierauf berief sich dann Merck am 4. Mai in dem
Brief an Sömmerring. Goethes Anfrage in Jena fällt somit
in den April 1784. Sie wird an J. G. Lenz gerichtet sein
als den Unteraufseher im Herzogl. Kunst- und Naturalien-
Cabinet und Verwalter der nachgelassenen Sammlungen
Walchs. Die näheren Titel sind im *GJ* aaO. mitgetheilt.

2039. Ungedruckt. Fol. 6—8 des zu 962ᵃ beschriebenen Heftes enthalten eine Reihe von Stellen aus Goethes
Briefen an Knebel, eingeleitet durch die als Nr. 2039ᵃ
abgedruckte. Sie trägt dort die Überschrift „1784“, es
folgt die Stelle VI, 97, 14—20 unter der Überschrift „1782“;
drittens die Sätze „Wem es nicht zu Kopfe will — — —
der schlecht handelt“ unter dem Datum „Weimar 8. April
1812“; viertens V, 228, 16—28 unter „1781“; und zum Schluss
unter „1782“ die Sätze VI, 16, 17—24. Diese Abschriften
sind von des Kanzlers von Müller eigner Hand (— die
übrigen des ganzen Heftes von Schreiberhänden —) und
im Einzelnen incorrect, da die Absicht dieser Auswahl
augenscheinlich war, abgerundete Gedanken aus dem besonderen Zusammenhang auszuscheiden[1]). Aber soweit wir
die Originale vergleichen können, sind die Abschriften zu-
verlässig im Wesentlichen, und die als Überschrift gesetzten
Daten treffen zu. Man hat daher kein Recht, das erste
dieser fünf Stücke als eine Erfindung des Kanzlers v. Müller
zurückzuweisen, sondern muss es anerkennen als eine mehr
oder minder correct abgeschriebene Stelle aus einem übrig-
gens verlorenen Briefe Goethes an Knebel vom Jahre 1784.

---

[1]) So lauten z. B. die Zeilen V, 228, 16—18 hier „Meine
Unermüdlichkeit ist kein Verdienst, das Bedürfniss“ u. s. f.

Berichtigungen zu Band I—VII.

Vorbemerkung.

Mehrere Handschriftengruppen und einzelne Hand-schriften, die während des Drucks der ersten sieben Bände an ihrer Stelle noch nicht benutzt werden konnten, wur-den inzwischen zugänglich, theils unmittelbar durch Ankauf oder durch zeitweise Überlassung seitens der Besitzer an das Archiv, theils mittelbar durch Collationen auswärtiger Förderer dieser Ausgabe. Hier seien daher ausser den S. 295 f. namhaft gemachten Herren noch Woldemar Frei-herr von Biedermann in Dresden, Friedrich Strehlke in Berlin und Richard Wulckow in Darmstadt dankend genannt. Auch von den „Berichtigungen“, die Heinrich Düntzer in den „Grenzboten“ 1889 zu Band I—III ge-geben hat, konnten einige als begründet anerkannt und hier eingereiht werden. Von einer Wiederholung der am Schluss des 3. Bandes bereits gegebenen Berichtigungen ist abgesehen (vgl. jedoch zu Nr. 325). Ausgeschlossen sind alle Abweichungen, die sich lediglich auf die Schreibart und anderes weder inhaltlich noch sprachlich bemerkens-werthe beziehen. Correcturen der Hss und ähnliche An-gaben sind, gleichfalls in Auswahl, am Schluss dieser Be-richtigungen als „Zusätze zu den Lesarten“ zusammenge-stellt.

Berichtigungen des Textes.

1. I, 1, 18 Betrübtnüß

66. 1, 246, 17 fordert der Zusammenhang ſeinen statt meinen

67 nach **68** zu stellen mit dem Datum d. 30. Sept. 70.

73—76 umzuordnen in die Folge **75. 76. 73. 74** mit Er-gänzung der Daten [Seſenheim, Ende Mai; 5. Juni; Mitte Juni; Ende Juni 1771.]

96 nach **79** zu stellen mit dem Datum am 21ten Sept. 1771.

111. II, 42, 23—43, 1 bieten in der durch Abreissen des Siegels beschädigten Hs das Bild

Indessen leb wohl, und laſſ
zu uns flieſſ aus deinem
Herzen guts liebs. Auch
die Paulus Ga it der du
uns zu Zeiten iffſt o Dechant

Die Buchstaben iffſt sind vollkommen zweifellos, über dem i darin ist ausserdem noch ein Buchstabenrest erhalten, der nur die obere Schlinge eines b l t oder h sein kann. Gabe — anblitzeſt oder Gabe — anbliſſeſt, wie bisher conjicirt wurde, ist also ganz ausgeschlossen, eine durchaus sichere Heilung aber weiss ich auch nicht; möglich ist Galle — antifſſt Der Ausdruck fügt sich wohl zu der Charakteristik des damaligen Herder, die Goethe später in Dichtung und Wahrheit gab (Werke XXVII, 307, 1 das Übergewicht keines wider=sprechenden, bittern, bissigen Humors u. ähnl.).

135 und **136** zu datiren [Frankfurt, Ende März 1773.]

138 vor **137** zu stellen mit dem Datum [Frankfurt, zwischen 4. und 9. April 1773.]

174. II, 112, 10 schon so lang

176. II, 115, 8 Tagreisen 11 aber weil sie 16 an die Herzen

198. II, 138, 20 Herrn Merck (Hs vermuthlich H mit Ab-kürzungsschnörkel wie fast immer in allen Formen des Wortes „Herr.")

217. II, 157, 18 alsdenn

236 zu datiren [Köln, 25. Juli 1774.]

239. II, 183, 7 gekonnt 10 jeglichem zu halten.

325 nach **333** zu stellen mit dem Datum [Frankfurt, Ende Mai 1775], unter Beziehung auf eine von Goethe für die Frankfurter Anzeigen besorgte Erklärung La-vaters in seinem Streit mit Gassner.

359. II, 299, 4 indeſſ 6 Kärgern 7 hab 8. 9 liebes Lieder 11 eh 12 am

363. II, 303, 6 unergreifflichen

379 ist vom 26. Sept. 1784, s. **1981.**

380. III, 15, 14 Säu wohl   16, 3 zu Rande

391. III, 22, 11.12 Pläzgen kehren, daß

421 nach **404** zu stellen mit dem Datum [Weimar, Ende Februar 1776.]

454. III, 60, 12 Danck   13 haben, Sie   14 d. 16. May 76 deutlich.

508. III, 104, 14 gedenck   18 hatt   20 wenn ich nach Hause komme   23 hat ich nun aber auch   105, 1 einen Pack Impromtüs   2 gehn   3 Chodewiecki   7 finde, wo   8 Daseyns drauf gestempelt

522 ist vom 27. Oct. 1782, s. **1604.**

530. III, 121, 20 heut   23 sehn   122, 3 Jahreszeit   6 Hofmann   12 findt sichs

580. 645. IH, 145, 13. 186, 5 Wende

589 nach **222** zu stellen mit dem Datum [Frankfurt, vor Juni 1774.]

668—670 nach **391** zu stellen mit dem Datum [Weimar, Januar 1776.]

675 nach **504** zu stellen mit dem Datum [Weimar, August oder September 1776.]

682. III, 214, 14 Bertucchio   20 Krause   22 da nur in 215, 5 gesehn

713 nach **543** zu stellen mit dem Datum [Weimar, 1776 oder Anfang 1777.]

738 nach **505** zu stellen mit dem Datum [Weimar, 2. September 1776.]

752 vgl. zu 1746. III, 252, 13 Bret   23 kompendiosen Reiseapotheck   25 hierher das Datum W. d. 2. Nov. 78.

755. III, 256, 2 genießen   4 geschehn   14 Burgemeister   15 drum 17 Idee. und   18 hierher das Datum W. d. 11. Nov. 78. 20 das Wort Nachschrift zu streichen   257, 9 steht in der That so in der Hs, eingeklammert, zu 3 und 2 Worten in zwei Zeilen vertheilt, so dass rechts und links breiter Raum bleibt (Hs 1 Bl. fol.).

758. III, 258, 19 Grosen   259, 6 fleißig   11 würcklich   16 wann 17 nur hier das Datum d. 23. Nov. 78.

760. III, 260, 9.10 obgleich nur wenige   19 Schäcks   20 Übersezzer gehabt und   ältern ein Genie

766. Das einzige Datum der Hs III, 262, 18. 19 heut Frey=
tags d. 11. früh erfordert Umstellung des Briefes vor
762. Die Reflexion 261, 12—14 tritt dadurch erst in
klaren Zusammenhang.   263, 6 Würcklichkeiten 19 ist,
wer auf 25 saßen   264, 3 leiblicheres

772. IV, 1, 13 auch der 18. Febr. 1777 ist möglich, vgl.
Tagebuch.

773. IV, 2, 7 hierher das Datum d. 3. Jan. 77.

802. IV, 25, 20 Entschließen 26 alsdenn   26, 1 Alsdenn
8 hierher das Datum Weimar d. 26. März 1779.

817. IV, 38, 4 ehstens 6 Militar 7 Strafen fleisigen 10 ver=
schiednen 12 Scherk 16 hierher das Datum d. 22. May.

821. An Gottlob Ernst Josias Friedrich v. Stein.

825. IV, 42, 5. 6 hierher das Datum d. 12. Jun. 1779.

827. IV, 43, 1 schließen alsdenn   4 hierher das Datum W.
23. Jun. 79.

832. IV, 45, 5. 6 vierteljährig 11 danck 20 Französchen da=
rinne 24 Sie in auch in der Hs, wobei jedoch die
unter den „Lesarten" gegebene Conjectur Sie ihn in
aufrecht zu erhalten ist.   46, 2 drauf 12 hierher
das Datum W. d. 13. Jul. 1779.   13 das Wort Nach=
schrift zu streichen.   27 hierher das Datum W. d.
17. Jul. 1779.

834. IV, 48, 21 hierher das Datum W. d. 7. Aug. 1779 worin
statt 7 auch 3 wie bislang gelesen werden könnte,
zeigte nicht der Eingang, dass Kraft seinem Brief
und Packet vom 2. August bereits ein weiteres Schreiben nachgesandt hatte aus Besorgniss, jene Sendung
sei verloren.

844. IV, 59, 16 französch   60, 14 hierher das Datum W. d.
9. Sept. 1779.

849. IV, 68, 13 reinen

859. IV, 112, 2 hab ich sie

865. IV, 128, 1 Beet

880. IV, 162, 17 hier das Datum Weimar d. 17. Jan. 80., die
17 deutlich.   18 verfloßne   163, 2 schick   7 bedaur
8 verfloßne   25 fl. (Gulden, nicht Thaler; nur der
erstgenannte Posten, an Frau Ried, ist in Goethes
Ausgabebuch notirt.)   13 schreib

889. IV, 175, 4 grofen 5 Immagination 12 nur hier das Datum W. d. 10. Febr. 80.

890. IV, 175, 14 nehme mir

922. IV, 201, 5 benen 14 goldne 16 aufgeftochner 202, 17 babor 24 Einzeln 203, 17 berer 22 Dämmrung 204, 4 zurücfegehen 5 will, in 7 aufgehn 205, 9 eingelangt 11 Standz 13 gemüfiget 16 hierher das Datum Weimar ben 3. Aprill 1780 und G. Im Datum steht die 3 nach einem Haken wie 1 oder 7, die Postsendungen vermerken aber den Abgang eines Briefes an Merck unter dem 5. Daher **922** vor **921** zu stellen.

975. 246, 19 b. 3. Juli 80. 247, 1 heurathen 2 brüber 5 Gipz 19 Gebürge 248, 2 Herren 24 borgeftellet 249, 6 „Der 9 Luft und etwa 17 Späfe 22 Maaz 28 borzutragen."

991. IV, 268, 13 fleifig 18 Tobte hierher das Datum Weimar b. 11. Aug. 1780.

1025. IV, 309, 2 Callot

1039 und **1040** sind wahrscheinlich vom 12. Februar 1789, vielleicht auch **1043** aus jener Zeit.

1061. V, 12, 14 innern

1066. V, 14, 7. 11 grofe 13 hierher das Datum b. 6. Dez. 80.

1089. V, 31, 17 glaub 20 alzbenn 22 könnenz 32, 4 hierher das Datum W. d. 11. Jan. 81.

1099. V, 36, 20 angefommnen 37, 3 Freytag anfommen

1106. V, 43, 7 wohlgethan 11 Jahrz 13 mindfte 23 unfeelige 25 taufendthalern 44, 1 zufriebner 17 hierher das Datum b. 31. Jan. 81.

1112. V, 47, 7 erhält ein neuez 13 und den Künftler

1118. V, 51, 7 Verbenden können Sie 19 hierher das Datum W. d. 11. Febr. 81.

1128. 57, 13. 14 biefem Kreife weidet 17 vielleicht bon iener fchönen

1131. Über V, 60, 17 zu ergänzen [20. Februar.]

1159. V, 84, 3 weggewonnen

1166. V, 91, 13 *Volcans* 14 *Velay*

1181. V, 99, 13 hat 21 mich, der 100, 4 Fleifez 11 Aufenthalt 16 fort. Behelfe 19 fchid 20 hab

1223. V, 122, 1 N. Lbr. (= Louis neufs).

1237. V, 130, 18 einige gefällige

1260. V, 156, 2 nach Art

1262. V, 157, 26 regerirt

1281. V, 173, 15 mehrem

1296. V, 183, 9 Matesie

1340. V, 219, 26 leibliche   220, 7 Zubuse   17 erkennen und zu   221, 11 höret   222, 1 Grüse   9 hierher das Datum d. 14. Nov. 1781. und G.

1349. V, 225, 12 Tittel

1387. V, 252, 5 versprochenen

1398. V, 257, 2 französche

1420. V, 272, 25 laß

1432. V, 279, 2 sie

1447. V, 299, 21 Cristus

1469. V, 331, 4 Versäumniß pp für

1483. V, 339, 24 und für die vorzüglich erwiesene Gnade meine

1538. VI, 21, 15 Waltersee   20 Mieg

1584. VI, 62, 4 grosen   10 entschliesen   16 mir sonst liebes und Gutes   18 Wunder   27 Grüse

1603. VI, 75, 9 staken   76, 20 Rhinozeroße   21 Hauße   23 gespült   77, 22 Gesichte   78, 1 sie zu   4 hierher das Datum Weimar d. 27. Okt. 1782.

1786. VI, 192, 8 Gebrauch, vielleicht kann ich einmal etwas besseres schicken. Für   12 Todt   14 wenn   17 hierher das Datum Weimar d. 29. Aug. 83. und G.

1788. VI, 193, 8 geniesen   10 hierher das Datum Ilmenau d. 3. Sept. 83. und Goethe.

1927. VI, 275, 18 mir es von   19 ist, für   20 Vergangne 276, 7 über, es   8 liegen mag überwinden   14 andrer 15 vorgeschlagne   16 verdrüsliche   19 Freund, habt 22 wartet in der Stille bis   24 Moments   28 ausschlagen, wenn

1972. VI, 345, 17 *Jl*

1973. VI, 349, 27 *et c'est*

2021. VI, 400, 15.16 und noch dich kaum   401, 1 draus   4 das ganze Stelet   13 wie ferne   402, 4 überschifen.   16 erhälst   21 Grüse   hierher das Datum W. d. 2. Dez. 84. und G.

2032. VI, 410, 18 möchte, wenn   411, 8 Suite von Zeichnungen dieses   11 das hier als Fussnote Gegebene folgt erst

nach dem **412,**15 durch G. abgeschlossenen Haupttheil des Briefes, eine neue Seite beginnend und in
der Gestalt: Verzeichniß der Thierschädel deren Os inter=
maxillare schon gezeichnet ist Reh Ochse Trichechus ros=
marus Pferd Babirussa Fuchs Löwe weiter nordischer
Bär Affe vom Elephanten der ganze Schädel   nach
412,23 das Datum Weimar d. 19. Dez. 1784.

2082 nach **2294** zu stellen mit dem Datum [8. April.]

2127. VII 57, 15 hierher das Datum W. d. 30. May 85 und G.

2128 nach **1847** zu stellen mit dem Datum [Ende December.]

2290. VII, 194, 18 meinen

2330 nach **2303** zu stellen mit dem Datum [Mitte April.]

2358. VII, 260, 14 *e muoian i cuioni*

2360 ist auszuscheiden, als in die Zeit nach der italienischen Reise gehörig.

Zusätze zu den „Lesarten".

236. Adresse An Betty.

489. III, 91, 12 gesagt nach erklärt

758. III, 259, 10 uns über einem

766. III, 264, 5 leiblicheres aus leiblichers   265, 2 am Rande
von Krafts unklarer Hand der Name Hillenhacke
9 nicht nach auch
III, 316 nennen die „Postsendungen" vom 26. Febr.
1776 den Namen $K\rho\alpha..o\vartheta\iota o\varsigma$ „sehr undeutlich". Erst
kürzlich entdeckte und entzifferte ich eine aus Zahlen
und griechischen Buchstaben gemischte Geheimschrift,
deren sich Seidel und J. A. Wolf in Frankfurt bedienten
im Verkehr miteinander.   In ihr hat Seidel auch
diese Notiz gemacht; sie bedeutet „Steinauer".

802. IV, 25, 24 Wir nach in

825. IV, 42, 4 Fahren nach We

832. IV, 45, 4 verlangen nach Sie

834. IV, 48, 10 und über Allg. T. Bibl.

844. IV, 59, 17 er üdZ

880. IV, 162, 21 das aus die   163, 6 gleich das Geld aus
einen Boten mit dem Gelde   18 wieder nach leb

889. IV, 175, 2 nicht deutlich, ebenso 12 im Datum Febr.

922. Schreiber: Seidel. IV, 200, 14 hatte *g* aus hat   202, 10 und nach h   25 Wenigstens nach Das   26 Hypothese pp] das pp nachträglich *g*   203, 16 dem Nackten *g* aus einem nackten   19 an den manichfaltigern *g* aus in dem manichfaltigen

975. IV, 246, 19 und 248, 18 *g*, im übrigen Seidels Hand. Folioblatt, dessen zweite Seite mit 248, 19 beginnt. 248, 23 wird aus werden   249, 8 Ungezogne aus Ungezogene 20 Scherz aus Scherze   22 Maas aus Maase abgezogenem aus abgezognem   25 vorgestellt aus vorzutragen

1118. V, 50, 20 die nach ist   22 Sie üdZ   23 in üdZ

1340. Schreiber: Seidel. V, 219, 10 eben üdZ   221, 1 Mein Gespräch aus Meine Gespräche   13 eben über und   17 denken über sehn

1603. VI, 75, 8—78, 3 Seidels Hand, 78, 4—6 *g*   76, 27 finde aus findet   77, 7 Altdorf über Albach   11 was — 12 ist üdZ

1780. Zu VI, 188, 13: „Die Spieler (Lusores), Stich nach dem Bilde Caravaggios aus G. Hamiltons Scuola Italiana, die Goethe besass" (Carl Ruland). Vgl. IV, 171, 19.

1814. Zu VI, 212, 24: Sophie v. Schardt.

2021. Schreiber: Seidel. VI, 401, 15 bey nach nicht   19 über= sezen nach in das

2032. Schreiber: Seidel.

2127. VII, 57, 18 darauf nach sie

Register zu Band I—VII.

Vorbemerkung.

Das Register zu Band I—VII ist zweitheilig, indem „Goethes Schriften" in besonderer Zusammenstellung dem Personen- und Orts-Register folgen. In beiden Theilen ist vollständige Aufzählung aller bezüglichen Stellen erstrebt, ohne den Versuch, unwichtige Erwähnungen auszuscheiden. Während hierdurch subjectiver Ungleichmässigkeit vorgebeugt wurde, entstand eine solche vielleicht dadurch, dass der Begriff „Bezüglichkeit" weiter gefasst ist als sonst in Registern. Denn nicht nur alle ausdrücklichen Erwähnungen, sondern nach Möglichkeit auch alle Andeutungen, Anspielungen und versteckteren Beziehungen sind in beide Theile des Index aufgenommen in der Absicht, den Auskunftsuchenden auch auf solche Stellen hinzuweisen, die ihm bei Benutzung eines auf das Ausdrückliche beschränkten Registers zum Schaden seines Forscherzwecks entgehen würden.

Ein eigentliches Sachregister wird nicht gegeben, somit keine Zusammenstellung, wie sie mancher vermissen möchte, über „Mineralogie, Botanik, Zoologie, Geologie, Kosmogonie, Philosophie, Metaphysik, Geschichte" u. a. Schon diese leicht zu mehrende Aufzählung zeigt die Bedenklichkeit eines solchen Registers. Der Herausgeber ist der Ansicht, dass alle diese in der heutigen Wissenschaft mehr und immermehr zersplitterten Theilgebiete bei Goethe noch in einer zu innigen Wechselbeziehung stehen, als dass ein Register im Stande sein könnte, dieses ganze Spiel des lebhaft überallhin dringenden Geistes wiederzuspiegeln; vielmehr müsste ein solcher Versuch die gegentheilige Wirkung haben: aufzulösen und zu sondern, was nur als lebendige Einheit angeschaut werden darf. Wer hingegen nur eine allgemeine Übersicht über Goethes Beschäftigung mit einem Theilgebiete der Wissenschaft sucht, der wird genügende Auskunft finden unter den Namen derjenigen Personen und Orte, welche für dieses besondere Interesse Goethes von Bedeutung sind, sowie unter den aus diesem Interesse heraus geschaffenen oder geplanten Schriften.

Die Einrichtung des Registers erklärt sich von selbst. Dass dem Streben nach durchgehender Gleichmässigkeit der Angaben hier und da durch Unzulänglichkeit oder Unzugänglichkeit des Materials Schranken gesetzt waren, bittet der Herausgeber zu entschuldigen; ein Mehr unter einigen Artikeln schien ihm andererseits das Verständniss der bezüglichen Stellen wünschenswerth zu machen. Im übrigen kann er sich auf einige praktische Bemerkungen beschränken.

Die Nummern der Briefe sind durch fetten Druck kenntlich gemacht und treten in ihrer ganzen Reihe 1—2489 doppelt im Register auf: bei den Personen, an welche die Briefe gerichtet, bei den Orten, aus denen sie geschrieben sind. Jedoch wurde hier auf Vollständigkeit insofern verzichtet, als es eine müssige Spielerei sein würde, die Nummern der Briefe aus Weimar und an Charlotte v. Stein aufzuzählen. Hier wurde daher zu dem fortweisenden „ff." gegriffen, das im übrigen ebenso wie das einfache „f." gänzlich gemieden ist: die nach Band und Seite genannte Zeile bezeichnet in jedem Fall nur die Stelle, an welcher der Suchende einsetzen muss, um bis zum Ende des jedesmaligen Zusammenhanges zu lesen. Eine zweite und letzte Ersparung liegt darin, dass die in den Reisebriefen von 1779 (IV, 69—153 und VII, 358—366) massenhaft erwähnten schweizerischen Orte ohne Einzelaufführung unter „Schweiz" zusammengefasst sind; nur diejenigen, die ausserhalb der bezeichneten Abschnitte vorkommen, sind für sich aufgeführt.

Stellen aus den „Lesarten" und Anmerkungen wurden in möglichster Beschränkung nur dann dem Index eingereiht, wenn sie ausser der Erklärung der Textstelle noch etwas wesentlich Neues hinzutragen. Die „Postsendungen" wurden nicht berücksichtigt, da das Register nicht der Ort zu Untersuchungen sein kann über die zahlreich darin auftretenden Personen, deren Verhältnisse und deren Beziehungen zu Goethe noch dunkel sind.

Ettinger s. Basch.

Eulendorf (Eulenburg) bei Leipzig I, 144, 2. 156, 17.

Euripides IV, 288, 22.

Everdingen, Allart van, niederl. Landschaftsmaler und Radirer
(1621—75) V, 70, 8. 72, 16. 80, 5. 100, 19. 101, 18. 106, 17.
131, 12. 231, 3. 246, 20. 268, 5. VI, 113, 27. 134, 12. 135, 6.
152, 10. 153, 12. 155, 3. 344, 12.

Ewald, Pfarrer in Offenbach (1747—1822) nebst Frau II, 285, 8.
292, 6.

Exten bei Rinteln VI, 208, 11.

Fabricius, Katharina, Freundin der Cornelia Goethe, in Worms
62? 69? I, 96, 22.

Fahlmer, Johanna Katharina Sibylla, Sept. 1778 verm. mit
Joh. Georg Schlosser (1744—1821) **133. 137. 173. 178.
184—186. 189. 202. 209. 213. 246. 254. 257. 260.
289. 291. 296—299. 302. 312. 313. 316. 318. 319.
322. 326. 332. 333. 335. 336. 350. 351. 353. 356.
367. 379. 402. 403. 413. 417. 434. 524. 563. 578.
647. 866. 1088.** II, 101, 25. 121, 8. 21. 128, 10. 138, 15.
144, 22. 183, 2. 210, 20. 211, 11. 271, 14. III, 186, 14. IV,
68, 26. 86, 19. 262, 25. VI, 61, 26.

Falbaire de Quingey, franz. Dramatiker (1727—1801) I, 182, 10.

Falcke, Ernst Friedrich Hektor, Jurist, 1772 in Wetzlar (1751—
1826) II, 32, 1. 33, 2. 38, 1. 77, 13. 85, 17. 90, 5. 98, 16.
105, 20. 114, 8. 132, 19.

Faujas de St. Fond, Barthélemy, Geologe (1741—1819) V, 91, 14.
221, 25.

Felgenhauer, Christoph Ludwig Adolph v., Geh. Kriegsrath in
Wr VI, 141, 13. 235, 9.

Fellon, Fechtmeister aus Leipzig V, 151, 18.

Fénélon, François de (1651—1715) I, 70, 23. 71, 17. 72, 11.

Fettmilch, Vincenz, Bäcker in Fft, 1616 als Rebell hingerichtet
II, 281, 6.

Feurer, Andreas, ein Schweizer IV, 179, 11. 180, 15. 181, 10.
191, 25. 198, 14.

Fieckgen ? I, 211, 1.

Flachsland, Marie Caroline s. Herder.

Fleischer, Joh. Georg, Buchhändler in Fft I, 82, 25. 88, 13. 92, 1.
268.

Glücksbrunn im Hztm Sachsen=Meiningen IV, 303, 13.

Gluck, Christoph Willibald (1714—87) III, 71, 17. IV, 174, 3. V, 172, 19. 187, 15. VII, 165, 11.

Göbhardt, Buchdrucker in Bamberg II, 263, 9.

Göchhausen, Ernst August Anton v., Kammerrath und Kammer= junker in Eisenach **1854.**

—, Louise v., Gesellschafterin und seit 1783 Hofdame der Her= zogin Mutter in Wr (1747—1807) **1050.** III, 18, 12. 134, 10. 150, 5? IV, 62, 2. 236, 1. 239, 7. 246, 1. 257, 1. V, 39, 16. 243, 9. 275, 4. 283, 12. 288, 3. 289, 7? 380. 386. VI, 223, 6. 263, 9? 270, 3. 286, 14. 299, 6.

Görz, Joh. Eustachius Graf v. Schlitz genannt Görz, Geheimrath und Erzieher des Prinzen Carl August in Wr, nach dessen Regierungsantritt verabschiedet (1737—1821) II, 222, 9. III, 24, 6. IV, 215, 24. V, 125, 6.

—, dessen Frau III, 24, 5.

Göschen, Georg Joachim, Buchhändler in Leipzig (1750—1828) **2335.** VII, 233, 13. 234, 1. 237, 6. 252, 24.

Goethe, Johann Kaspar, Dr. jur. und Kaiserlicher Rath in Fft (1710—27. Mai 1782) **4.** I, 7, 22. 12, 24. 20, 16. 22, 12. 26, 24. 28, 3. 15. 31, 3. 32, 1. 16. 21. 34, 23. 35, 15. 43, 23. 50, 1. 53, 4. 13. 68, 16. 73, 21. 78, 1. 79, 22. 81, 13. 99, 12. 107, 24. 111, 8. 117, 21. 144, 6. 160, 4. 180, 10. 182, 23. 205, 27. 226, 11. 259, 3. 268. II, 3, 12. 30, 20. 35, 13. 19. 42, 16. 63, 19. 65, 14. 101, 28. 104, 4. 135, 6. 14. 177, 2. 220, 22. 265, 14. 276, 23. 278, 18. 280, 22. 296, 5. III, 2, 2. 11. 20. 14, 18. 15, 20. 30, 6. 37, 13. 40, 2. 50, 23. 111, 13. 118, 16. 144, 9. 161, 13. IV, 50, 3. 60, 17. 62, 13. 88, 18. 275, 16. 323, 21. V, 181, 2. VI, 56, 1. 97, 21.

—, Katharina Elisabeth geb. Textor (1731—1808) **524. 617. 646. 836. 837. 1293. 1833. 2170.** I, 12, 25. 24, 27. 32, 21. 43, 23. 53, 13. 92, 9. 119, 11. 180, 10. 182, 23. 205, 27. 226, 11. 259, 3. II, 3, 12. 101, 28. 140, 7. 141, 1. 165, 27. 177, 2. 239, 17. 248, 4. 265, 14. 269, 14. 280, 25. 285, 18. 296, 5. 300, 2. III, 1, 19. 2, 15. 14, 10. 15, 20. 16, 2. 28, 8. 30, 7. 37, 18. 38, 8. 40, 2. 91, 8. 111, 3. 13. 137, 13. 144, 6. 196, 17. 206, 12. 214, 15. 237, 10. IV, 12, 11. 60, 17. 62, 15. 88, 18. 269, 20. 271, 19. 275, 16. 276, 13. 312, 24. 320, 24. 321, 12. V, 28, 10. 108, 17. 184, 17. 221, 3. 243, 8. VI, 33, 14. 62, 2. 63, 15. 129, 1. 144, 7. 163, 10. 177, 1. 203, 15. 212, 6. 224, 14. 231, 1. 237, 1. 296, 23.

Helfer ? in Ehringsdorf III, 216, 14.

Hellfeld, Dr. Joh. August, Prof. d. Rechte in Jena (1717—82) V, 345, 16. VI, 78, 19.

—, Dr. Bernhard Gottlieb Huldreich v., Regierungsassessor und 1785 Regierungsrath in Eisenach VII, 22, 14.

Helmershausen, Dr. Paul Johann Friedrich, Rath und Garnison= medicus in Wr V, 218, 9. VII, 44, 20.

Helmstedt VI, 198, 5.

Hempel, Caroline Louise geb. Karsch, spätere Frau v. Klencke **509.** II, 282, 4. III, 104, 17.

Hemsterhuys, Franz, Kunstkenner und Philosoph (1722—1790) VI, 384, 16. 386, 4. 387, 4. 11. VII, 7, 18. 64, 16. 65, 25. 91, 14. 97, 11. 98, 20. 99, 11. 100, 6. 102, 10. 103, 18. 109, 22. 126, 26.

Hendrich, Franz Ludwig Abrecht v., Kammerherr und Land= Kammer=Rath in Wr V, 218, 10. 252, 19.

—, dessen Frau VII, 71, 4.

—, meiningischer Regierungsrath V, 3, 1.

—, dessen zweite Frau, eine Französin **1038.** V, 307, 6.

—, deren Sohn V, 307, 6.

Hennings, Just Christian, Prof. d. Moral, Politik, Logik und Metaphysik in Jena (1731—1815) VII, 199, 12. 209, 20. 223, 23. 224, 24.

—, Dr. August v., Schriftsteller und Jurist (1746—1826) II, 207, 14. 208, 18. IV, 221, 11.

Herbell, Herausgeber Camperischer Schriften VI, 401, 21.

Herda, Carl Christian v., weimarischer Geheimrath und Kammer= Präsident in Eisenach V, 295, 18. VI, 312, 15.

—, dessen Frau VI, 300, 3.

Herder, Joh. Gottfried (1744—1803) **72. 78. 80. 81. 85. 88. 111. 282. 309. 315. 329. 372. 376. 377. 381. 383. 391. 404. 476. 482. 485. 494. 812. 1170. 1316. 1699. 1784. 1803. 1903. 1950. 1967. 1975. 2004. 2020. 2059. 2128. 2135. 2190. 2235. 2257. 2270. 2306. 2351—2353.** II, 9, 5. 84, 5. 85, 9. 14. 138, 11. 150, 16. 196, 12. 228, 21. 269, 5. III, 5, 20. 20, 12. 28, 17. 42, 18. 136, 18. 140, 13. 185, 6. IV, 23, 3. 28, 10. 40, 4. 55, 13. 148, 18. 192, 15. 224, 13. 252, 16. 270, 9. 300, 7. V, 74, 10. 132, 16. 149, 11. 195, 12. 259, 15. 344, 2. VI, 98, 9. 181, 3. 188, 4. 210, 5. 211, 10. 232, 10. 245, 16. 250, 20. 259, 4. 275, 19. 284, 3. 303, 16. 403, 20. 407, 10.

Herders Schriften.

[Jlten]

205, 8. 21. 208, 14. 230, 14. 243, 11. 275, 3. 286, 8. 294, 3.
306, 16. 336, 16. VI, 5, 5. 310, 7.

Imhoff, Christoph Adam Carl v., Major a. D., auf Gut Mörlach
bei Nürnberg, seit Winter 1785 in Wr († 1789) IV, 251, 6.
VII, 2, 24. 3, 8. 19, 14. 76, 12. 81, 14. 91, 16. 99, 21. 126, 19.
160, 18. 184, 15. 201, 1? 227, 13.

—, dessen Frau Louise geb. v. Schardt, Schwester der Charlotte
v. Stein III, 75, 3. 10. 77, 18. 78, 19. 83, 25. 85, 4. 16. 88, 16. 22.
102, 22. 108, 15. 109, 6. 114, 15. IV, 238, 8. 241, 6. 246, 15.
251, 6. VI, 200, 17. VII, 19, 14. 91, 20. 107, 18. 113, 16. 118, 7.
120, 17. 121, 1. 126, 2. 18. 139, 12. 156, 4. 192, 17. 219, 16.
220, 22. 221, 24. 222, 18. 227, 7. 13. 230, 6. 238, 12. 239, 14.
243, 7. 247, 6. 288, 17. 291, 22.

Im Thurn, Georg Friedrich, Landvogt in Basel, nebst Frau
VII, 358, 15.

Inverary, Lord, ein englischer Officier VII, 220, 8. 221, 9. 238, 14.

Isenflamm, Christian Bernhard v., Geheimer Legationsrath und
Resident des weimarischen Hochfürstlichen Hauses am kaiser-
lichen Hofe zu Wien 1952. 2183. V, 188, 20. VI, 51, 20.
238, 16. VII, 130, 5.

Isenheim, Frau v. I, 98, 17.

Italien II, 278, 8. 20. 282, 23. III, 7, 18. 97, 6. IV, 120, 10. 139, 7.
V, 169, 6. VI, 88, 4. 217, 17. 314, 3. VII, 120, 26. 153, 7.
154, 22. 181, 6. 215, 13. 217, 10. 243, 11. — Sprache I, 68, 3.
IV, 276, 24. 297, 27. V, 267, 3. 16. VI, 291, 18. 295, 22. VII,
148, 1. 171, 14. 188, 9. 217, 8. 220, 12.

Jabach'sches (Jappach'sches) Haus, ehemaliger Edelhof in Köln,
reich an Kunstschätzen (Dürer u. A.) II, 187, 27. 189, 4.

Jacobi, Friedrich Heinrich (1743—1819) 239. 243. 247. 306.
306ᵃ (VII, 353). 327ᵃ (III, 326). 1584. 1625. 1775. 1813.
1848. 1887. 1907. 1937. 1987. 2006. 2022. 2047.
2075. 2134. 2161. 2167. 2178. 2201. 2256. 2302.
2312. 2338. H, 101, 18. 105, 10. 126, 21. 150, 4. 180, 7. 15.
197, 15. 199, 13. 201, 18. 204, 17. 206, 19. 210, 16. 211, 9.
226, 15. 227, 20. 231, 17. 232, 19. 234, 19. 235, 14. 16. 238, 6. 18.
239, 8. 21. 244, 14. 245, 6. 253, 1. 256, 21. 259, 18. 265, 13.
266, 23. 271, 23. 284, 9. 15. III, 2, 12. 15, 10. 29, 24. 37, 24.

27*

Klein=Lantum in Holland VI, 268, 19. 294, 2. 357, 17.

Klettenberg, Susanne Katharine v. (1723—13. Dec. 1774) **66.** II, 101, 28. 160, 16. 161, 29. 218, 14. III, 2, 1. 17.

Klijogg = Klein Jakob (Familienname: Gujer), schweizerischer Bauer unweit Zürich, Held des Hirzelschen Romans „Wirth= schaft eines philosophischen Bauers" († 1785) II, 250, 11. 252, 19. 267, 15.

Klinckowström, Leonhard v., Reisemarschall und seit 1781 Hof= marschall in Wr III, 23, 1. 44, 5. V, 239, 25. VII, 60, 20. 127, 3. 286, 24?

Klinger, Friedrich Maximilian v. (1752—1831) II, 46, 19. 91, 11. 110, 13. 111, 18. 151, 16.

Klippstein, Kammerrath in Darmstadt VII, 57, 2.

Klopstock, Friedrich Gottlieb (1724—1803) **221. 321. 462.** I, 71, 12. II, 169, 11. 171, 15. 173, 21. 174, 24. 176, 8. 206, 24. 216, 16. 219, 23. 220, 17. 222, 13. 251, 2. 252, 20. 255, 1. III, 84, 20. 182, 20. 214, 2. 229, 4. IV, 174, 13. 219, 13. V, 300, 5. VII, 165, 21.

Knebel, Carl Ludwig v., (1744—1834) **273. 278. 320. 334. 342. 361. 369—371. 679. 759. 789. 796. 798. 871. 883. 962ᵃ (VII, 358). 967. 972. 984. 992. 1032. 1040. 1043. 1047. 1299. 1317. 1324. 1355. 1398. 1420. 1429. 1452. 1462. 1469. 1534. 1595. 1631. 1665. 1692. 1704. 1722. 1736. 1755. 1785. 1814. 1835. 1846. 1876. 1918. 1926. 1981. 2002. 2005. 2009. 2028. 2039ᵃ (VII, 367). 2040. 2061. 2062. 2064. 2082. 2085. 2091. 2106. 2114. 2117. 2118. 2152. 2160. 2194. 2230. 2307. 2316. 2353—2357.** II, 214, 9. 261, 5. III, 112, 5. 183, 2. 219, 6. 220, 8. 223, 21. 227, 10. 230, 6. 236, 1. IV, 13, 23. 19, 21. 20, 9. 22, 1. 36, 11. 16. 44, 11. 19. 55, 12. 56, 2. 79, 24. 195, 15. 199, 13. 205, 16. 313, 14. 214, 14. 218, 18. 222, 17. 230, 3. 238, 19. 243, 23. 254, 18. 257, 14. 21. 258, 22. 261, 1. 267, 12. 273, 12. 19. 275, 11. 277, 10. 278, 20. 305, 22. 315, 14. 317, 19. 318, 19. 323, 6. 326, 2. 327, 19. 328, 1. 330, 20. V, 7, 10. 8, 1. 11. 9, 18. 33, 2. 38, 10. 44, 20. 45, 7. 16. 47, 16. 23. 49, 16. 56, 26. 62, 7. 65, 10. 67, 20. 69, 5. 81, 17. 82, 19. 84, 1. 95, 4. 105, 17. 108, 3. 111, 3. 113, 18. 123, 10. 134, 3. 17. 159, 6. 164, 6. 17. 165, 12. 21. 167, 6. 11. 168, 1. 12. 16. 171, 24. 199, 19. 210, 12. 216, 9. 230, 1. 231, 4. 256, 1. 277, 1. 297, 12. VI, 52, 10.

Mendelssohn, Moses (1729—86) I, 228, 17. 238, 19. VI, 359, 16.
VII, 7, 14. 131, 20. 173, 8. 174, 1. 182, 6. 13. 183, 9. 212, 8.

Mengs, Anton Raphael, Historienmaler und Kunstschriftsteller
(1728—79) V, 40, 21. 272, 5.

Mercier, Louis Sebastien, franz. Schriftsteller V, 192, 18. VI, 304, 19.

Merck, Joh. Heinrich, Kriegsrath in Darmstadt (1741—91) **84.**
266. 266ᵃ (II, 327). **283. 292. 300. 345. 359. 380.**
389. 414. 489. 514. 530. 547. 664. 682. 729. 760.
855. 922. 975. 1025. 1031. 1181. 1340. 1519. 1551.
1569. 1603. 1609. 1686. 1705. 1737. 1786. 1917.
1966. 2021. 2032. 2055. 2099. 2127. II, 12, 17. 13, 19.
19, 5. 38, 10. 40, 11. 41, 13. 43, 8. 49, 16. 57, 14. 62, 11. 63, 6. 16.
83, 1. 84, 2. 17. 85, 6. 14. 87, 1. 17. 89, 24. 95, 16. 97, 25. 98, 1.
114, 9. 120, 4. 135, 5. 138, 20. 154, 11. 169, 7. 16. 191, 24.
192, 27. 196, 14. 227, 19. 235, 13. 239, 8. 252, 22. 300, 17.
III, 15, 1. IV, 39, 16. 47, 2. 51, 4. 53, 11. 94, 11. 273, 6. 322, 8.
323, 23. 327, 5. V, 179, 3. VI, 67, 23. 294, 1. 305, 1. 12. 312, 12.
330, 18. 357, 12. VII, 3, 13. 22, 4. 28, 14. 367, 7.

—, Louise Franziska geb. Charbonnier, dessen Frau II, 28, 17.
38, 22. 40, 7. 41, 13. 83, 2. 169, 8. 240, 15. 278, 10. 299, 14 328.
III, 111, 13. IV, 312, 24. V, 222, 2. VI, 192, 16. 402, 21. 412, 14.

—, Henry, deren Sohn (1766—80) II, 38, 22. 41, 15. 169, 8. 240 15.
299, 14. III, 111, 13.

—, übrige Kinder II, 169, 8. 240, 15. 278, 10. 299, 14. III, 111, 13.
V, 222, 2. VI, 192, 16. 402, 21. 412, 14.

Merseburg **1320.** I, 12, 10.

Messmer, Franz Anton, Theologe, Jurist, dann Magnetiseur
(1733—1815) V, 149, 17? 371.

Metastasio, Pietro Antonio, ital. Dichter (1698—1782) VII, 185, 17.

Metz IV, 138, 21.

—, Dr. Joh. Friedrich, seit 1765 Arzt in Fft (1721—82) I, 161, 19.
165, 17. 170, 17. 178, 3. 183, 18. 184, 11. 186, 5. 205, 6. 214, 6.
219, 8.

—, Franz Christian, Kaufmann in Fft II, 87, 7. III, 325.

Metzelbach in Thüringen III, 162, 28.

Metzner, Johanne Christiane geb. Voigt, Schauspielerin geb. 1758,
1785—91 in Wr VII, 201, 27.

Meyer, Hofrath und Kammersecretair in Hannover II, 166, 17.
193, 7. 15. 198, 16. 199, 6. 269, 1.

Volpertshausen bei Wetzlar II, 27, 8.

Voltaire, François Marie Arouet de (1694—1778) I, 9, 26. 10, 1.
    24, 9. 26, 11. 32, 7. 66, 2. 205, 19. II, 187, 22. IV, 117, 10.
    284, 23. 297, 18. V, 294, 24. VI, 112, 19. 285, 18. 289, 4. 301, 23.
    303, 9. 309, 13. 324, 24. VII, 364, 10.

Volz, v., Jurist in Wetzlar II, 104, 16.

Voß, Christian Heinrich Wilhelm v., englischer Capitain a. D. in
    Wr, nebst Familie VI, 98, 23.

—, Friederike, dessen Tochter VI, 197, 17.

Vulpius, Christian August, später Goethes Schwager (1762—1827)
    VII, 171, 21.

W? Jugendgeliebte Goethes in Fft I, 61, 2. 76, 10?

Wagner, Heinrich Leopold, Jurist und Dichter (1747—79) II,
    253, 5. 255, 11. 256, 2. 13. 257, 5.

—, Joh. Conrad, herzogl. Kammerdiener in Wr IV, 52, 28. 81, 16.
    85, 8.

—, Jean Jacques, schweizerischer Naturforscher (1641—95) IV,
    177, 4.

Wahren, Dorf bei Leipzig I, 118, 14.

Waitz, Joh. Christian Wilhelm, Zeichner in Wr VI, 268, 6. 281, 5.
    294, 12. 329, 15. 381, 13. 407, 13. 409, 18. 414, 9. VII, 41, 24.
    253, 12.

Walch, Joh. Ernst Immanuel, Naturforscher und Sammler,
    Prof. d. Beredsamkeit und Dichtkunst in Jena († 1778) III,
    249, 2. VII, 54, 6. 367, 1.

Waldeck, Fürstin Christiane v., geb. Prinzessin v. Zweibrücken=
    Birkenfeld (1725—1816) II, 277, 14. 289, 24.

—, Dorf unweit Jena im Hztm Wr **374.** III, 6, 8.

Waldersee (Waltersee) s. Junker.

Waldner=Freundstein, Louise Adelaide v., Hofdame der Herzogin
    Louise in Wr, Stiftsdame zu Schaken III, 107, 5. 156, 9.
    159, 15. 162, 4. 166, 22. 170, 22. 185, 8. 201, 25. 220, 12. 222, 12.
    223, 21. 226, 18. 228, 9. 249, 19. 254, 22. IV, 37, 2. 61, 21.
    62, 2. 155, 4. 214, 25. 232, 18. 238, 4. 242, 1. 251, 3. 280, 11.
    293, 10. 372. V, 38, 25. 68, 23. 82, 21. 94, 15. 119, 17. 167, 18.
    230, 6. 244, 17. 306, 15. 347, 7. VI, 155, 11? 170, 1? 187, 10.
    198, 15. 399, 19. VII, 268, 1. 12.

Wallenstein, Graf v., aus Böhmen VII, 125, 3.

Goethes Schriften.

Falke, der, dramatisches Fragment (ein Blatt überliefert) III, 94, 8. 96, 18. 112, 7?
Faust II, 292, 14. 23. 299, 12. 300, 21. III, 30, 1. 135, 7. IV, 322, 8. V, 260, 1. 299, 22. VI, 114, 1. 20. VII, 33, 9. 181, 3. 190, 16. 236, 4. 12. 237, 17.
Fischerin, die V, 351, 6. VI, 1, 3. 14. 2, 4. 7, 4. 7. 8, 15. 9, 1. 12, 5. 17, 17. 30, 14. 59, 2. VII, 235, 27. 237, 17.

Gebirgslehre, Fragment (nicht überliefert) VII, 60, 12.
Gedichte: 1) Sammlungen
Handschriftliche I, 89, 3. 90, 22. 92, 27. 97, 1. 99, 28. 113, 18. 114, 22. 160, 6. 11. III, 204, 5. IV, 217, 4. 222, 10. V, 194, 21. 248, 7. 249, 17? 251, 4? VII, 26, 16. 230, 12. 232, 13. 236, 7. 237, 17.
Neue Lieder, in Melodien gesetzt von Bernhard Theodor Breitkopf (Leipzig 1770) I, 201, 4. 212, 4. 222, 5. 227, 15.
2) Einzelne
A Monsieur le Major General de Hoffmann („La mort, en sortant du Tartare“) I, 78, 4.
A song over the unconfidence („Thou knowst how happily“) I, 51, 14.
Abschied an meinen Garten (Plan) V, 323, 2. 330, 19.
„Ach wie bist du mir“ III, 93, 16.
Adler und Taube („Ein Adlersjüngling hob“) II, 111, 11.
„Alles geben die Götter, die unendlichen“ III, 165, 18.
An Behrisch („Verpflanze den schönen Baum“ „Du gehst! ich murre“ „Sei gefühllos“) I, 152, 9.
An Belinden („Warum ziehst du“) III, 210, 18. 211, 14. 260, 12.
An Charitas Meixner (Anfang? überliefert?) I, 93, 8.
An das Vaterland (nicht überliefert) I, 93, 1.
An den Schlaf („Der du mit“) I, 93, 3. 95, 4. 97, 25.
An die Cicade („Selig bist du“) IV, 206, 8. V, 196, 19. VI, 165, 3. 444.
An meine Mutter („Obgleich kein Gruß“) I, 92, 9.
„Auf dem Land und in der Stadt“ I, 131, 11.
„Auf den Auen wandlen wir“ VII, 133, 4. 317.
Auf Miedings Tod („Welch ein Getümmel“) V, 273, 9. 280, 19. 282, 12. 285, 27. 287, 3. 290, 5. 313, 3. 330, 18. VI, 8, 14.
Beitrag zur Kalenderkunde („Invocavit wir rufen“) V, 246, 21.